# 나의
# 월급 독립
# 프로젝트

유목민 지음

# 나의
# 월급 독립
# 프로젝트

리마스터 에디션

리더스북

# 당신의 월급 독립 프로젝트

『나의 월급 독립 프로젝트(월독프)』를 출간하고 감사하게도 넘치는 관심과 사랑을 받았습니다. 그럴수록, 이 책으로 주식 공부를 시작했다는 독자들을 만날수록, 개정판을 내야겠다는 생각이 자꾸 들었어요.

　싹 다 바꾸고 싶더라고요. 초고를 썼던 2017년으로부터 5년이라는 시간이 흐르는 동안 제 투자 스타일도, 자산 규모도, 심지어 일터도 바뀌었습니다. 본문에 예시로 들었던 종목들을 최근 사례로 다 바꾸고, 그때보다 조금은 더 성장한 제 관점도 들려드리고 싶었어요. 그렇게 개정판을 내려고 마음 가는 대로 원고를 쓰다가 아예 새로운 책이 되고 만 것이 바로 2022년 4월 출간한 『나의 투자는 새벽 4시에 시작된다(네투시)』입니다. 단타는 물론이고 스윙과 장기투자, 메자닌, 사모펀드, 비상장 주식에 이르기까지, 30억에서 300억으로 '월급 독립'을 넘어 '돈 독립'을 이루게 된 이야기를 담았습니다.

기존 원고를 대폭 수정하려던 저를 출판사에서 뜯어말렸어요. 『월독프』는 잡주 단타 시절 유목민의 경험과 관점이 생생하게 살아 있어서 그것이 묘미라고요. 맞는 말 같습니다. 다시 오지 않을 시절이지만, 그때의 저처럼 절박한 마음을 가지고 이제 출발선에 선 분들에게는 당시의 유목민이 지금의 유목민이 해주지 못할 이야기를 들려준다고 생각합니다.


『네투시』가 현물 주식에서 펀드와 비상장까지 아우르는 전체 투자 자산 시장의 흐름을 보는 눈을 길러준다면, 『월독프』는 직장인 개미 투자자가 상대적으로 적은 자산을 남들보다 더 빨리 불릴 수 있는 방법을 알려주고 쉽게 범하는 시행착오를 줄여주는 데 집중한 책입니다.

좋은 콘텐츠란 무엇일까요? '나와 관련 있으면서 쓸모 있는 것'일 것입니다. 아무리 좋은 콘텐츠라도 나와 관련 없으면 보지 않습니다. 『월독프』는 제가 하루 12시간 이상 회사 일을 하면서도 500만 원으로 시작해 30억까지 늘렸던 단타 투자 경험담입니다. 여기 담긴 이야기가 제아무리 쓸모 있어 보이더라도 수조 원 자산가들에게 '단타'는 관심 밖 일이겠죠. 반대로 겨우 몇 백만 원을 시드머니로 모아 애지중지하는 직장인 개미에게 수 억 단위의 비상장 펀드는 다른 세상 이야기일 것입니다.

그래서 기존 원고는 거의 그대로 살리되, '그때는 맞고 지금은 틀린' 부분을 수정했습니다. 조금 더 친절하게 다루면 좋을 영역을 보강했고, 차트 중심의 케이스 스터디를 정리한 파트를 추가했습니다. 『월독프』를 출간하고 나서 받았던 질문이 (종목 추천해달란 요청 빼고요) 주로 차트에 관한 것들이었거든요.

새로운 『월독프』의 독자는 이런 분들입니다.

- 직장인 등 월급이 주된 소득인 분
- 그래서 자본금이 상대적으로 적고
- 적은 자본을 단기간에 불리길 원하는 '단타' 투자자

이 세 가지 요건을 갖춘 분들에게 쓸모 있고, 관련 있는 책이 될 겁니다. 2015~2017년의 유목민과 비슷한 환경에 계신 분들이죠.

게다가 2020년 3월부터 시작된 팬데믹 시대가 저물고 있습니다. 2021년 2분기를 끝으로 양적 팽창을 멈추고 유동성이 급격히 축소되고 있죠. 주식 시장이건 부동산 시장이건 꽁꽁 얼어붙고 있습니다. 2020~2021년 재미를 본 분들은 개미 지옥을 체감하고 있을 듯합니다. 장투 이론은 무참히 깨지고 있죠. 개인 투자자에게 지금은 가장 신중해야 하는 시기가 맞습니다. 하지만 오히려 단타는 잘 작동할 겁니다. 시장에는 여전히 웅덩이처럼 돈이 이곳저곳

고여 있다가 어디로든 튀어 나갈 준비를 하고 있거든요. 국내 주식 시황을 읽고 그에 대응하는 연습이 필요합니다. 따라서 진지하게 주식 투자를 고려하는 분이라면 단타를 공부하지 않을 수 없습니다.

당신이 어떤 투자 유형에 속하든 이것 하나만은 똑같습니다. 죽도록 공부하셔야 합니다. 남들보다 더 벌려면, 남들보다 더 나은 구석이 있어야 합니다. 얄팍하게 기법 하나 배워서 큰돈 벌 생각하시면 안 됩니다. 본인이 겨우 몇 시간, 며칠, 몇만 원 투자해서 익힐 수 있는 방법이라면 남들도 똑같이 쉽게 얻지 않을까요?

성공이란 무엇일까요? 큰돈을 버는 것? 높은 직위에 오르는 것? 남들의 선망을 받거나 유명해지는 것? 월급쟁이에서 벗어나면 성공일까요?

성공이란 자유라고 생각합니다. 자기가 원하는 '일'을 할 수 있는 자유요. 인생의 목표를 멀리 두세요. 인생에서 이루지 못할 정도로 원대한 목표를 설정해야 합니다. 그래야 방향이 흔들리지 않고 꾸준하게 걸어갈 수 있습니다. 실패할 수 있죠. 몇 번이든 넘어질 수 있습니다. 하지만 그 또한 과정에 불과하다는 것을 아는 사람은 몇 번이든 다시 일어납니다.

주식도 마찬가지예요. 주식으로 돈을 버는 것 차제가 목표가 될 수 없어요. 돈으로는 시간을 사는 겁니다. 자기 시간을 돈과 바꾸는 삶에서 벗어나려고 노력해야 합니다. 월급 독립 자체가 목표가 되는 게 아니라 그것을 통해 이루고자 하는 원대한 목표가 무엇인가에 대해서 생각해보셨으면 좋겠습니다.

　제가 힘들고 어려운 길을 제안하고 있지만, 방법과 방향이 맞는다고 믿고 나아가면 희망의 문은 열립니다. 사람에 따라 오래 걸릴 수도 조금 걸릴 수도 있겠죠. 하지만 분명 그 길은 오게 돼 있습니다. 어제보다 더 나은 오늘을 살고 있다면요. 저는 과거에도 지금도 매일 '오늘 내가 제일 열심히 살았다'라고 생각하면서 잠에 듭니다.

　아무쪼록 이 책이 투자의 세계에 눈을 뜬 많은 직장인 여러분에게 조금이라도 도움이 되길 바랍니다.

　당신만의 월급 독립 프로젝트를 시작하세요.

　함께, 건강하게, 미래를 위해 살아갑시다.

2022년 9월

유목민

# "3년 만에 30억 벌고 퇴사했습니다"

서른넷 나이에 아르바이트 신분으로 첫 사회생활을 시작했습니다. 월급은 100만 원, 그것도 세전이었죠. 아무리 열심히 일하고 매해 연봉 인상을 받아도 시작부터 너무 뒤처져 있던 저한테 월급의 한계는 더욱 명확히 다가왔습니다. 어차피 1%에게만 허락된다는 임원이 된다 해도 월급만으로는 큰 부자 못 되잖습니까. 언제 목이 날아갈지 알 수 없는데도 아등바등 살아야 하잖아요. 저는 일로써 나의 가치를 증명하되 월급으로부터는 자유로운 삶을 살고 싶었고, 그 방안으로 주식을 선택했습니다.

  처음 주식을 시작하고는 빈털터리가 되기 일쑤였습니다. 그러다가 손을 털었는데 곧 다시 돌아오게 되더군요. 결혼이 하고 싶었어요. 서울 변두리에 아파트 전세금이라도 마련하려면 역시 주식밖에 없다는 생각이 들었습니다.

그렇게 2015년 전 재산을 긁어모아 480만 원을 마련하고 다시 주식 투자에 뛰어들었습니다. 그리고 2년 반 만에 제 수익은 10억, 3년 만에 20억을 넘겼습니다. 저조차 믿기지 않습니다. 주변에서도 많이 놀라고 비결을 물어왔죠. 사람들은 수익률에도 놀랐지만, 하루 12시간 일하는 하드코어 직군의 회사원이 투자할 시간을 낸다는 것도 신기해하더군요.

저는 제대로 된 투자를 한 지 이제야 4년, 주식 고수도 유명한 투자자도 아닙니다. 저만의 비법이나 특별한 기술 같은 것도 없습니다. 운이 좋았죠. 다시 투자를 시작하며 훌륭한 주식 스승을 만나 많은 배움을 얻을 수 있었고, 주식시장도 상승세를 탔으니까요.

그래도 나름의 원칙과 안목은 갖게 되더군요. 그래서 주변 사람들에게 제 방식을 알려주고 관심 종목을 공유해봤습니다. 대부분 결과가 좋았고 큰 수익을 본 사람도 생겼습니다. 다들 더 활기차게 직장 생활을 이어가는 걸 보면서, 이 경험을 나눠봄직하다는 생각을 했습니다.

사실 제가 나눠준 비결은 큰 것이 아닙니다.


**"장기투자 하지 마라."**
**"5거래일 안에 승부 나는 종목을 찾아라."**


그리고 5거래일 내에 승부 나는 종목을 찾는 방법을 틈날 때마다 알려줬습니다.

이 두 가지 원칙은 직장인 투자자일수록 더욱 맞는다고 봅니다. 장기투자하지 말라는 말에 아연실색하는 분들이 많을 겁니다. 가치투자와 장기투자야말로 바쁜 직장인에게 바람직한 투자법이요, 특히 "단타는 도박"이라는 말이 성경 말씀처럼 회자되잖아요. 하지만 이 책을 집어 든 여러분은 단타를 권하는 제 말에 깜짝 놀라면서도, 어렴풋이 진실을 감지하고 있을지 모릅니다.

주식을 조금이라도 해본 사람이라면 알겠지만, 소위 '물리는'• 주식은 90% 이상이 '가치주'입니다. 스스로 해당 종목이 내재 가치에 도달하지 않았다고 평가하고 기다리다가 아차 하는 사이에 물리고, 비자발적 장기투자를 하게 되는 거죠.

버티면 결국 수익을 보지 않느냐고요?

평범한 직장인이 그러기란 쉽지 않습니다. 매일 계좌 들여다보며 한숨짓죠. 또 대부분 여윳돈이 없기 때문에 급전이 필요할 때는 못 버티고 팔았다가, 시세 분출할 때는 손가락만 빨게 됩니다. 이것이 바로 가치주를 거래하고 있는데도 수익을 못 내는 '가치주의 함정'입니다.

사실 이 책은 제 비결을 알려주기보다는, 여러분의 투자를 실패로 이끄는 잘못된 고정관념을 깨뜨려주고 싶어서 썼습니다.

주식시장에서 돈 버는 자와 못 버는 자의 차이는 바로 관점의 차

---

• 매수한 종목이 손실 상태라 팔지 못하고 계속 보유하는 것을 지칭한다.

이에 있습니다. 직장인 재테크나 주식 차트, 기술적 분석 등에 관한 책은 시중에 얼마든지 많습니다. 투자 관점에 관한 책들도 많죠. 이미 있는 책들과 차이가 없다면 굳이 거기에 한 권을 더할 필요는 없겠죠. 저는 이 책에서 몇 가지를 차별화하고자 했습니다.

**첫째, 철저히 직장인 단기 투자자의 관점에서 집필했습니다.**

대부분의 주식 투자서들은 단기, 중기, 장기 투자에 대한 모든 것을 담으려고 하다 보니 양만 방대해지고, 마치 『수학의 정석』처럼 끝까지 읽지 못하는 책이 되기 십상입니다. 투자자의 관점은 오로지 하나입니다. 수익! 단기 투자자의 관점에서 수익을 거둘 수 있는 데 필요한 정보만 담으려 했습니다.

**둘째, 방법보다는 태도에 집중합니다.**

재무제표나 차트, 기술적 분석에 관한 내용은 최소화했습니다. 그런 책이 필요 없어서가 아니라 시중에 이미 많아서입니다. 제대로 주식을 해보려 한다면, 나름대로 공부를 많이 해야 합니다. 기술적 분석에 관한 지식은 다른 책에서 습득하길 부탁드립니다. 이 책의 역할은 실제 제 경험을 바탕으로 직장인이 투자에 임하는 자세와 기초 체력 쌓는 길을 제시하는 데 있다고 보았습니다. 무엇보다 중요한 역할은, 많은 직장인 투자자가 투자에 실패하고 귀한 돈을 잃게 되는 이유, 바로 잘못된 고정관념을 바로잡는 일입니다.

**셋째, 실제 제가 경험한 것만으로 이야기합니다.**

기존 주식 관련 책들을 보면 대부분 이론에 치중해 있고, 그 이론이 어떻게 실제 매매에 적용되는지에 관한 사례 중심의 케이스 스터디는 거의 없다고 해도 과언이 아닙니다. 저는 제가 실제로 어떻게 매매했는지 세세하게 과정과 계좌를 공개하면서 생중계처럼 진행하고자 합니다.

*　　*　　*

이 책은 주식을 도박이라고 여기는 것을 비롯해 주식에 관한 여러 잘못된 고정관념을 하나씩 깨나갑니다. 그러면서 뉴스나 공시처럼 누구나 접근할 수 있는 지식을 수익으로 연결시키는 방법을 이야기합니다. 대부분은 당일에서 최대 5일 내에 승부를 내는 종목을 찾고 매매하는 방법을 다룹니다. 단타는 물론 스켈핑에 가까운 방식, 더불어 테마주까지도 살짝 다룹니다. (테마주도 도박일까요? 테마주가 무서운 이유는 테마주를 가치주처럼 오래 들고 가기 때문입니다.)

무엇보다 이 책에서 제가 강조하는 것은, 무지막지한 공부와 그에 버금하는 경험의 축적입니다. 메시와 호날두의 축구 기술에 관한 책을 수십 권 독파했다고 칩시다. 그렇다고 우리가 그들만큼 축구를 하겠습니까? 그렇지 않죠. 그들의 실력에는 기술도 물론 중요하지만, 기초 체력과 기술을 쓰는 순간의 센스도 매우 중요합니다. 어떤 지식이라도 아는 것으로는 충분하지 않고, 실행에 옮겼을 때

진짜 지식이 되기 마련이죠.

주식 투자에 관해 제가 진리처럼 여기는 명언이 하나 있습니다. 저 역시 수많은 실패 후 이 말의 진정한 가치를 깨달았더랬죠.

**"모두가 아는 호재는 악재고, 모두가 아는 악재는 호재다."**

이는 고정관념을 비튼 멋진 말입니다. 이 말을 체득하도록 돕는다면 이 책은 소임을 다한 것이라 해도 틀리지 않을 겁니다. 그래서 책의 앞부분에는 기법에 대한 내용이 거의 나오지 않습니다. 투자에 관한 잘못된 고정관념을 공격하는 데 지면을 할애했습니다.

서두르지 마세요. 초보자가 기법만 쫓다가는 패가망신합니다. 제로에서 시작한 제 경험을 믿고, 처음에는 그냥 쭉 읽어보길 권합니다.

책을 내기에 앞서 무척 조심스러운 마음도 있습니다. 주식에 100%란 없기 때문입니다. 여기에 쓴 내용이 모두 성공할 리 있겠습니까. 독자가 제 책을 읽고 잘돼도 저야 본전이고 실패하면 어떤 원망을 들을지 모르죠. 제가 말한 대로 하더라도 실패할 수 있습니다. 하지만 성공 확률이 더 높다고 생각합니다. 300원짜리 자판기 커피 한 잔 마시는 것도 망설이며 카드사 독촉에 시달리던 시절을 겪은 후, 저는 경제적 자유를 얻기 위해 정말 열심히 노력했고 동시에 돈 때문에 고통받는 보통 사람들을 돕고 싶었습니다.

일생 첫 책인 만큼 최선을 다했습니다. 부디 이 책을 읽는 직장인 투자자들이 월급에서 자유로워지길 바랍니다.

*P.S.*

이 원고를 쓰기 시작한 것은 2017년 봄이었는데, 어느새 2년 가까이가 훌쩍 지났네요. 그사이에 일신에 변화가 많았습니다. 2017년에 다니던 게임회사를 그만두고 다른 회사에 입사했다가, 지금은 제 사업체를 꾸렸습니다. 2018년 가을에는 몇 개월에 걸쳐 가족들과 유럽 여행을 떠났는데, 시험 삼아 여행하면서 매매를 해보기도 했습니다.

그러는 틈틈이 수차례 덧붙이고 수정하고 하다 보니 글의 시점이 다소 혼재되어 있음을 미리 밝힙니다. 원고를 쓸 때는 그때그때 상황을 생중계하듯 썼는데, 쓴 순서대로 배치되지는 않았거든요. 또 직장을 다니면서 썼고 애초에 직장인 투자자를 위해 쓰기 시작했기 때문에, 직장인 입장에서 서술한 내용 역시 현재형으로 두었습니다. 그사이 상장폐지 또는 거래정지가 된 종목도 있네요. 투자 과정을 보여드리고자 했던 것이니만큼 그대로 두었습니다. 이 점을 감안하고 읽어주시길 부탁드립니다.

# 차례

**개정판 서문** 당신의 월급 독립 프로젝트　　　　　　　　　　5
**프롤로그** "3년 만에 30억 벌고 퇴사했습니다"　　　　　　11

# 월급 노예들에게 단타를 권한다
## ― 투자를 실패로 이끄는 고정관념 깨부수기

**1 월급에서 자유로운 삶**　　　　　　　　　　　　　　25
　• 연봉 1억이면 부자가 될까?　　　　　　　　　　　　25
　• 주식은 도박일까?　　　　　　　　　　　　　　　　28
　• 프로 야근러의 투자 공부　　　　　　　　　　　　　30
　• 변동성을 견디는 근육　　　　　　　　　　　　　　34
　❙ 유목민 이야기 ❙ 계좌를 공개할 수 있느냐고요?　　　38

**2 실패하는 개미의 착각**　　　　　　　　　　　　　　42
　• 시드머니가 많아야 한다는 착각　　　　　　　　　　43
　• 전업 투자를 하면 더 벌 거라는 착각　　　　　　　　49
　• 절대 비법이 있을 거라는 착각　　　　　　　　　　52
　• 자기는 반드시 벌 거라는 착각　　　　　　　　　　55
　• 고급 정보를 얻었다는 착각　　　　　　　　　　　58
　• 세력이 등장했다는 착각　　　　　　　　　　　　62

**3 직장인은 단타로 승부한다**　　　　　　　　　　　　65
　• 워런 버핏이 한국에서 태어났다면　　　　　　　　65
　• 주식의 본질　　　　　　　　　　　　　　　　　　70

- 하루 1시간만 확보하라　　　　　　　　　73
- 물린 주식은 격리시키자　　　　　　　　76

I 유목민 이야기 I 당신의 투자 목표는 얼마입니까?　78

# PART 2 지식을 수익으로 연결하는 힘
— 투자 인생을 좌우하는 기초 체력 단련

## 4 기본적 분석의 시작 — 분기보고서 읽기　　83
- 최소한의 안전장치　　　　　　　　　　83
- 분기보고서가 말해주는 것들　　　　　　87
- 단타 투자의 적정 기업 분석　　　　　　102

## 5 뉴스를 수익과 연결하는 추론 연습　　106
- 뉴스 포털을 보면 뜰 종목이 보인다　　　106
- 나쁜 소식에서도 호재 찾기　　　　　　115
- 뉴스는 지면으로 읽어라　　　　　　　120

## 6 단타를 위한 지식 쌓기　　　　　　　122
- 주식 잘하는 사람들의 공통점　　　　　　122
- 매일 해야 하는 숙제　　　　　　　　　124
- 재료를 찾고 연결하는 연습　　　　　　131
- 언제까지 해야 할까?　　　　　　　　　135

I 유목민 이야기 I 미로를 탈출하는 방법　　138

# 실전 투자를 위한 차트 읽기
## — 단타를 위한 기술적 분석과 관점 연습

### 7 꼭 알아야 할 3가지 지표   145
- 첫 번째 지표, 지지와 저항   146
- 두 번째 지표, 거래량   159
- 세 번째 지표, 이동평균선   173

### 8 이동평균선, 관점 바꿔 보기   187
- 3일선, 급등주는 더 빠르게   188
- 8일선, 세력이 보인다   190
- 15일선, 개미들보다 한발 앞서서   195
- 45일선, 1파를 타라   198
- 33일선, 정찰병을 보내보자   204
- 360일선, 최후 수비수   206

# 유목민의 투자 원칙
## — 이유를 알고 사는 것이 투자의 본질

### 9 매수는 기술, 매도는 예술   217
- 팔기 좋은 자리, 팔아야 할 자리   217
- 손절매의 기준   221
- 무지성 매매를 방지하는 3단계 생각법   227
- 대박 정보를 입수했을 때   230

### 10 시간에 쫓기지 않는 매매 아이디어   235
- 자동 매매를 꿈꾸다 — 나만의 텔레그램 알림 설정   235
- 악재의 틈을 비집고 베팅하다 — 유증 매매와 감자 매매   240

· 시즌성 매매 아이디어 ─ 연말에 만나는 유니콘     246

**11 유목민의 주식 투자 3원칙**     249
· 매수 전 3원칙     250
· 매수 후 3원칙     262
· 마지막 원칙 '유목민'     265
Ⅰ 유목민 이야기 Ⅰ 없던 시절 이야기     267


**12 출발선에 선 사람들을 위한 당부**     274

# 주린이도 차트를 읽고 싶다!
## ─ 차트가 거들어주는 단타 관점 업그레이드

**차트 읽기 1**   우림피티에스     282
          차트'만' 읽어서는 안 된다

**차트 읽기 2**   지투파워     292
          신규주의 등락은 다르게 흘러간다

**차트 읽기 3**   청담글로벌     297
          공모 흥행 실패한 신규주가 급등한 까닭

**차트 읽기 4**   노터스     305
          무상증자가 일으키는 착시 현상

**차트 읽기 5**   박셀바이오     313
          바이오 종목은 '기대감'이 좌우한다


**에필로그**     324

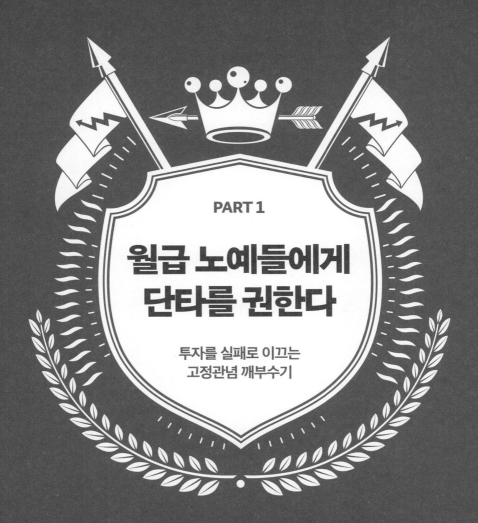

PART 1

# 월급 노예들에게
# 단타를 권한다

### 투자를 실패로 이끄는
### 고정관념 깨부수기

월급으로 부자가 될 수 있다는 기대는 버리세요.

월급은 여러분의 가치를 평가할 뿐이고,

여러분의 부는 아주 작은 시드머니가 만들어줍니다.

특히 20대라면 예금은 적극적으로 말려야 할 시기입니다.

국내 주식, 해외 주식이 여러분의 예금입니다.

# 월급에서 자유로운 삶

## 연봉 1억이면
## 부자가 될까?

연봉 1억. 직장인이라면 누구나 꿈꾸는 숫자입니다. 대한민국 직장인 중 약 3%가 연봉 1억을 받는다는 통계청의 2017년 분석이 있었죠. 많은 사람이 연봉 1억의 꿈을 실현하기 위해 회사에 충성을 다하고 승진과 인센티브에 목숨을 겁니다. 그게 뭐라고 동료나 친구, 심지어 부모 형제와의 신의를 저버리기도 하죠.

　그런데 말입니다, 연봉 1억 받으면 부자가 될 수 있을까요?

　통계에 따르면, 2018년 기준으로 연봉 1억을 받으면 각종 세금을 제하고 통장에 약 650만 원이 입금됩니다. 그런데 연봉 1억을 받는 분이라면 '적어도' 45세 이상 중소기업 임원 이상일 확률이 높지요. 아이도 둘 정도 있을 것이고, 꽤 번듯한 아파트에 좋은 자동차를 가지고 있을 겁니다.

그런데 요즘 사교육비가 하늘 높은 줄 몰라요. 사회적 지위에 맞게 교육에도 신경을 써야 하죠. 사립 유치원만 가도 이것저것 포함하면 아이 하나당 월 100만 원 정도는 가볍게 듭니다. 100만 원이면 양반입니다. 피아노니 미술이니 사교육 두어 가지만 추가해도 200만 원이 훌쩍 넘어가니, 아이 둘이면 400만 원입니다. 또 아파트 대출금에 자동차 리스 혹은 융자, 기타 생활비에 200만 원은 훅 나갑니다. 아끼고 또 아껴서 한 달에 450만 원만 쓰고 200만 원 저축하기도 사실 빠듯하죠.

연봉 1억을 벌어도 한 달에 200만 원, 1년이면 2400만 원, 10년이 지나야 2억 4000만 원을 저축할 수 있는 것이 현실입니다.

"에이, 복리니까 10년이면 적어도 4억은 되죠" 하고 반문하시는 분들이 많아요. 저는 "그러니까 돈을 못 버는 거예요"라고 대답해 드립니다.

그 10년 동안, 아이 둘은 대학에 갈 것이고 가족 중에 큰 병을 치르는 사람이 나올지 모릅니다. 아파트를 옮겨 이사해야 할 수도 있고, 10년이면 자동차도 바꿀 때가 됐을 겁니다.

복리부터 떠올리는 분은 좋은 상황만 가정하는 겁니다. 세상은 그렇지 않죠. 분명 안 좋은 일이 생길 수 있기 때문에 보수적으로 봐야 합니다. 삶에서 중요한 것은 '대응'입니다. 늘 준비를 해야 한다는 말이죠.

아무튼, 연봉 1억의 능력자가 10년 내내 열심히 일하고 저축해서 모은 2억 4000만 원. 이 돈으로는 서울 시내에 번듯한 아파트 전세도 얻지 못합니다.

예전에는 월급으로 부자가 될 수 있었어요. 이자율이 18%에 육박했으니까요. 1980년에 은마아파트를 5000만 원에 사서 가지고 있는 것과 이율 18%가 유지되었다는 가정 아래 그 돈을 은행에 맡기고 2017년까지 왔을 경우를 비교하면, 저축이 훨씬 더 이득이 됩니다.

그런데 이제는 월급으로 부자가 되지 못합니다. 우리 다 알잖아요. 하다못해 누구나 꿈꾸는 경제적 자유, 넉넉한 노후 대비도 어려운 것이 현실입니다.

그렇다면 직장인은 대체 어떻게 해야 경제적 자유를 얻을 수 있을까요? 재테크, 나아가 투자를 할 수밖에 없죠. 빈털터리에 박봉 직장인이었던 제게는 아무리 생각해봐도 주식만 한 게 없어 보였습니다.

# 주식은
# 도박일까?

"주식은 도박이잖아."

"주식하면 신경 쓰여서 어떻게 일을 하지?"

"근무 중에 주식하지 마세요."

부모님 세대는 물론 회사의 높은 자리에 계신 분들은 특히 주식에 매우 부정적인 시선을 가지고 있습니다. 패가망신할 위험이 크다, 개미는 결국 잃는다면서 투자를 말리죠. "다 너를 생각해서" 하지 말라는 겁니다.

나이 많은 분들만 그런 것도 아닙니다. '재테크는 기본'이라면서도 '주식은 도박'이라고 말하는 젊은 사람이 꽤 많습니다. 주식한다고 하면 주식의 ㅈ도 모르는 사람들까지 나서서 말립니다.

자, 그럼 이렇게 위험한 주식을 누가 하고 있을까요? 거의 모든 상장사의 오너들은 주식으로 편법 증여를 합니다. 국가적 환난이었던 IMF 때 부자들은 주식을 사들였고, 어떤 그룹은 비정상적 주식 발행으로 회사 소유권을 손에 넣었습니다. 돈 많은 사람들일수록 주식을 열심히 하고, 반면 돈 없는 사람들에게 주식을 하지 말라고 합니다.

지배층에게 가장 두려운 일은 피지배층이 말을 듣지 않는 것입니다. 지배층은 피지배층에게 먹고살 만큼의 양식만 주면서 노예처럼 착취합니다.

회사는 현대판 노예 시스템입니다. 회사는 '월급'이라는 아이템을 이용합니다. 월급에 모든 직원이 목숨을 걸게 만들죠. 엄청난 잉여금이 있어도 직원들에게는 최소한만 지급합니다. 월급을 많이 주는 건 지배층에게 좋지 않아요. 가능한 한 조금 주면서 가끔 쥐꼬리만 한 인센티브를 주면 직원들이 충성을 다하니까요. 그러면서도 단 한 명의 직원에게는 CEO의 자리까지 내어주면서 상상을 초월하는 액수를 월급으로 지급합니다. 왜일까요? 그 한 명을 보면서 나머지 99.99%의 직원이 꿈과 희망을 갖기 때문입니다.

그런데 직원들이 월급 이외의 것으로 돈을 벌고, 심지어 월급보다 많은 돈을 (가령 주식으로) 번다면, 오너들은 더 이상 갑ဗ이 되기 어려워집니다. 신기하게도 직원들은 금전적으로 풍요로워지면 로열티가 떨어지거든요.

물론 주식은 위험합니다. 정말 위험합니다. 그런데 '하이 리스크 하이 리턴'이라는 건 지배층이 지어낸 논리입니다. 그렇게 위험한 주식을 높으신 분들은 마구 해요. 상상도 할 수 없는 돈을 주식에 넣고 엄청난 차익을 거둡니다.

그만한 재력이 있으니까 도박하는 거 아니냐고 되묻는 분도 계실 겁니다. 아니에요. 재력이 문제가 아니라, 애초에 그들에게 주식은 도박이 아닙니다. 결코 위험하지 않습니다. 알고 하기 때문입니다. 적어도 그들에게 주식은 '하이 리스크 하이 리턴'이 아닙니다. '로우 리스크, 슈퍼 하이 리턴'이죠. 높으신 분들은 그분들끼리 정보를 공유해 안전하게 먹을 수도 있을 겁니다. 그분들이 먹는 건 적어도 수십에서 수백 억, 수천 억 규모가 움직이는 것이니, 어차피 우리가 숨 쉬는 세계는 아닙니다.

그렇다면 정확한 고급 정보를 갖기 어려운 개미들은 어떻게 리스크를 줄이고 리턴을 키울 수 있을까요? 제 경험상, 공부하면 됩니다. 돈 없는 우리도 공부하고 알게 되면 리스크가 대폭 줄어듭니다. 리스크가 줄어들면 그것은 더 이상 도박이 아니죠.

저는 일단 독하게 공부하기 시작했습니다.


## 프로 야근러의 투자 공부

직장 다니며 주식하는 거 어렵습니다. 정말 어려워요. 그런데 직장 다니면서 책 읽는 것도 어렵고요, 연애하는 것도 어렵고, 영화 보러 가기도 어렵습니다. 다 어려워요. 직장 다니면서 시골에 계신 부모님 뵈러 가는 것도 어렵고요. 해외여행은커녕 국내여행 가는 것도 어렵거든요.

그런데 주식은 얼마나 어렵겠어요.

사람들이 '직장인에게 주식은 도박'이라고 생각하는 이유는 뭘까요? 바로 '주식하면 이익을 볼 것'이라고 착각하는 데 있습니다. 주식으로 돈을 '쉽게' 번다고 생각하는 거죠. 노력이 엄청 필요한데도요.

책 읽을 때도 어떤 책을 읽을지 고민하고, 영화도 어떤 걸 볼지 고민하고, 부모님 뵈러 갈 때 연차 계획부터 가족 스케줄 다 고민 하죠. 여행은 말할 것도 없고요. 그런데 훨씬 큰 돈이 들어가는 주식은 영화 보는 것보다 고민 안 하고 팔랑귀가 되어 사는 경우가 많아요. 그런 식으로 주식을 한다면 당연히 도박이 되죠. 리스크가 클 수밖에 없습니다.

돈을 쓰는 것도 아니고 벌겠다고 마음먹었다면, 공부는 필수입니다. 그리고 장담하건대, 공부하면 수익을 얻을 수 있습니다.

저는 늦은 나이까지 고시 공부를 하다가 거듭 떨어진 탓에 2011년에야 30대 중반 나이로 첫 직장 생활을 시작했습니다. 세전 월급 100만 원 아르바이트로 시작해 정직원이 된 약 2년 후에도 제 월급은 150만 원이 안 됐습니다.

저희 집은 IMF 때 그야말로 쫄딱 망했습니다. 2011년 처음 입사할 당시 제 통장에는 100만 원도 없었습니다. 그 전까지는 가난한 고학생이었고요. 없이 살던 시절 이렇게 기도하고 다녔습니다. '통장에 300만 원만 있으면 고시원이 아니라 화장실 딸린 월셋방 얻을 수 있을 텐데…. 로또로 딱 300만 원만 당첨됐으면 좋겠다.'

현실은 냉혹했죠. 공인회계사 시험을 준비하는 동생을 뒷바라지하다가 카드 돌려 막기에 빠져 신용불량자가 될 뻔도 했습니다. 하루에도 수십 번씩 카드사 독촉 전화가 걸려오던 그때가 가장 힘들었던 때 같아요. 죽을 용기는 없어서 매일 밤 '아침에 눈뜨지 않게 해주세요' 하면서 잠들었던 기억이 납니다.

첫 주식 투자도 2011년이었습니다. 고시 공부를 포기하고 우연히 주식을 하게 됐는데요. 오전 9시부터 오후 2시 50분까지만 거래하면 된다(당시에는 주식 정규장이 오후 3시까지였습니다. 지금은 3시 30분까지죠)는 게 쉽고 재미있어 보였어요. 물론 결과는 매우 안 좋았습니다. 며칠 만에 2배 이상 오르는 것을 경험했지만, 곧바로 손실로 이어지는 악순환의 반복이더군요. 제가 팔면 오르고, 제가 사면 떨어지고요.

누구나 그렇겠지만, 처음엔 아무것도 몰랐습니다. 전일비가 뭔지, 영업이익이 뭔지, 당기순이익이 뭔지… 아무것도 몰랐습니다. 단지 일확천금 욕심에 알바비를 모아 자금을 만들고 주식판에 뛰어들기를 여러 번. 매번 돌아오는 것은 깡통뿐이었죠. 테라리소스라는 전설의 작전주에 깡통 되고, 에이즈 치료제 개발했다고 사기치고 망해버린 이름도 기억 안 나는 회사에 넣었다가 또 깡통 차고… 그러다가 주식을 떠났습니다. 주식은 도박이구나 하면서요. 그러나 곧 돌아올 수밖에 없었어요.

난생처음 결혼하고 싶은 여자를 만났는데 가진 게 하나도 없었습니다. 다니던 회사의 임직원 대출이나 급여를 받는 주거래 은행을 찾아가서 전세금 대출을 알아봤지만, 서울 변두리 아파트도 힘들더라고요. 그래서 다시 주식을 시작하게 됐습니다. 이번에는 천운으로 좋은 분들을 만날 수 있었고, 그분들에게 도움을 받아 주식의 핵심인 재료와 차트, 거래량 중심의 이론을 확립할 수 있었습니다.

그렇게 2015년 '본격적으로' 주식을 시작했습니다. 당시 전 재산을 긁어모아 만든 원금 480만 원으로 승부를 걸었습니다. 그 후 2년 5개월 만에 10억을 만들고, 누적 수익률 20,000%를 돌파했습니다. 그리고 이 모든 것은 대부분 하루 또는 최대 5일 가져가는 '단타'로 거둔 수익입니다.

어떻게 이렇게 할 수 있었을까요?

**첫째, 정말 치열하게 공부했고요,**

**둘째, 정말 많이 사고팔며 감을 익혔습니다.**

직장 너무 날라리로 다닌 거 아니냐고요? 장담컨대 저는 그야말로 하드코어 직군에서 일하는 '프로 야근러'였습니다. 남들보다 늦게 직장 생활을 시작한 탓에 더 열심히 해야 했어요. 퇴사할 때까지 거의 매일 회사에 가장 일찍 출근하는 직원이었고요. 또, 입사하고 첫 2년여 동안은 가장 늦게 퇴근했습니다. 갑자기 기자로 일하게 되었을 때는 새로운 업무를 장악하기 위해 가장 먼저 출근하고 가장 늦게 퇴근하며 미친 듯 일했습니다. 다들 저를 '워커홀릭'이라고 불렀어요. 게임회사로 이직한 후에도 밤 10시나 돼야 회사 마치고 귀가해 자는 아이 얼굴 들여다본 뒤 새벽 2~3시까지 종목 공부를 하고서 잠자리에 들었습니다.

진정 월급 독립을 원한다면 직장인으로서 충실히 일하면서도 주식 공부 역시 치열하게 해야 합니다. 그런 각오가 서지 않는 이상, 주식은 도박이 될 가능성이 큽니다.

## 변동성을 견디는
## 근육

주식을 한다는 것은 무엇을 의미할까요? 그것은 곧 자기 인생에 변동성을 주는 일입니다. 월급은 안정적이죠. 변동성이 매우 낮습니다. 금리로 따지자면 연 2% 고정금리의 느낌일 것입니다. 하지만 주식은 하루에도 크게는 +30%에서 -30%까지 오르내립니다. 매우 큰 변동성을 가지고 있죠. 매력적입니다. 매력적인 만큼 리스크가 있습니다. 즉, 변동성이란 리스크와 같은 말입니다.

처음 주식 투자를 하는 사람들은 주가가 올라 한순간 계좌에 돈이 늘어나는 것을 보면서, 이미 성공한 투자자로서 강남에 아파트나 빌딩을 소유한 자기 모습을 떠올리며 행복해합니다. 계좌에 돈이 늘어나는 것에 비례해 자신감이 올라가죠.

반대로, 주식이 떨어지면 커다란 좌절감을 맛보게 됩니다. 불어나던 계좌는 자만심과 반비례하며 줄어들게 마련입니다. 그제야 마음을 잡아보려고 해도, 한번 흐트러진 페이스는 좀처럼 회복하기 힘든 게 사람이죠. 조급한 마음이 들어 원금을 복구하겠다는 생각을 하면 필연적으로 무리한 선택을 하게 됩니다.

조급함과 공포가 시선을 가리면 주식시장을 제대로 볼 리 없습니다. 무리함과 동시에 수익률은 급속도로 곤두박질합니다. 엄청난 내상을 입고 '역시 주식은 도박'이라는 고정관념을 수긍하며 주식시장을 떠나죠. 물론 또 돌아오겠지만요(제가 그랬듯이).

주가가 오르면 의기양양하고, 떨어지면 의기소침해집니다. 자연스럽게 생기는 현상입니다. 인생에 변동성이 주어진 것이죠. 이 변동성에 익숙해진 후에야 비로소 돈이 벌리기 시작합니다. 그렇기 때문에 처음에는 적은 돈으로 시작해서 이와 같은 변동성에 익숙해져야 합니다.

그런데 많은 초보 투자자가 '시드머니'의 중요성을 외치면서 처음부터 목돈으로 시작하려 합니다. 작은 변동성을 버텨내는 연습부터 해야 하는데, 처음부터 감당할 수 없는 변동성을 온몸으로 겪다 보니, 마음의 근육이 부족해 쓰러지거나 근육이 찢어지는 고통을 겪게 되는 것이죠.

주식으로 월급 독립을 하겠다는 것은 인생에 커다란 변곡점을 만드는 일입니다. 온몸으로 부딪힐 수밖에 없죠. 그러려면 반드시 작은 변동성부터 몸에 익혀야 합니다. 가장 중요한 첫걸음은 조급함을 없애는 태도를 습득하는 일입니다.

제가 주식을 본격적으로 시작한 첫해인 2015년 계좌를 보여드릴게요. 여기서 수익률 3,160%보다 중요한 것은 회전율입니다. 29.9만%입니다. 소액으로 엄청 잦은 거래를 했음을 보여주는 수

2015년 한 해 동안의 키움증권 계좌

치입니다. 하루에도 몇 번씩 많게는 십여 차례 사고팔며 수익을 늘려간 것입니다.

결과적으로는 플러스지만, 저 가운데 얼마나 많은 마이너스와 손절이 있었겠습니까. 애초에 투자액이 적어서 어쩔 수 없는 측면도 있었지만, 주식시장에 대한 감을 익히고 대응력을 기르려면 실전 경험을 최대한 많이 쌓는 것밖에 답이 없습니다. 저는 단 하루도 기초 체력 훈련과 스트레칭을 거르지 않는 운동선수처럼 주식에 임했습니다. 전력 질주해야 할 때 쓸 근육을 키우고 단련하기 위해서요.

이 책은 저와 같은 경험을 가진 분들에게 드리는 조언입니다. 월급으로 부자가 될 수 있다는 착각을 버리세요. 월급은 여러분의 가치를 평가할 뿐이고, 여러분의 돈은 아주 작은 시드머니가 만들어줍니다. 특히 20대라면 예금은 적극적으로 말리고 싶은 시기입니다. 국내 주식, 해외 주식이 여러분의 예금입니다.

문제는 주식 투자 자금을 모으기 어렵다는 것인데요. 하지만 포기하지 마세요. 주식을 잘하고 못하고는 시드머니의 다소多少와 상관없습니다. 누구에게나 공평하게 펼쳐져 있는 정보를 '돈 되는 정보 필터'에 넣어서 수익으로 연결시키면 되는 것입니다. 그 필터를 얻으려면 우선은 공부를 해야 하는 거고요.

물론 책 한 권으로 다 알기는 어려워요. 주식은 '대응'이기 때문이죠. 공부와 함께 수많은 실전 경험을 쌓아야 합니다. 이 책은 초보자 입장에서 읽을 때와 어느 정도 투자를 경험한 후 읽을 때, 완전히 다른 내용으로 보일 겁니다.

　뭐든지 아는 만큼 보입니다. 수학 공식 외웠다고 모든 문제를 풀수 있는 것은 아니잖아요. 응용이 중요하죠. 하지만 여러분이 가진주식에 대한 편견만 깨더라도 인생이 180도 달라질 준비가 된 것입니다.

# 계좌를 공개할 수 있느냐고요?

이 책은 철저히 제 경험을 바탕으로 집필했고, 실제 제 계좌를 캡처한 이미지를 공개하면서 진행합니다. 직장인 신분으로 단타로만 이만큼 수익을 얻을 수 있음을, 그 가능성과 희망을 전하고 싶기 때문입니다.

주식 세계에는 고수도 많지만 사기꾼도 참 많아요. 저도 뭔가 수상쩍은 사람이 황당한 소리를 늘어놓으면 "계좌 까보세요"라는 말이 절로 나오니까요. 물론 이렇게 인증해도 조작이다 뭐다 믿지 않는 사람이 있겠지만, 저로서는 이렇게라도 보여드리는 게 최소한의 믿음을 드리는 일 같습니다. 계좌번호와 실명은 (마지막 한 글자만 두고) 가렸습니다.

여기에 삽입한 이미지는 2015년 2월부터 2018년 2월까지의 제 계좌입니다. 증권사에 따라 매매수익률이 최대 3년간만 나오는 관계로, 작성 시점으로부터(2018년 2월 기준) 3년 치를 뽑았습니다. 누적 수익이 30억 조금 넘습니다.

| 월 | 월말예탁자산 | 유가증권평가금<br>월말현금잔고 | 매수금<br>매도금 | 입금<br>입고 | 출금<br>출고 | 수수료+세금<br>면체/신용이자 | 투자평잔 | 손익 | 수익률<br>(%) | 누적손익 | 배당금 |
|---|---|---|---|---|---|---|---|---|---|---|---|
| 2018/02 | 2 | 0<br>2 | 0 | 0 | 0 | 0<br>0 | 2 | 0 | 0 | 630,340,853 | 0 |
| 2018/01 | 2 | 0<br>2 | 0 | 0 | 0 | 0<br>0 | 0 | 0 | 0 | 630,340,853 | 0 |
| 2017/12 | 0 | 0<br>0 | 0 | 0 | 13,954 | 0<br>0 | 9,967 | 0 | 0 | 630,340,853 | 0 |
| 2017/11 | 13,954 | 0<br>13,954 | 0 | 0 | 0 | 0<br>0 | 13,954 | 0 | 0 | 630,340,853 | 0 |
| 2017/10 | 13,954 | 0<br>13,954 | 0 | 0 | 0 | 0<br>0 | 13,954 | 0 | 0 | 630,340,853 | 0 |
| 2017/09 | 13,954 | 0<br>13,954 | 0<br>36,570,000 | 10,000<br>0 | 297,209,353<br>45,615,900 | 115,174<br>0 | 16,778,729 | -746,674 | -4.45 | 630,340,853 | 0 |
| 2017/08 | 343,562,927 | 82,817,400<br>260,745,527 | 326,564,920<br>238,109,400 | 350,000,000<br>0 | 105,784<br>0 | 798,953<br>0 | 30,696,347 | -6,437,073 | -20.97 | 631,087,527 | 0 |
| 2017/07 | 105,784 | 0<br>105,784 | 0 | 0 | 0 | 0<br>0 | 0 | 0 | 0 | 637,524,600 | 0 |

키움증권, 약 6억 원

| 기간별 투자수익률 | 일별/월별 투자수익률 |
|---|---|

계좌번호 [        ] 진   투자원금방식 [순입금액수익률 ▾]   [조회]
조회기간 2015/02/01 ~ 2018/02/02 [1개월] [3개월] [6개월] [1년] [도움말] [계산식]

| 계좌 평가금액 요약 | | 투자 수익률 요약 | |
|---|---|---|---|
| 기초 평가금액 | 0 | 투자원금 | -118,584,732 |
| 기간중 입금(고)금액 | 754,424,420 | 투자손익 | 118,584,732 |
| 기간중 출금(고)금액 | 873,009,152 | 투자 수익률 | -100.00 |
| 기말 평가금액 | 0 | | |

(구)미래에셋증권, 약 1억 원

| 기간별 투자수익률 | 일별/월별 투자수익률 |
|---|---|

계좌번호 [        ] 진   투자원금방식 [총입금액수익률 ▾]   [조회]
조회기간 2015/02/01 ~ 2018/02/02 [1개월] [3개월] [6개월] [1년] [도움말] [계산식]

| 계좌 평가금액 요약 | | 투자 수익률 요약 | |
|---|---|---|---|
| 기초 평가금액 | 0 | 투자원금 | 1,794,074,668 |
| 기간중 입금(고)금액 | 1,794,074,668 | 투자손익 | 904,168,714 |
| 기간중 출금(고)금액 | 2,696,770,629 | 투자 수익률 | 50.40 |
| 기말 평가금액 | 1,472,753 | | |

미래에셋대우, 약 9억 원

| 당일매매일지 | 기간별매매일지 | 기간종목별매매일지 | | | |
|---|---|---|---|---|---|
| 계좌번호 | 진 | | 비밀번호 | ******** | |
| 기 간 2015-01-01 ▦ ~ 2018-02-03 ▦ | | ☐ 비거래일 포함 | | | 조회(F8) |
| 거래일자 | 매수금액 | 매도금액 | 수수료 | 세금 | 실현손익 |
| 2018-02-02 | 1,232,930,466 | 1,311,145,472 | 125,661 | 3,933,278 | 16,482,859 |
| 2018-02-01 | 579,909,456 | 467,644,858 | 51,748 | 1,402,875 | 14,219,211 |
| 2018-01-31 | 1,503,327,508 | 1,648,034,527 | 155,660 | 4,943,910 | 17,843,480 |
| 2018-01-30 | 525,639,400 | 373,544,240 | 44,418 | 1,120,593 | 6,309,176 |
| 2018-01-29 | 533,178,325 | 576,388,330 | 54,808 | 1,729,076 | 13,077,162 |
| 2018-01-26 | 448,089,481 | 449,713,715 | 44,352 | 1,349,041 | 8,276,753 |
| 2018-01-25 | 712,788,610 | 683,894,990 | 68,991 | 2,051,598 | 10,381,517 |
| 2018-01-24 | 680,353,260 | 712,982,938 | 68,825 | 2,138,878 | 14,408,759 |
| 2018-01-23 | 291,591,045 | 263,561,615 | 27,424 | 790,633 | 3,752,070 |
| 2018-01-22 | 720,036,730 | 749,317,655 | 72,582 | 2,247,811 | 24,095,015 |
| 2018-01-19 | 777,177,095 | 805,602,410 | 78,183 | 2,416,689 | 4,530,034 |
| 2018-01-18 | 1,643,529,647 | 1,656,273,514 | 162,991 | 4,968,538 | 37,284,040 |
| 2018-01-17 | 76,149,786 | 155,649,400 | 11,454 | 466,810 | 2,808,971 |
| 합 계 | 32,512,407,733 | 33,675,066,893 | 3,268,955 | 100,907,190 | 997,949,553 |

유진투자증권, 약 10억 원

| 주문일자 2016-01-01 ▦ ~ 2018-02-03 ▦ | 종목코드 | ☑ 차트연동 | |
|---|---|---|---|
| 주문일자 | 매매손익 | 매매제비용 | 매매순손익 |
| 2017/12/20 | -519,235 | 50,815 | -570,050 |
| 2017/12/19 | 865 | 2 | 863 |
| 2017/12/18 | 11,738,241 | 1,656,511 | 10,081,730 |
| 2017/12/15 | 51,119,564 | 4,289,731 | 46,829,833 |
| 2017/12/14 | 8,128,816 | 2,060,023 | 6,068,793 |
| 2017/12/13 | 39,584,055 | 2,323,254 | 37,260,801 |
| 2017/12/12 | 41,502,016 | 3,285,246 | 38,216,770 |
| 2017/12/11 | 57,135,074 | 1,604,648 | 55,530,426 |
| 2017/12/08 | 117,501,535 | 1,479,959 | 116,021,576 |
| 2017/12/07 | 15,721,907 | 686,311 | 15,035,596 |
| 합계 | 430,170,396 | 27,372,418 | 402,797,920 |

KB증권, 약 4억 원

| 기간별 매매손익 | 당일주문체결 | 일별주문체결 | 계좌수익률 조회(일별) | 계좌수익률 조회(월별) | 계좌투자수익률 상세조회 | 당일매▶ |
|---|---|---|---|---|---|---|
| ******** 주식 | | | 대상기간 2016-01-01 ▦ ~ 2018-02-02 ▦ | | 수익률설명 조회 | |
| 기간 | 기초자산 | 투자이익 | 기말자산 | 위탁자산평잔 | 거래금액 | 배당금 | 예탁금이자 | 수수료 | 세금 |
| 2018/02 | 58,505,235 | -4,574,280 | 53,930,955 | 55,650,785 | 86,946,300 | 0 | 0 | 0 | 0 |
| 2018/01 | 44,474,734 | 14,030,501 | 58,505,235 | 54,736,572 | 472,684,590 | 0 | 0 | 2,350,520 | 713,9 |
| 2017/12 | 50,527,814 | -6,053,080 | 44,474,734 | 44,934,798 | 335,648,270 | 0 | 9,807 | 2,085,360 | 633,0 |
| 2017/11 | 392,963,340 | 15,853,455 | 50,527,814 | 108,823,722 | 1,080,192,655 | 0 | 0 | 4,955,270 | 1,581,4 |
| 2017/10 | 338,830,992 | 4,132,348 | 392,963,340 | 382,579,130 | 1,110,943,610 | 0 | 0 | 5,524,510 | 1,602,4 |
| 2017/09 | 362,600,810 | 40,690,182 | 338,830,992 | 361,289,020 | 1,018,722,615 | 0 | 13,504 | 5,866,250 | 1,828,3 |
| 2017/08 | 284,510,965 | 29,667,395 | 362,600,810 | 313,110,883 | 808,154,710 | 0 | 0 | 3,328,570 | 987,0 |
| 2017/07 | 0 | -21,592,104 | 284,510,965 | 157,414,524 | 389,539,500 | 0 | 0 | 1,827,040 | 217,8 |
| 전기간 | 기초자산 | 투자이익 | 기말자산 | 위탁자산평잔 | 거래금액 | 배당금 | 예탁금이자 | 수수료 | 세금 |
| | 0 | 72,154,407 | 53,930,955 | 184,817,429 | 5,302,832,250 | 0 | 23,311 | 25,937,520 | 7,564,4 |

한국투자증권, 약 7000만 원

계좌가 많죠. 초보 때는 키움증권만 사용하다가, 나중에는 키움증권 2개, 미래에셋대우 2개, 유진투자증권까지 개설했고, 최근 KB증권과 한국투자증권도 추가했습니다. 키움, 미래, 유진 다 좋지만, 떠오르는 샛별은 유진이라고 봅니다.

여러분도 계속 투자하다 보면 계좌가 늘어날 거예요. 초보 때는 계좌 하나에 스켈핑(분, 초 단위로 거래하는 초단타 매매), 데이트레이드(당일 매매), 단타(최대 5일 가져가는 매매), 스윙(2주 이상, 1~3개월 운용하는 매매), 장투(6개월 이상 가져가는 매매), 물린 것(비자발적 장투) 모두 두게 되지만, 하다 보면 성격별로 나누게 됩니다. 스켈핑 계좌에 물린 종목이 있으면 자꾸 손절하고 싶어져서, 물린 것은 각 증권사에서 지원하는 '타사대체출고' 혹은 '자사대체출고'를 통해 구분하게 되더라고요. 또, 가끔 증권사에서 진행하는 수수료 무료 이벤트나, 실전투자대회 참여를 위해 계좌가 늘죠.

제 경우에는 스켈핑과 단타는 키움증권으로, 스윙이나 잠깐 모아가는 종목은 미래에셋으로(대우증권과 합병 전), 물린 것은 대우증권으로 했습니다. 유진투자증권은 2017년에 개설했는데요. 5년 수수료 무료가 장점이었습니다.

오래 사용하다 보니 키움증권이 가장 손에 익습니다. 지금 주력 증권사는 유진이지만, 차트나 검색식은 모두 키움에 맞춰두고 키움으로 확인합니다.

# 실패하는 개미의 착각

박찬욱 감독, 최민식과 유지태가 출연한 영화 〈올드보이〉 아시죠? 거기서 최민식이 이렇게 묻잖아요.

"나를 왜 15년 동안 가뒀나?"

유지태가 대답합니다.

"틀린 질문을 하니까 틀린 답이 나오는 거야. 질문이 잘못됐잖아. 왜 당신을 15년간 가뒀느냐가 중요한 게 아니라, 왜 15년이 지난 지금 풀어줬는지를 물어야지."

주식으로 돌아가봅시다.

이런 질문을 참 많이 받는데, 저로서는 고구마를 백 개 먹은 것처럼 가슴이 답답해집니다.

"어떻게 하면 주식으로 수익을 낼 수 있죠?"

질문이 잘못됐어요. 질문이 틀렸는데 바른 답이 나올 리 없죠.

지금 여러분이 해야 할 질문은 "어떻게 하면 주식으로 수익을 낼 수 있을까?"가 아닙니다. 지금 해야 할 올바른 질문은 "나는 왜 여태껏 주식으로 실패했는가?"입니다.

주식으로 돈을 벌고 싶으면 여러분이 가장 먼저 해야 할 일은 고정관념을 버리는 것입니다. 그것이 잘못된 매매 스타일을 바로잡는 첫 번째 관문이기 때문이죠. 지금까지 수익이 나지 않았던 잘못된 매매 습관을 바꾸기 위해서는, 무엇보다도 자신의 머리를 건드려야 합니다. 착각, 편견, 고정관념, 고집, 아집… 무엇으로 표현하든, 여러분이 실패를 거듭하고 있다면 그 이유는 여러분의 잘못된 생각 습관 때문일 겁니다.

## ▎시드머니가 많아야 한다는 ▎착각

저는 지금까지 어느 누구의 계좌를 대신 굴려준 적도 없고, 돈을 섞어서 함께 투자한 적도 없어요. 제 수익률을 아는 주변 지인들이 자기 돈을 줄 테니 굴려달라, 수수료를 주겠다는 제안을 자주 하죠. 그런데 그건 법률 위반을 떠나, 정말 주식을 하~나도 모르는 초짜라서 할 수 있는 소립니다.

저는 어느 수준 이상이 된 후로는 예수금을 50% 이상 쓰지 않습니다. 1억이 있으면 5000만 원만 주식을 삽니다. 나머지 5000만 원은 나중에 물린 종목을 물타기*하거나, 좋은 다른 종목이 나왔을 때 사기 위한 총알로 챙겨두는 거죠.

제가 가지고 있는 돈도 다 안 쓰고 있는데, 다른 사람 돈이 섞이면 제 수익만 나눠주는 꼴이 됩니다. (한 100억 정도 맡긴다고 하면 상황이 조금 달라지겠네요. 하하하. 하지만 직장인이 그 정도 돈 있으면 왜 주식을 하겠어요.)

처음에 시드머니가 커야 한다면 남의 투자금이라도 받아서 하는 게 맞겠죠. 하지만 주식은 아주 소액으로도 시작할 수 있습니다. 바로 제가 그 증거잖아요. 480만 원으로 시작해서 만 1년이 되던 때 1억 5000만 원, 대략 3000% 수익률을 거두지 않았겠어요.

'에이~ 그건 완전 특별 케이스죠'라고 생각하시겠지요? 그래서 제가 친한 동생을 데리고 테스트를 한번 해봤습니다. 이거 이거 사라고 골라준 게 아니라, 제가 투자하는 방식대로 해보게 한 거죠. 그 친구는 3000만 원으로 시작했는데 1년도 채 안 되어 1억 3000만 원이 됐습니다.

제 방법은 꽤 잘 맞았습니다. 다만, 공부가 필요합니다. 엄청 필요합니다. 앞에서도 얘기했지만, 저는 매일 밤 10시쯤 퇴근해서 새벽 2~3시까지 종목 공부했습니다. 드라마, 그런 거 안 본 지 몇 년째입니다. 영화는 가끔 보지만요. (영화는 사실 많이 봐야 해요. 예를 들

---

• 매수한 주식이 하락하면 그 주식을 추가 매수해 매입 평균 단가를 낮추는 행위를 일컬음.

어 제가 〈범죄도시〉를 직접 가서 봤으면 바로 배급사인 키위미디어 주식을 살 기회가 있었을 테니까요.) 게임도 정말 좋아해서 집에 소니의 최신 콘솔 게임기도 사놓았는데. 딱 한 번 해봤습니다. 정말 너무 즐기고 싶어요. 하지만 놀 거 다 놀면서 언제 공부하겠습니까.

아무튼 제 말은, 주식은 아주 적은 돈으로도 시작할 수 있습니다. 500만 원으로 시작해서 매월 20% 수익률을 올린다고 가정합시다. 36개월, 즉 3년 후에 얼마가 될까요? 약 35억 4000만 원입니다. 매월 20%, 불가능할까요?

그렇다면 매일 1%도 불가능할까요? 왠지 가능해 보이죠? 100만 원의 소액 투자자라도 2년 후에는 1억 원 이상을 만들 수 있습니다(약 500거래일로 계산). 제대로 된 방향과 투자 원칙을 가지고 투자한다면 말입니다.

저는 480만 원으로 시작해서 2년 5개월 만에 10억을 만들었습니다. 그게 2년 10개월 만에 20억이 됐고, 3년 만에 30억이 됐어요. 불가능하다고 생각하지 마세요. 이 짧은 삶에서 불가능하다고 단정하는 순간, 우리의 한계는 거기로 확정지어지는 겁니다. 여러분의 고정관념과 편견을 깨부수면 가능해집니다.

주식 투자를 생각하면서도 시드머니가 없다는 핑계로 선뜻 투자에 나서지 못하는 지인이 많습니다. 그런 사람들을 볼 때면 마음 한구석이 답답해지는 느낌을 지울 수가 없죠. 저라고 처음부터 이렇게 벌었겠습니까. 처음에 소액으로 시작했으니 당연히 수익금도 적었습니다.

하지만 지금은 그렇게 시작한 것이 하늘이 준 행운이었음을 절감하고 있습니다. 만일 제가 수천만 원, 혹은 억대의 돈으로 주식을 시작했다면 지금처럼 안정적으로 꾸준히 벌 수 있는 실력을 갖추게 되었을까요? 절대 아니라고 생각합니다.

분명 많은 개미들이 불나방처럼 달려들었다가 큰 손해를 보고 주식시장을 떠났을 겁니다. '주식은 역시 도박이었어' 하며 뒤도 안 돌아보고 떠났죠. 물론 또 돌아왔겠지만요. 그래서 지금 이 책을 읽고 계신 거잖아요.

삶의 변동성에 대해서 언급했었죠. 주식은 안정적인 월급에 비해 변동성이 워낙 커서 수익과 손실에 따라 삶에 미치는 영향도 크기 때문에, 투자자는 이 변동성을 견딜 '마음의 근육'을 키워야 한다고요. 처음에는 워밍업처럼 자신이 아주 편하게 관리할 수 있는 소액으로 주식을 시작해야 합니다. 처음부터 '자본금' '시드머니' 운운하는 사람들은 출발부터 잘못된 겁니다.

생각해보세요. 만일 주식을 딱 10만 원만 가지고 한다면, 손해를 볼 것 같나요 수익을 볼 것 같나요? 아마 후자일 겁니다. 자기가 감당할 수 있는 금액을 가지고 시장을 보면, 많은 것이 더욱 명확하게 보입니다. 일확천금을 노리는 욕심 가득 찬 눈으로 시장을 보는 순간 진실이 보이지 않습니다. 마치 앞만 보고 달리는 경주마처럼 말이죠.

시드머니는 200만 원으로도 충분하다고 생각합니다. 더 적어도 상관없고요.

## 시드머니와 남는 장사

시드머니가 적어서 큰돈을 벌지 못한다고 생각하는 분들이 많습니다. 하지만 그런 말씀 하시는 분들은 손실을 면하지 못하셨을 것이고, 앞으로도 비슷할 것입니다. 제가 왜 그렇게 생각하는지 살펴보겠습니다.

다음 그림에서는 시드머니, 주식, 자본증식, 소비가 순환 구조를 이루고 있습니다. 여기서 가장 중요한 것은 시드머니와 소비 사이의 'rest'입니다.

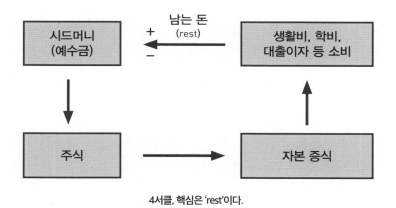

4서클, 핵심은 'rest'이다.

'시드머니'는 왜 필요하죠? 간단합니다. '주식'을 하기 위해서입니다. 왜 많아야 하죠? 이왕 투자를 하는데 한 번에 많이 벌면 좋으니까요. 1%만 수익을 내도 시드머니가 크면 벌어들이는 액수가 달라지죠. 그런데 주식은 왜 하죠? 간단합니다. 돈을 벌려고 하는 겁니다. '자본 증식'을 위해 주식을 합니다. 자본 증식은 왜 하려고 하죠? 대부분 삶의 질을 높이고 싶어서 그럴 겁니다. 가족들을 더 잘 부양하거나 대출금이나 학자금을 갚거나 병원비나 사업 자본금을 대거나 등등 다양한 방면으로 '소비' 혹은 지출을 하기 위해서죠. 일단 저축을 하더라도 결과적으로는 더 나은 소비를 하기 위해서 일 겁니다.

시드머니로 주식을 하고 그것을 실력과 인맥, 운 등 모든 것을 동원해서 자본을 증식시킨 후 그 돈으로 소비를 합니다. 그러고 나서 남는 돈(rest)이 다시 시드머니(예수금)로 전환됩니다. 한 바퀴 도는 거죠. 이때 증가한 자본과 소비의 합이 플러스(+)가 돼야 시드머니가 증가합니다. 버는 돈보다 소비가 많으면 그 사람의 예수금은 계속해서 줄어듭니다. 결국 자본금보다 소비가 적어야 최종적으로 남는 장사가 됩니다.

이 4개 단계에서 무엇이 중요한 것 같나요? 시드머니가 중요한가요? 시드머니가 아무리 커도 주식으로 자본을 증식하지 못하면 당신의 자산은 100% 줄어듭니다. 또 자본을 증식하는 데 성공하더라도 소비가 벌어들이는 것보다 많다면 당신의 자산은 100% 줄어듭니다. 즉, 주식으로 자본을 증식하는 데 성공하고 그 돈으로 소비를 하고도 남는 돈이 있다면 당신은 100% 부자가 됩니다. 4서클을 한 바퀴 돌았을 때 100원이라도 플러스를 만들고 있는지가 무척 중요합니다. 이제 회전율이 부자가 되는 속도를 결정할 뿐입니다.

주식 소득만으로 생활비 등 소비를 해결하는 사람은 주식으로 더 많이 벌어야 할 것이고요. 월급으로 이미 충분히 자신의 소비를 책임지고 있는 사람은 주식으로 벌어들이는 것만큼 계속 자본이 늘어나게 됩니다. 그래서 '월급'이 정말 중요합니다. 이렇게 한 바퀴씩 돌 때마다 끊임없이 부가 늘어나겠죠. 저는 이것을 4서클 이론이라고 부릅니다.

## 전업 투자를 하면 더 벌 거라는 착각

저는 지금 월 1억 이상을 버는데도 전업 투자를 고려한 적 없습니다. 주식 투자를 하는 사람일수록 자기 일이 필요하다고 생각합니다. (물론 휴가는 자주 가고 싶습니다. 매일 거래하고 나서 점심시간에 출근하고 싶습니다. 더 놀고 싶고, 가족과 여행 다니고 싶어요!!) 제가 말하는 '월급 독립'은 월급에 의존하는 삶에서 독립하자는 거지, 회사를 안 다니는 삶을 지향하는 것이 아닙니다.

생각해봅시다.

전업 투자를 하는데 예전에 받던 월급만큼 수익을 못 낸다면? 그걸 두고 과연 전업 투자자라고 할 수 있을까요? 매일, 매월, 매분기, 매년 타 들어가는 속을 견딜 수 있을까요? 반면, 직장인이지만 매월 월급만큼 혹은 월급보다 많은 돈을 버는 사람이 전업 투자자보다 못할까요.

또 하나 생각해봅시다.

본인은 가치 투자자라고 말하지만, 막상 계좌에 소위 말하는 '개잡주'로 가득하다면 이것은 과연 가치투자인가요? 반면, 단타를 하지만 계좌에 건실한 종목만 있는 투자자라면 과연 그가 가치투자를 안 하고 있는 사람일까요?

전업 투자자들은 비슷한 점이 하나 있습니다. 거의 대부분 모니터 화면만 보고 지내다 보니 생각이나 일상생활, 인간관계가 굉장히 좁아집니다. 주식이 잘 안 되면 분노가 생기고, 생활도 크게 망가지기 십상입니다.

반면 주식을 열심히 하더라도, 직장에 다니든 사업을 하든 뭔가를 하고 있는 사람들은 훨씬 안정적입니다. 자신이 하는 일을 주식과 연결하는 유연한 사고도 있고요. 예를 들어 저는 게임 전문지 기자를 거쳐 게임회사에서 일하다 보니 게임을 포함한 IT와 4차 산업혁명, 엔터테인먼트 관련 소식을 들으면, 해당 뉴스나 정보가 어떤 종목에 어느 정도 강도로 주가 영향을 미칠지 금세 파악합니다.

"주식으로 그렇게 많이 벌면 왜 회사를 다녀, 전업 투자를 하지." 이렇게 말하는 사람들은 대부분 1) 주식을 모르거나, 2) 주식으로 큰 재미를 못 보거나, 3) 주식으로 손실을 보는 사람입니다. 그리고 직업을 찾는 사람이 아니라 직장을 찾는 사람, 남들 연봉 얼마인지가 제일 궁금한 분들이죠. 주식으로 수십, 수백억 이득을 보는 오너들은 왜 회사를 다니겠습니까?

절대 주식을 더 잘하려고 회사를 그만둘 생각은 하지 마세요.

저도 회사를 다니고 있고, 회사 일이 주식보다 우선입니다. 물론, 제 경우를 말하자면, 회사 업무량과 주식 수익률의 상관관계가 명확했습니다. 회사 일이 바쁠 때는 수익률이 형편없이 떨어지다가 (매도 타이밍을 놓칩니다), 회사 일이 한가해지면 수익률이 극대화됩니다.

야근 많다는 게임회사에 홍보라는 제 업무 특성상, 신작 출시 시기에는 정말 주식하기 어려웠습니다. 분석할 시간이 없어서 수익률이 매우 저조해지죠. 하지만 회사에서 자신의 가치를 인정받으면서 주식도 잘하기 위해서는 우선순위가 명확해야 합니다. 즉, 회사 일이 우선돼야 합니다.

회사 때문에 벌 돈을 못 번다? 천만의 말씀입니다. 그런 생각은, 아직 수익이 작아서 드는 겁니다. 어느 정도 수익이 생기고, 어느 정도 궤도에 오르면, 돈 버는 방법이 보이거든요. 그때부터 주식이 일과 생활 모두를 잠식하기 시작합니다. 시도 때도 없이 종목 찾고, 술 마시고 늦잠 자고 또 종목 찾고…. 점점 주식에 신물이 나고, 진저리가 쳐질 겁니다. 차트 보는 것도 괴롭고요. 그러면서도 혹 월급보다 못 버는 달이 생길까봐 불안에 떨기도 하죠. 이제 주식은 스트레스가 됩니다.

이때, 일이 있어서 주식을 잊을 수 있는 겁니다. 일을 그만두면 더 못 법니다. 회사 일이 당신의 뜨거워지는 머리를 식혀주는 것입니다. 주식은 열정으로 하는 게 아니라 냉정으로 해야 합니다. 일은 열정으로 하고요.

그리고 앞에서 언급했던 4서클 이론이 여기에도 적용됩니다. 전업 투자자가 되면 '소비' 영역을 오로지 주식 수익만으로 책임져야 하죠. 잘 생각하셔야 합니다. 대부분은 이 소비 영역을 일단 벌어둔 돈이나 퇴직금으로 충당하려고 합니다. 여기서부터 인생 몰락이 시작될 수 있습니다. 4서클을 한 바퀴 돌았을 때 100원이라도 플러스여야 한다고 이야기했죠.

안정적인 소득원이 있는 직장인 상태에서 주식을 못하는 사람이 전업으로 성공한다? 에이, 거짓말이죠. 직장은 아늑한 고향, 친정집 같은 존재입니다. 언제나 가족이 우선이듯, 직장을 우선시하세요.

매일 주식을 해야 한다는 부담을 버리고, 종목 발굴한 날만 주식 하는 생활도 괜찮습니다. 문제는 종목을 찾는 거죠.


## 절대 비법이 있을 거라는 착각


주식을 하다 보면, 사람들에게 '방법 좀 알려주세요' '뭔가 힌트라도 좀…' '특별한 기법이 있겠죠?' 등의 말을 정말 많이 듣습니다. 단언컨대 주식에 특별한 비법, 절대 공식 같은 것은 없습니다. 비법을 찾아 헤매고 있습니까? 그렇다면, 그런 식으로 얻어 듣고 주워 들은 것들이 모두 당신의 수익을 좀먹는 착각을 만들고 있음을 깨달아야 합니다.

주식은 학문이 아닙니다. 학문으로 정립될 수 있다면 아마 학원이 생기고 대학교에 전공도 생겼겠죠. 그리고 우등생은 돈 잘 벌겠죠. 하지만 그런 일은 주식시장이 열린 이래로 아직 없습니다. 혹시라도 이 책을 읽으면서 그런 비법을 얻을 거라 기대했다면, 죄송하지만 '없습니다.'

소위 전문가라는 사람들이 비법, 비기, 비술, 특급 정보가 있다면서 우리를 유혹합니다. 하지만 그런 것이 있다면 세상에 누가 주식으로 돈을 잃겠습니까. 모두 어리숙한 개미를 현혹하려는 미끼일 뿐입니다.

주식에는 절대 비법 없습니다. 오로지 '대응'만 있을 뿐입니다. 그 대응을 여러분은 이미 가지고 있는데요, 겹겹의 고정관념과 비법이라고 배운 잘못된 지식 탓에 잘못된 대응을 하고 있는 것뿐입니다.

저는 3년 만에 누적 수익 30억을 넘겼지만, 때론 저도 안 믿기고 역시 운이라는 생각이 들기도 합니다. 나만의 특별한 비법이나 비기 같은 것도 없습니다. 그렇다고 제가 주식을 잘 아는 것인가 하면 그렇지도 않은 것 같습니다. 겸손을 떠는 게 아니라요. 주식을 구성하는 여러 영역, 즉 테마나 차트, 거래량, 기본적 분석, 기술적 분석 등 그 어느 하나에서 제가 도사가 되었느냐 하면 전혀 그렇지 않습니다. 한참 부족합니다.

그런데 가만 생각해보세요. 차트를 잘 알고 분석을 잘하는 사람은 무조건 수익을 낼까요? 바꿔서 이렇게 물어볼게요. 여러분은 주식을 잘하고 싶은 건가요, 수익을 내고 싶은 건가요? 주식을 잘하고 싶다고 하면서 지엽적인 기법이나 차트, 정보 따위에 매달리고 있지는 않나요? 차트 박사가 된다 한들 수익이 나지 않으면 소용없잖아요. 차트만으로 자본을 30억 이상 모은 사람은 단 세 분밖에 보지 못했습니다. 30억 이상 벌었다고 '말하는' 분들은 많겠지만 실제로 그걸 인증한 사람은 거의 없을 겁니다. 차트로 벌었다는 사람들도 본인들이 인지하지 못할 뿐이지 해당 종목의 재료와 시황 외 여러 가지 정보들을 적용하고 있을 겁니다.

저는 차트를 볼 때도 깊이 파고들지 않습니다. '좋다, 나쁘다' '살 만하다, 아니다' 정도만 파악합니다. 저는 가장 중요한 것으로 '베팅할 수 있느냐'를 봅니다. 여기에 어떤 법칙이 있지는 않습니다(물론 점검하는 요소들은 있지만요). 훈련 또 훈련을 통해 보는 눈을 길러야 하는 거죠.

무엇보다 주식 시장은 얄팍하게 한두 가지 비법으로 이길 수 있는 곳이 아닙니다. 당신이 쉽게 얻을 수 있는 비법이라면 남들도 쉽게 얻어갈 겁니다. 너도 나도 쉽게 얻을 수 있는 지식으로 이 시장에서 승부를 볼 수 있을 거라고 믿는 것이 가장 큰 걸림돌 아닐까요.

# 자기는 반드시 벌 거라는
# 착각

최악의 시나리오는 나를 비껴갈 것 같지요? 가장 바보 같은 착각입니다. 주식을 하는 개미들은 그래도 자신은 돈을 벌 것이라는 종교에 가까운 확신을 품곤 합니다. 그러나 현실은 냉혹합니다.

지난 2017년 장미대선에서 대선 테마주가 기승을 부렸지만, 여기서 개미 투자자의 83%가 손실을 봤다는 통계 자료가 있습니다. 왜 그럴까요? 여러 가지 이유가 있겠지만, 저는 사람들이 자기는 벌 거란 기대만 했기 때문이라고 생각합니다.

사기 전까지는 이 종목으로 소위 대박을 노리겠다며 환상에 부풀어 있을 겁니다. 그런데 그런 생각을 한 사람이 본인만이 아니라는 것을 깨달아야 합니다.

주식은 심리 게임입니다. 내가 생각하고 있는 것은 남들도 생각하고 있을 경우가 다반사입니다. 정보에 약한 개미들이라면 더욱 그렇고요.

흔한 사례를 들어봅시다.

서울 동작구에 사는 조혜승 씨(가명)는 우연히 직장 동료로부터 '삼삼정밀이라는 상장사가 수백억 원 규모의 제3자 유증*을 받을 것'이라는 정보를 취득했습니다. 대박 정보라고 판단한 혜승 씨는 여유 자금 대부분을 삼삼정밀 주식을 사는 데 썼습니다.

그런데 개미들 정보의 특징이지만, 언제 유증이 될지 알 길이 없습니다. 그냥 '카더라' 수준의 정보였지만, 정보의 질을 판단할 소양이 없기 때문에 '더 오르기 전에 일단 사자' 하는 마음이 앞서 일단 지른 것이지요.

여기서부터 개미지옥이 시작됩니다.

일단 오르는 차트에서 샀는데, 주가가 점점 떨어집니다. 불안한 마음에 친한 동료, 가족에게 선심 쓰듯 '고급 정보'라며 삼삼정밀의 호재를 풀어 놓습니다. 개미에게 도달한 정보는 이런 과정으로 모든 개미에게 전달되게 마련입니다. 결국 모두 아는 정보가 됐습니다.

정보를 취득하고 한 달여가 지나고, 장 시작 전에 정말로 공시가 났습니다. 시가총액 1000억 회사에 무려 800억 규모의 제3자 유증이 진행되고 최대주주가 바뀐답니다. 사실상 우회 상장이죠. 정말 큰 호재입니다.

심장이 뜁니다. 아 드디어 인생이 피는구나. 고생 끝에 낙이 오는구나. 2배가 갈까, 3배가 갈까? 각 포털 증권 게시판에는 개미들의 설레발이 시작됩니다. "10배가 돼도 안 팔겠다"라는 글들이 넘쳐납니다.

어라? 그런데 9시 장 시작이 몇 분 남지 않는데 매수자가 없습니다. 오히려 마이너스로 출발할 가능성도 보입니다. 9시가 땡 했습니다. 10초, 20초가 지났는데도 감감…. 이런 대호재에 주가가 오르지

---

• 신규로 자금을 늘리는데, 기존 주주가 아닌 제3자에게 주식을 발행하는 형식의 증자.

않습니다. 어찌 된 일이지?!

그때! 누군가 매도 버튼을 누릅니다. 갈팡질팡하던 투심이 급속도로 파란불로 냉각되기 시작합니다. 개미 투자자는 혼돈에 빠집니다.

'뭐지, 800억이나 투자를 받는데 호재가 아닌가. 사실 악재가 있었던 건가?'

잠깐 계좌가 빨간불이 됐었지만, 금세 파란불로 바뀝니다. '혼돈의 카오스'가 이런 거구나! 온몸에 식은땀이 흐르고 정보를 줬던 사람에게 전화를, 문자를, 카톡을, 텔레그램을 날리기 시작합니다.

그러는 동안 이미 주가는 -10%. '더 잃기 전에 일단 절반이라도 팔자'는 생각이 절로 들겠죠. 더 싸게 잡았던 개미라면 '조금이라도 수익 실현을 해두자'라며 매도세는 더 심해집니다. -20%가 됐습니다. 거래량이 터지면서 음봉이 나왔기 때문에 다음 날도 음봉이 나옵니다. 결국 -30%가 되면서 혜승 씨는 눈물의 손절 버튼을 누릅니다.

대체 왜 이렇게 될까요?

살 때부터 수익만 생각하고 손실을 생각하지 않았기 때문입니다. 직장인들은 기관, 외인보다 정보가 늦을 수밖에 없습니다. 그렇기 때문에 본인의 손절 라인을 반드시 정해둬야 합니다.

친구가 나에게 악감정으로 '역정보'*를 줬을 리는 없습니다. 내가 친구를 아무리 믿더라도 손절 라인을 정해뒀다면, 가령 -5%

---

• 가짜 정보가 아님. 사실이긴 하지만, 주가는 떨어지는 정보를 지칭한다.

라는 자신만의 약속이 있었다면, 이 사례에서 조혜승 씨의 손실은 -5%에서 멈췄을 것입니다.

그리고 (곧이어 설명하겠지만) 고급 정보요? 자기한테 고급 정보가 올 확률을 논하기 전에 자신의 사회적 지위를 한번 생각해보세요. 고급 정보가 올 확률이 높을까요? 이미 풀리고 풀린 저급 정보가 올 확률이 높을까요? 자신의 사회적 지위에 걸맞은 레벨의 정보가 오는 것이 슬프지만 너무 당연한 이야기 아닐까요?

주식으로 반드시 벌 거라는 착각을 버리세요. 언제나 잃을 수 있다는 생각을 50% 가지고 계셔야 소중한 재산을 지킬 수 있습니다.

## 고급 정보를 얻었다는 착각

"개미에게 온 정보는 쓰레기다. D급이다."

일단 이렇게 외우고 주식을 합시다. 이 책을 읽는 당신은 아마 높아야 부장 직급일 겁니다. 이미 임원급 정도가 되었는데도 고급 정보 못 쥐는 분이라면 앞으로도 힘드십니다. 단, 좋은 정보를 가지고 있었음에도 고정관념 때문에 수익으로 연결 못 시키고 계셨다면 예외가 됩니다.

왜 개미에게 온 정보는 쓰레기일까요?

큰 이슈는 회사의 핵심 임원들 사이에서 결정됩니다. C레벨로 불리는 CEO, CFO 그런 분들이지요. 그런데 이들보다 더 높은 직급이 있습니다. 소위 '천상계'라고 불리는 의장, 오너 들이 그런 계층이죠.

천상계끼리 일을 만들고 그걸 바지사장(CEO)에게 전달하고 CFO가 검토하고 임원 회의에서 의결되고(기타 C레벨), 이 과정을 모두 거치고 나서야 각 본부장, 실장, 팀장에게 전달됩니다.

이 과정에서 정보는 퍼지게 됩니다. 보안 유지는 SNS가 대중화된 현대사회에서 어렵습니다. 비밀 따위는 없다고 보시는 게 속 편합니다.

**A급 정보** 천상계에서 얻는 정보입니다. 가장 확실하고 주가가 낮은 단계에서 살 수 있죠.

**B급 정보** CEO와 CFO에게 얻는 정보입니다. 여전히 주가가 낮은 단계에서 살 수 있습니다.

**C급 정보** 기타 C레벨에게 얻는 정보입니다. 여기서부터는 정보가 심각하게 퍼집니다.

**D급 정보** 본부장, 실장, 팀장급에게 얻는 정보입니다. 여기서 산 사람들은 이미 망했다고 보면 맞습니다.

직장인 여러분이 얻는 정보는 대부분 D급에서 퍼진 겁니다. 너무 많은 사람이 아는 단계에서 내게 오기 때문에 항상 내가 사면 떨어지고 내가 팔면 올라가는 겁니다.

먼저 '나한테 올 정도의 정보라면 얼마나 퍼진 정보일까? 잃을 확률이 높겠구나'라고 생각하세요. 앞서 말했지만, 본인의 사회적 지위를 생각해보세요. 미안하지만, 자신의 사회적 지위가 높으면 A급에 가까운 정보를 얻을 테고, 자신의 사회적 지위가 낮다면 당연히 D급일 확률이 높습니다.

자, 이제까지는 그나마 나은 설정입니다. 호재였으니까요. 일이란 추진되다가 얼마든지 중단될 수 있습니다. 그럼 악재가 되겠죠. 악재도 A급부터 알게 됩니다. 당연하죠? D급이 막 사기 시작해 이미 주가가 올라 있기 때문에 지금 팔아도 손해가 아닙니다. 그다음 B급까지도 D급까지 퍼진 상태에서 알고 팔기 때문에 이익을 볼 가능성이 매우 높습니다. 하지만 C급부터는 잘하면 본전이고, D급은 이미 지옥입니다.

물론 자본시장법상 공시되지 않은 정보를 가지고 매매하는 것은 내부자거래로 처벌받을 수 있습니다. 1차 정보자, 2차 정보자, 3차 정보자까지 처벌을 받습니다. 하지만 뉴스에 그렇게 처벌받는 사람이 계속 나옴에도 끊이지 않고 이런 일이 벌어집니다. 왜냐고요? 그들만의 커뮤니티에서 벌어지는 사적 영역의 일들을 잡기 어렵기 때문이죠.

그런데도 여러분은 D급 정보를 찾아다니죠. "어디 좋은 정보 있으면 공유 좀 해주라" 하면서요. 어쩌다 운 좋게 한 번 먹은 추억으로 계속 불나방이 되시는 겁니다.

이제부터라도 불나방은 되지 마세요.

그런데 아깝죠? 정말 이번 정보가 열 번 중에 한 번 있는 그런 기회일지 모르는데요. 또 사고 싶어집니다.

그래서 차트 분석을 할 줄 알아야 합니다. 차트 속에는 이 정보가 언제 퍼진 건지, 지금 그 정보가 나오면 주가가 얼마나 떨어질지 예측할 수 있는 단서가 무수하게 숨어 있습니다. 그래서 공부를 해야 합니다. 단, 이 공부도 편견을 다 깬 다음에 시작해야 훨씬 좋습니다.

정보 얘기 하나 더 하자면, 주식 담당 기자들은 주식으로 쏠쏠한 수익을 얻을 것 같죠? 언젠가 금융감독원에서 증권부 기자들을 대상으로 불공정거래 조사를 했다고 합니다. 하지만 결과에 모두 놀랐습니다. 기자들 대부분의 계좌가 눈물 없이 보기 힘들 정도로 손실이 컸기 때문입니다. 기자들의 기사로 주가가 급등하는 것을 많이 봤기 때문에, 그들은 다 벌 거라는 편견을 가지고 있었죠. 하지만 주식으로 돈 번 기자는 거의 없다고 해도 과언이 아니에요. 심지어 애널리스트, 대학교수 등등 정보에 그리 밝은 분들도 주식으로 돈 번 사람 별로 없어요. 한 번은 벌 수 있죠. 그런데 결국에는 다 까먹습니다. 한 번, 두 번, 그래 세 번까지 먹고 네 번까지도 정보로 수익을 냈다고 칩시다. 다섯 번째 결국 까먹을걸요?

남에게 듣는 정보에 대한 환상을 버리세요. 차트 속에 이미 고급 정보가 다 숨어 있습니다. 그리고 여러분도 깨닫게 되실 겁니다. 물고기 낚는 방법을요.

# 세력이 등장했다는
# 착각

주식 게시판 보면 이런 내용들 많이 보입니다.

"세력 형님들 드라이브 끝내준다."

"세력 형님들 들어오셨다."

아니에요. 안 들어오셨습니다. 여러분이 말하는 세력은 허상입니다. 그런 거 없어요. 실제 여러분이 생각하는 세력을 실제로 만날 일은 1000번 거래하면 1번입니다. 그리고 이때 개인은 물량받이만 되지, 절대 수익 못 냅니다.

세력에 대한 개념도 재정립합시다.

**매도하는 개미 + 기관 + 외국인 전체가 '매도 세력'이고요,**

**매수하는 개미 + 기관 + 외국인 전체가 '매수 세력'입니다.**

**주가가 떨어지는 건 매수 세력보다 매도 세력이 강해서고요,**

**주가가 오르는 건 매도 세력보다 매수 세력이 강해서입니다.**

다음 매매 호가창을 한번 보시죠.

거래량이 터진 종목에서, 아니 사실 거의 모든 종목에서 10단계 호가를 보면, 매도 쪽에 호가가 더 많고 매수 쪽에 호가가 훨씬 적을 때 주가가 잘 올라갑니다. 개미들은 매도 호가가 두꺼우면(즉 파

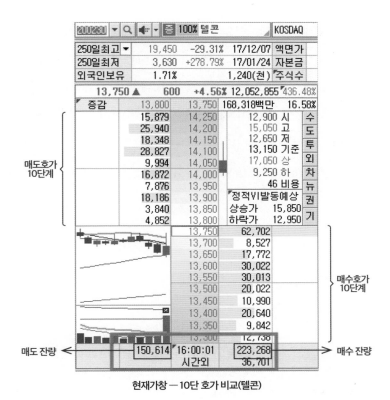

| 200230 | ▼ | Q | ◀× | ▼ | 증 | 100% | 텔콘 | | KOSDAQ |
|---|---|---|---|---|---|---|---|---|---|

| 250일최고 ▼ | 19,450 | -29.31% | 17/12/07 | 액면가 |
|---|---|---|---|---|
| 250일최저 | 3,630 | +278.79% | 17/01/24 | 자본금 |
| 외국인보유 | 1.71% | | 1,240(천) | 주식수 |

| 13,750 ▲ | 600 | +4.56% | 12,052,855 | 436.48% |
|---|---|---|---|---|
| ▼ 증감 | 13,800 | 13,750 | 168,318백만 | 16.58% |

| 매도호가 10단계 | 15,879 | 14,250 | 12,900 시 | 수 |
|---|---|---|---|---|
| | 25,940 | 14,200 | 15,050 고 | 도 |
| | 18,348 | 14,150 | 12,650 저 | 투 |
| | 28,827 | 14,100 | 13,150 기준 | 외 |
| | 9,994 | 14,050 | 17,050 상 | 차 |
| | 16,872 | 14,000 | 9,250 하 | 뉴 |
| | 7,876 | 13,950 | 46 비용 | 권 |
| | 18,186 | 13,900 | 정적VI발동예상 | 기 |
| | 3,840 | 13,850 | 상승가 15,850 | |
| | 4,852 | 13,800 | 하락가 12,950 | |

| | 13,750 | 62,702 | 매수호가 10단계 |
|---|---|---|---|
| | 13,700 | 8,527 | |
| | 13,650 | 17,772 | |
| | 13,600 | 30,022 | |
| | 13,550 | 30,013 | |
| | 13,500 | 20,022 | |
| | 13,450 | 10,990 | |
| | 13,400 | 20,640 | |
| | 13,350 | 9,842 | |
| | 13,300 | 12,738 | |

| 매도 잔량 ← | 150,614 | 16:00:01 | 223,268 | → 매수 잔량 |
|---|---|---|---|---|
| | | 시간외 | 36,701 | |

현재가창 ─ 10단 호가 비교(텔콘)

는 사람이 많으면) 못 올라갈 거라고 생각하고 손절하곤 하는데, 반대로 생각하는 겁니다. 왜냐고요? 심약 개미들은 죄다 단타 중에서도 심약 단타라 팔 생각만 하지만, 그림을 볼 줄 아는 매수 세력들은 수량을 확보해야 하니 매도 호가가 많은 것을 선호합니다. 그리고 이미 수량을 확보한 매수 세력들이 수익을 내려면 매수 호가가 많아야 좋고요. 매수 호가가 많아지면 방금 전까지 매수 세력이었던 쪽이 매도 세력으로 바뀝니다.

주식은 살아 있는 생물이요, 심리 게임입니다. 본인의 고정관념에 사로잡혀 있으면 주식으로 돈 벌기 어려워집니다. 남들이 모두 Yes라고 할 때 No라고 말할 수 있어야, 다른 관점을 가지고 있어야 돈을 법니다. 그리고 이 매도-매수 세력의 심리 게임이 바로 차트에서 이루어지는 것입니다.

차트는 뒤에서 다루겠습니다. 아직은 마인드를 더 단단히 다져봅시다.

### 호가창에서는 무엇을 볼까

호가란 투자자들이 어느 종목을 이 정도에 사겠다 혹은 팔겠다고 미리 주문을 걸어둔 가격을 말합니다. 매수호가와 매도호가가 만나는 지점에서 현재가가 결정됩니다. 그래서 현재가창이라고도 하죠.

처음 호가창을 보면 정보가 너무 많아서 눈이 어지럽지요? 하지만 볼 것은 정해져 있습니다. 가장 먼저 볼 것은 그날의 시가, 고가, 저가입니다. 지금 내가 사려는 자리가 그날의 고가라면 일단 매매를 유보하세요. 그리고 단타 매매 시에는 앞의 텔콘 호가창에서처럼 매수 잔량이 매도 잔량보다 많을 경우, 절대 위로 사지 말고 매수 1호가에 걸어두고 천천히 삽니다.

# 직장인은 단타로 승부한다

## 워런 버핏이 한국에서
## 태어났다면

주식을 못하는 개인 투자자일수록 계좌에 종목이 많고, 오래 가지고 있더라고요. 이유를 들어보면 '좋은 주식'이라서 샀다고 하죠. 믿을 만한 사람한테 들었다며 각종 정보를 꺼내는데… 음… 그 정보 다른 사람도 다 알고 있는 거예요. 그리고 다시 한번 말하지만, 다 알고 있는 호재는 악재입니다.

미국의 대표적인 투자자 워런 버핏은 주식 투자자라면 대부분 알고 있을 겁니다. 가치투자의 아이콘이죠. 그러나 버핏이 한국이나 일본에서 태어났다면? 지금과 같은 장대한 자본을 형성하지는 못했을 겁니다.

왜냐고요? 미국은 주식시장이 열린 이래로 2008년 리먼브라더스 사태 등을 제외하고 주가가 떨어진 적이 없는 나라입니다. 어떤 주식을 샀더라도 장투로 수십 배 수백 배의 수익을 거둘 수 있었어요.

하지만 한국은 '박스피'라는 말이 나올 정도로 변동성이 심합니다. 크게 오르지 않고, 어느 정도 올라가면 떨어지고, 떨어지면 다시 오릅니다. 코스피 10년치 차트를 보세요. 박스 안에서 춤을 추지요? 그렇기 때문에 장투는 거의 대부분 본전 아니면 손실이 될 수밖에 없습니다.

특이 이 박스피, 변동장은 개미에게 불리한데요. 박스권이기 때문에 물리면 또 사서 물 타고, 더 물리면 더 사서 물타기를 하며 반등을 기대합니다. 기관, 외인은 물리면 돈이 충분하기 때문에 그냥 더 사거나 버팁니다.

그런데 개미는 돈이 없어요. 총알에 한계가 있죠. 물타기할 돈도 떨어지면 긴 낙폭에서 버티지 못하고 결국 손절하게 됩니다.

버텨서 나중에 수익 혹은 본전, 약손절로 나오는 분도 있습니다. 그런 경험을 통해서 잘못된 착각을 하게 돼요. 이른바 '존버 정신'이죠.

"주식은 버티면 먹는다."

저 마인드는 기관과 외국인이 가져야 할 마인드입니다. 개미가 저거 가지면 망합니다. 망한다는 게 뭐냐? 은행 이자보다 수익률이

낮아진다는 말입니다. 마이너스 아니면 손해 보지 않았다고 생각
하시나요?

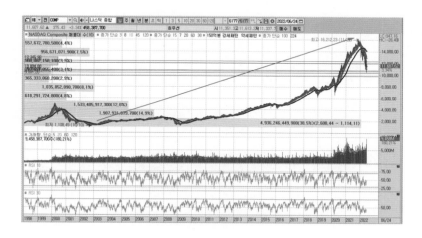

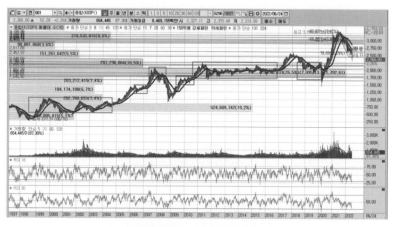

나스닥 10년 차트(위)와 코스피 10년 차트(아래) 비교

은행 이자보다 조금 더 버는 걸 목표로 하고 있다면, 주식하지 마세요. 채권이나 펀드를 하세요. 그게 낫습니다. 주식하지 말고 지금 하는 일을 더 열심히 하세요. 회사에서 인정받아서 인센티브 받고 연봉 올리는 게 더 효율적입니다.

직장인이 월급에서 자유로워지는 수준이 되려면 최소한 매월 자기 월급만큼은 주식으로 벌어야 합니다. 월급에서 완전히 독립하려면 월 1000만 원은 벌 수 있어야 합니다. 그걸 가치투자, 장기투자로 하겠다고요? 어림없습니다. 당신은 기관이나 외인, 기업 오너처럼 돈 많은 사람이 아닙니다. 사실 기관도 단타하는데, 개미가 장투라니… 그건 "나 주식 못해요" 하는 소리입니다. 워런 버핏도 한국에서 태어났다면 단타로 성공했을 겁니다.

무조건 미국의 가치 투자자를 신봉할 게 아니라 한국에서는 한국에 맞는 투자 방식을 찾아야 한다는 말입니다. 물론 버핏은 세계에서 가장 위대한 투자자이자 오래도록 존경받을 위인입니다. 저또한 그의 시장 전망을 시장 향방의 지표로 삼고 귀 기울이고 있습니다. 다만 그것은 미국 시장이 한국에 미치는 영향 때문에 참고하는 것이지, 한국 시장 투자의 지표로 보고 있지는 않습니다. 저는 영어가 안 돼서 미국 주식 투자는 하고 있지 않습니다.

직장인에게는 장기투자, 가치투자만이 바람직한 투자법이라는 착각에서 하루빨리 빠져나와야 합니다. 삼성전자 엄청나게 올랐죠. 그런데요. 그렇게 올랐어도 1년 상승률 100%가 안 됩니다. 기관이 100%면 엄청나죠. 돈 굴리는 사이즈가 다르니까요. 개미이면서 기관 따라 하는 매매는 그냥 '입주식'입니다. 입으로 하는 주식요.

심지어, 가치투자를 외치는 투자운용사도 6개월 내에 성과를 못 내면 손님이 떠납니다. 단기에 가는 종목을 모르기 때문에 리포트 쓰고, 시황 보고, 전략 쓰고 그걸 또 공유하고, 지라시에 혹하고, 유료 회원 모집하고, 매수세 일으키고 하는 것입니다.

짧은 기간 대박이 가능하다는 확신이 있다면, 퀀트 투자자나 가치 투자자가 과연 가치투자를 할까요? 단기간 수익에 결코 자신 없는 투자자들이 비자발적 장투를 하는 '존버 투자자' 되는 겁니다.

함께 외쳐봅시다.

"우리는 오늘만 산다!"

영화 〈아저씨〉에서 원빈이 했던 명대사랑 비슷하죠? 원빈은 'live'를 말했다면, 우리는 'buy'입니다. 오늘 사서 오늘 팔거나 내일 파는 투자자가 되세요. 최대한 5일 정도만 가져가는 단기 투자자가 되셔야 합니다. 직장인 개미는 반드시 그래야 월급 노예에서 탈출 가능합니다.

물론 주식 계좌 5억 넘어가면 스윙이나 장투 비중이 생깁니다. 단타는 필연적으로 거래량이 많고 호가가 충분한 것을 찾게 되는데요. 이런 종목이 매일 생겨나는 게 아니기 때문이죠. 그리고 팔 때를 고려해야 하기 때문에 종목당 2억 이상 사기 어렵습니다. 그래서 보통 5억 이하에서 주식을 하게 돼요.

저도 평균적으로 주식은 2~5억 미만으로 가지고 있습니다.

10~15억 정도는 예수금으로 놀립니다. 그 정도 되니까 저절로 부동산이나 채권, 장투 종목을 찾아 투자하게 되더라고요. 하지만 아직 5억이 안 된 분들은 오로지 단타만 생각하시면 됩니다.

다시 말씀드리지만, 제가 단타를 외치는 것은 극도의 효율성 때문입니다. 자산이 늘면 분명 좋은 주식을 사서 설령 손실 구간이 오더라도 버텨야 하는 '엉덩이 주식'이 필요할 때가 옵니다. 단타는 5억 아래서만 큰 효용을 보이기도 합니다. 이 구간에서의 수많은 단타 경험은 폭넓은 종목 정보를 머릿속에 차근차근 쌓아 올리는 결과를 가져옵니다. 자본금이 많아진 상태에서의 단타는 손실도 클 것이므로 스트레스도 심해지겠죠. 그래서 시드머니가 작을 때야말로 단타에 집중해야 할 시기라고 생각합니다.

## 주식의 본질

주식의 핵심은 뭘까요? 'buy'일까요, 'sell'일까요. 주식을 잘한다는 건 뭘까요? 잘 사는 게 중요할까요, 잘 파는 게 중요할까요?

서로 고수라고 자처하는 사람들 사이에서도 의견이 분분합니다. "싸게 사는 게 중요하다. 평단(평균 구매 단가)이 깡패다"라는 의견도 있지만 "잘 파는 게 중요하다. 주식은 결국 수익 실현을 통해 자본을 증가시키려는 것"이라는 주장도 만만치 않죠.

저는 이렇게 생각합니다.

**"주식의 본질은 'sell'이다."**

A종목을 1억어치 가지고 있다고 칩시다. 주가가 올라서 팔고 싶지만, 매수 호가가 없어도 정말 너무 없습니다. 지금 주가가 +10%라고 해도, 저 호가에서 1억 던지면 뚝 떨어져서 하한가 갈 것 같습니다. 이러지도 못 하고 저러지도 못 하고… 결국 제때 원하는 값에 팔지 못하고, 손실로 끝맺습니다. 흔한 케이스죠.

구슬이 서 말이라도 꿰어야 보배라죠. 주가가 아무리 올라봤자 수익 실현 못 하면 소용없습니다. 그래서 수익을 얻기 위해서는 좋은 주식이 아니라 '팔기 좋은' 주식을 사야 합니다. "주식의 핵심은 sell이죠!"라고 대답했으면서, 지금도 계좌에 종목이 5~10개씩 있는 사람은 여전히 아무것도 모르는 주식 초짜입니다.

본인이 아무리 가치 투자자라고 해도 계좌에 '개잡주'만 가득하면, 그 사람은 가치 투자자가 될 수 없죠. 본인이 아무리 전업 투자자라고 해도 직장 다닐 때보다 못 벌고 매일 가슴 졸이며 살고 있다면, 역시 전업 투자자라고 볼 수 없고요.

마찬가지입니다.

좋은 주식을 사야 잘 팔 수 있다고 생각한다면, 즉 buy에 방점을 찍는 개미들은 당장 주식창 닫으세요. 그리고 백화점으로 달려가세요. 좋은 상품들이 정말 많습니다. 거기서 사서 가지고 계시면 최소한 중고로 팔 수 있습니다. 경우에 따라 되팔 때 더 많이 받을지도 몰라요.

앞에서 말했듯, 대한민국 주식시장은 박스권에서 맴돕니다. 그리고 개미는 기관, 외인에 비해 정보 습득이 느릴 수밖에 없습니다. 그래서 단타를 해야 합니다. 기관, 외인은 돈이 무한정에 가깝다 보니 좋은 주식을 사는 게 맞습니다. 그리고 그들은 코스피 2300을 뚫은 이 시점에 숫자로 말해줄 수 있는 좋은 주식을 사면 됩니다. 자본이 큰 만큼 1년에 30%의 수익률만 거둬들여도 어마어마한 돈을 손에 쥡니다. 기관과 외인의 목적은 금리보다 높은 수익률, 딱 거기까지입니다. 개미라도 자본금이 10억 정도 되시는 분이라면 가치투자, 장기투자 하셔도 됩니다. 연 10퍼센트만 벌어도 연 1억이니, 괜찮겠네요.

하지만 이 책은 자금이 많지 않은, 인생 역전을 꿈꾸는 직장인 개미를 위해 쓰는 것입니다. 우리는 1년에 적어도 100% 이상 수익을 내야 부자의 끈이라도 잡을 수 있습니다. 서울에 아파트 한 채 대출 없이 사려면 1년에 300% 이상은 수익 내야 합니다.

이렇게 수익을 내기 위해서는 세 가지 약속이 필요합니다.


1) 팔기 좋은 주식을 산다
2) 자신이 정한 손절 라인을 생명처럼 지킨다
3) 상한가는 내 것이 아니다, 100원이라도 수익이 나면 판다

이 세 가지를 잘 지키면, 회전율이 크게 올라갑니다. 단타는 필연적으로 회전율이 높은데요. 2015년에 제가 평균 잔고 480만 원으로 1억 5000만 원 수익을 거뒀을 때 회전율은 29.9만%였습니다.

## 하루 1시간만 확보하라

직장인들의 가장 큰 고민 하나가 근무시간에는 주식을 들여다볼 수 없다는 것입니다. 그래서 많은 직장인이 전업 투자를 꿈꾸고요. 어쩔 수 없이 장기투자를 옹호하지요. 하지만 직장을 다니면서 수익을 못 내는 사람이라면 전업 투자를 한다 해도 수익을 낼 확률은 제로에 수렴한다고 감히 조언드립니다. 직장 생활을 유지하면서도 자기 월급의 최소 3배 이상을 매달 주식으로 버는 상황이 아니라면, 전업 투자는 생각조차 하지 마세요.

자, 제가 하루 12시간 넘게 일하면서도 어떻게 주식을 했는지 소개하겠습니다. 이 방법은 특수하다면 특수하지만 그렇지 않을 수도 있어요.

아무래도 잔고에 주식이 있으면 계속 들여다보게 되고, 신경 쓰여 일에 집중하지 못하더라고요. 저는 전날 종목을 골라서 종가까지 꾸준히 매집하고 다음 날 승부 보는 방식으로, '수급 + 차트 + 재료' 매매 방법을 쓰고 있습니다. 가급적 '하루 매집, 익일 오전 매도' 사이클로 가려고 하죠. 혹 익일 매도를 못 하더라도(주가가 떨어지니 못 하는 경우가 많아요, 흑흑) 그다음 날이나 적어도 5거래일 안으로 팔 기회가 있을 만한 종목을 고르고 있습니다.

제가 다니는 회사는 자율출퇴근제를 시행해서 기본 근무시간은 오전 9시 30분부터 오후 6시 30분까지이지만, 9시 30분 전에 출근 하는 사람은 보통 저 혼자거나 한두 명 더 있는 정도입니다. 그래 서 저는 보통 아침 8시까지 출근해서 간단히 종목 살펴보고 거래 가 제일 많이 몰리는 시간대인 오전 10시까지는 주식에 집중할 수 있습니다.

주식시장이 가장 활발한 시간은 장이 개시하는 오전 9시부터 오 전 10시까지이며, 장 종료 30분 전인 오후 2시 50분부터 오후 3시 20분까지입니다.

잠시 차트를 보죠. 대한민국 대표 종목 삼성전자의 5분봉입니다.

앞에서 이야기한 시간에 많은 거래가 일어남을 확인할 수 있습 니다. 오전 10시~오후 2시 30분 사이에는 거래가 아예 죽어 있다 시피 한 것도요. 박근혜 정부에서 주식 매매 시간을 30분 늘려서 이런 현상이 더욱 심해졌지요.

다른 차트들도 대부분 이 시간대에 거래가 많이 일어나고요, 가 장 거래가 많은 시간은 오전 9시부터 10시까지입니다. 이 말을 뒤 집어 생각해보면, 직장인이나 전업 투자자나 가장 집중해서 모니 터를 봐야 할 시간은 하루에 단 1시간, 바로 오전 9시부터 10시까 지라는 이야기입니다.

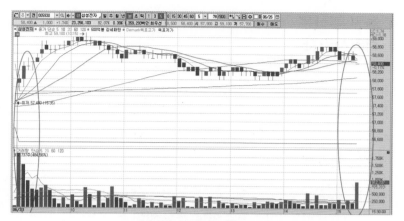

거래가 장 시작과 마감에 몰려 있다

이 1시간 동안 집중할 수 있는 환경만 만들 수 있다면, 직장인도 전업 투자자 못지않은 효율을 이뤄낼 수 있는 거지요. 오전 10시까지가 어렵다면 최소한 오전 9시 30분까지, 30분이라도 주식에 집중할 수 있다면 수익을 낼 수 있습니다. 저도 거의 그렇게 했고요.

주식에서 수익을 내려면 이 시간만큼은 꼭 확보할 수 있어야 합니다. 이게 어렵다면, 차라리 주식 안 하는 걸 추천드립니다. 누구이 말하지만, 주식은 '대응'이 가장 중요한데요. 거래가 가장 많이 일어나는 이 시간에 거래를 못 하면 크게 불리해질 뿐만 아니라, 매수해둔 것을 제 타이밍에 못 팔아 큰 손실로 이어질 수 있기 때문입니다. (그래도 하고 싶다면, 스윙이나 장투로 하셔야 하고요. 단타는 절대로 안 됩니다.)

# 물린 주식은
# 격리시키자

앞에서 제 계좌들을 소개했는데, 꽤 여러 개였죠. 심심해서 그렇게 나눠놓은 것이 아닙니다. 장기적으로 투자를 하기 위해서는 목적에 맞는 계좌 설정이 필요합니다.

어떤 방식으로든 장기투자를 하게 된 종목들은 따로 모아서 장투 계좌에 넣어두세요. 가령, 이미 손절 라인을 넘어서서 지금 손절하는 게 아무런 의미가 없는 수준이 됐을 때 '비자발적' 장투를 하게 됩니다. 물린 종목 말이지요.

주력 단타 계좌에 항상 마이너스인 종목이 보이면, 마음이 흔들리기 매우 쉽습니다. 크게 멘탈이 무너진 날에는 그냥 전부 손절해 버리는 우를 범하기도 하고요.

그런 악영향을 사전에 막기 위해, 장투 계좌는 꼭 장투 증권사에 몰아두세요. 증권사마다 조금씩 다르지만 HTS에서 '타사계좌입고' 서비스를 통해 종목을 다른 계좌로 이동시킬 수 있습니다. 그리고 'HTS 자동매매' 설정을 통해 1개월마다 목표 가격에 도달하는 경우 자동으로 매도되게 설정해두시고요.

주력 계좌는 꼭 3~5종목 이하로만 거래하세요. 직장인이면 모바일로 거래하는 게 필수일 텐데요. 모바일에서는 3~5종목까지만 한 화면에 보입니다. 나머지는 아래로 스크롤을 해야 해요. 자칫 대응이 늦어질 수 있습니다. 이미 매도 매수 자체에서 모바일은 PC

보다 약 5~10초 느려지는 판국에 종목 보는 것조차 느려지면 곤란하죠.

수익률도 변변치 않은데 보유 종목이 백화점(심하면 10개 이상)이라면? 1) 종목 선정 기준이 아예 없다, 2) 손절 기준도 없다, 3) 즉 완전 초보다, 4) 주식 멈추고 마인드부터 잡아야 한다, 라는 뜻입니다.

# 당신의 투자 목표는 얼마입니까?

투자할 때는 주식이건 부동산이건 목표 자산을 명확하게 설정해두세요. 그리고 목표에 따른 실행 방안도 명확하게 해두세요. 100만 원으로 혹은 1억 원으로 주식해서 연 30% 수익률을 올렸다 칩시다. 그럼 130만 원 또는 1억 3000만 원이 되겠죠. 기쁘시죠. 하지만 이게 여러분 인생에 사실상 아무런 영향을 못 미칩니다.

100만 원 있는 사람이나 130만 원 있는 사람이나 삶의 질은 같습니다. 어차피 1~2만 원에 벌벌 떨고, 월세에서 전세 못 넘어갑니다. 1억 있는 사람이나 1억 3000 있는 사람이나 삶의 질 똑같습니다. 그냥저냥 여가 즐기지만, 원하는 차 못 사고 내 집 마련 못 하는 건 같습니다. 이건 10억도 마찬가지에요. 10억 있는 사람이나, 13억 있는 사람이나 같아요. 자기 집 소유하고 원하는 차 사긴 하지만, 강남에 아파트 못 사고, 똑같이 직장 다니고 일해야 합니다. 강남에 빌딩 갖고 싶으세요? 10억이나 13억이나 30억이나 어차피 강남에 빌딩 못 삽니다. 일도 계속 해야죠. 다만 30억이면 좀 더 좋은 집, 좀 더 좋은 차 사죠. 그게 차이의 끝입니다.

여기서 말씀드리고자 하는 건, 1억 10억 30억이 아무것도 아니라는 소리가 아닙니다. 수익률 몇 퍼센트 올렸다고 만족하지 마시라는 거예요. 우리는 삶을 바꾸고 싶은 거잖아요. 즉, 100만 원으로 주식하는 분은 1억을 목표로 해야 삶이 한 번 바뀌는 것이고, 1억으로 하는 분이라면 10억을 목표로 해야 스테이지가 바뀝니다. 10억으로 하시는 분은? 100억이 돼야겠죠(이건 저도 아직 못 해봐서…).

은행 수익률보다 조금 높게 벌고 싶다? 안 돼요. 주식할 때 말랑한 생각으로 하신다면, 그냥 생업에 집중하면서 그 직업에서 인정받아서 올라가는 것보다 느릴 수 있어요.

가령, 100만 원을 가진 분이라면

1. 얼마가 목표다 (예: 1억)

2. 언제까지 목표다 (예: 3년 내에)

3. 매년 얼마를 번다 (예: 연 500%, 1년 내 100만 원 → 500만 원, 2년 차에 500만 원 → 2500만 원, 3년 차에 2500만 원 → 1.25억 원)

4. 매달 얼마를 번다 (예: 복리 감안해 월 30% 수익률 정도)

이런 식으로 명확하게 목표를 세워서 투자하세요. 머리 빠지도록 치열하게 해보세요. 찬란한 허상을 꿈꾸지 말고, 한 번의 달콤한 수익을 바라지 마세요. 마인드부터 만들고 시작하시는 게 오히려 지름길일 수 있습니다.

직장인 여러분! 회사에서는 열정적인 사원, 주식으로는 냉철한 전사가 되십시오! 계속 파이팅 하십시다!!

PART 2

# 지식을 수익으로
# 연결하는 힘

투자 인생을 좌우하는
기초 체력 단련

결국 주식으로 성공하느냐는 기초 체력에 달렸습니다.

특별한 비기를 얻어서 고수가 되는 것이 아닙니다.

같은 기술을 쓰더라도 기초 체력이 충실하면

더 높은 수익을 거둘 수 있습니다.

# 기본적 분석의 시작
## —분기보고서 읽기

## 최소한의
## 안전장치

단타든 스윙이든 장투든 주식에 투자해서 돈을 벌려면, 기본적인 기업 분석을 할 줄 알아야 합니다. 폭탄을 맞지 않을 최소한의 안전장치이기 때문이죠.

제가 처음으로 분석이란 걸 해서 산 종목은 '게임빌'이었습니다. 2013년 11월이었는데요. 당시 모바일 게임이 흥하던 터라 피처폰 시절부터 휴대폰 게임을 만들던 게임빌이 유망할 것이라고 기대했죠. 무식하긴 했지만 기본적 분석의 관점을 가졌던 것은 확실합니다. 연습 삼아 산 것치고는 -20% 정도의 아픈 대가를 치렀죠.

그 후 기술적 분석이라는 신세계를 접하면서 차트만으로 매매가 가능할 거라고 믿었던 시절도 있었습니다. 그 과정에서 상장폐지를 당하거나 거래정지를 당하는 일도 많았고요. 그러면서 깨달은 것이, 회사의 내재적 가치를 무시하고 투자를 해선 안 되겠다는 생각이었습니다.

기업 분석은 어떻게 보면 장기 투자자보다 단기 투자자에게 더 중요할 수 있습니다. 기업이 부실할수록 세력의 타깃이 되기 쉽고, 차트만 보는 투자자들을 현혹하기 쉽기 때문입니다. 차트만 보고 들어갔다가 다음 날 악재가 터져서 매도할 시간도 주지 않고 상장

---

**PLUS TIPS**

### 기본적 분석 vs 기술적 분석

증권 분석은 크게 기본적 분석과 기술적 분석으로 나뉩니다. 기본적 분석fundamental analysis은 기업의 내재가치 분석을 통해 종목을 선정하는 방법으로, 거시적 경제 흐름을 보거나 해당 기업의 현황과 수익성을 파악하고 이를 근거로 매매를 결정합니다. 기술적 분석technical analysis은 주식시장에 나타난 과거의 데이터를 기초로 미래의 주가를 예측, 매매 시점을 포착하는 방법으로 흔히 '차트 분석'이라고 합니다.

기본적 분석이 주식의 가장 근본을 이루는 회사를 제대로 파악하는 일이라면, 사람들의 심리에 따라 요동치는 주식시장을 제대로 바라보는 일은 기술적 분석의 역할이겠죠. 이 두 가지를 균형 잡힌 시선에서 해낼 수 있을 때, 돈을 벌 기회와 돈을 잃지 않을 리스크 관리 둘 다를 잡을 수 있는 것입니다.

---

폐지가 된다면 얼마나 하늘이 무너지는 심정이겠습니까.

단타를 잘하는 사람일수록 현재 시장을 끌고 가는 테마가 무엇인지, 산업 동향은 어떤지, 업종별로 중요한 사건이 뭔지 머릿속에 꿰고 있는 경우가 많습니다. 처음에는 분기보고서, 반기보고서, 사업보고서를 보고 공부하지만, 시간이 지날수록 요령이 생기고 숙달됨에 따라 뉴스만 보고도 흐름을 파악하게 됩니다. 시간과 노력이 필요한 일이지만 결코 배반하지 않는 과정인 만큼 열심히 해야 하는 부분입니다.

하지만 말이 쉽죠. 바쁜 직장인들은 '기업 분석'이란 말만 들어도 막막하고 답답하고, 뭔가 가슴을 묵직하게 누르는 느낌을 받을 겁니다. 수많은 숫자와 글자들…. 보기만 해도 어지럽거든요. 뭘 어떻게 봐야 하는지, 전문용어는 왜 이렇게 많은지 암담할 겁니다.

하지만 너무 걱정하지 마세요. 우리는 '직장인 투자자 + 단기 투자자'입니다. 가치투자를 하는 장기 투자자라면 정말 본격적인 기업 분석을 해야 하지만, 우리는 다음에 설명하는 것만 파악해도 투자하는 데 부족함이 없습니다.

사실, 제가 이미 경험했습니다. 처음에는 모든 걸 다 알아야 한다는 생각에 끊임없이 파고들었죠. 하지만 어느 순간 단타와 장투의 분석 범주는 완전히 다르다는 것을 깨달았습니다.

그렇다고 해서 10분 만에 마스터! 이런 식은 불가능합니다. 지금 처음 기본적 분석을 보는 분들은 이 장만 열 번 보세요. 볼 때마다 다른 내용이 보일 겁니다. 아는 만큼 보이기 마련이에요.

투자 참고 자료는 무수히 많지만, 우리는 '분기보고서'로 단타 매매에 필요한 정보를 얻을 겁니다. 분기보고서로 보는 이유는 사업보고서와 반기보고서 모두 분기보고서를 기초로 하기 때문입니다.

모든 상장사는 해마다 사업보고서와 반기보고서를 각각 1회, 분기보고서를 2회 제출해야 합니다. 그리고 사업에 있어 중요한 사항이 생겼을 때는 '공시'를 통해 주주에게 알려야 합니다. 국내의 모든 공시는 금융감독원에서 운영하는 '전자공시시스템'을 통해 확인할 수 있습니다. 일명 다트(DART)라고, 여러분이 주식을 함에 있어서 가장 많이 들러야 할 사이트입니다.

얼른 즐겨찾기 해놓으세요.

http://dart.fss.or.kr

다트에 들어가 분기보고서 하나를 열어보겠습니다. '대성파인텍'이라는 회사입니다. 분기보고서의 목차는 대체적으로 다음과 같이 구성돼 있습니다. 회사가 주주들에게 어떤 것을 알려야 하는지 알 수 있습니다.

이 중에서 우리가 주요하게 볼 부분은 회사의 개요, 연혁, 자본금 변동사항, 주식의 총수, 배당, 사업의 내용, 재무, 감사의견, 계열회사 정보 등입니다.

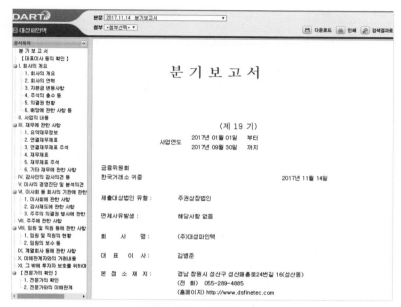

대성파인텍 분기보고서(2017년 11월)

## 분기보고서가
## 말해주는 것들

### 회사의 개요

'회사의 개요'는 회사 정보를 전체적으로 한 장에 정리한 부분입니
다. (나)항목을 보면 설립일자가 2000년 1월 4일로, 만 15년이 넘
은 회사에 코스닥에 상장된 지도 8년이 넘습니다. 업력이 오래됐
다는 것은 그만큼 안정적이라는 것으로, 가산점을 줄 수 있습니다.

그리고 2004년 10월에 '㈜강남'을 인수했다고 공시했네요. 강남

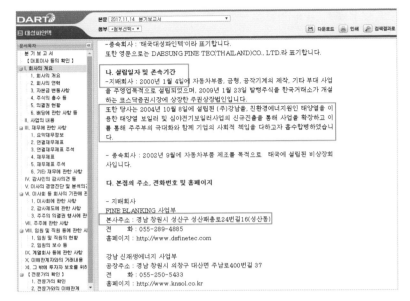

대성파인텍 분기보고서 — 회사의 개요

은 태양광 관련 회사로, 신규 사업 진출을 위해 인수했다고 합니다.

(다)항목을 보면 주소가 경남 창원입니다.

자, 여기에서 매매의 기초 포인트가 하나 나오네요. 주식을 잘하는 방법은 다른 게 아닙니다. 모두에게 공평하게 노출된 정보를 돈으로 연결시키는 것입니다.

첫째로는, 이 회사가 자동차 부품 회사라고만 알았는데 태양광 사업을 영위하고 있다는 정보입니다. 문재인 정부에 들어오면서 가장 주력하는 정책 하나가 태양광입니다. 문재인 정부는 2030년까지 국내 전체 발전량의 20%를 태양광 등 재생에너지로 공급한다는 공약을 내세웠죠. 태양광 시장 규모가 2030년까지 74조 원

규모로 커질 수 있다는 의미입니다. 문재인 정부가 출범한 5월은 신재생에너지 테마가 크게 부풀었습니다. 그래서 저는 아직까지 태양광으로 부각되지 않았던 종목 중 차트가 가장 좋은 대성파인텍을 눈여겨보기 시작합니다.

천천히 매집을 시작했죠. 그리고 5월 16일 첫 태양광 테마주 편입을 시작으로 대성파인텍이 상한가를 달성합니다. 저는 이날 하루에 3700만 원의 수익을 거둡니다. 15일과 16일 양일 사서 16일 팔아 수익을 실현한 것입니다.

성격 급하신 분들은 여기서 바로 차트를 어떻게 보느냐고 묻고 싶을 겁니다. 그러나 지금은 차트 공부하셔도 이해 못 합니다. 여러분이 이미 알고 있는 차트에 대한 상식도 잘못된 편견일 가능성

대성파인텍, 5월 16일 상한가까지 폭등했다(화살표).

| 종목명 | 신용구분 | 당일매수 | | | 당일매도 | | | 수수료 | 제세금 | 정산금액 | 당일매매손익 | 매매수익률 | 당일실현손익 | 실현수익률 |
|---|---|---|---|---|---|---|---|---|---|---|---|---|---|---|
| | | 가격 | 수량 | 매입금액 | 가격 | 수량 | 매도금액 | | | | | | | |
| 신원 | 현금 | 2,275 | 15,000 | 34,125,000 | 2,295 | 15,000 | 34,425,000 | 3,387 | 103,174 | 193,439 | 193,439 | 0.88 | 193,439 | 0.5 |
| 주연테크 | 현금 | 1,237 | 79,450 | 98,276,250 | 1,251 | 79,450 | 99,408,930 | 9,764 | 297,842 | 825,074 | 825,074 | 1.15 | 824,857 | 0.1 |
| 시너지이노베 | 현금 | 3,251 | 20,577 | 66,904,665 | 0 | 0 | 0 | 3,305 | | -66,907,970 | -3,305 | | | |
| 대한해미얼 | 현금 | 1,712 | 10,000 | 17,121,880 | 0 | 0 | 0 | 846 | | -17,121,726 | -846 | | | |
| 대성파인텍 | 현금 | 1,965 | 82,123 | 161,353,205 | 2,171 | 150,260 | 326,174,180 | 24,081 | 978,485 | 163,818,409 | 15,911,247 | 10.48 | 37,026,445 | 12. |
| KC코트렐 | 현금 | 0 | 0 | 0 | 6,390 | 700 | 4,473,310 | 221 | 13,418 | 4,459,671 | -13,639 | | -127,556 | -2. |
| 씨아이에스 | 현금 | 1,665 | 10 | 16,650 | 1,685 | 10 | 16,850 | 2 | 50 | 148 | 148 | 1.20 | 148 | 0. |

당일 매매 일지 — 대성파인텍(2017년 5월 16일)

이 매우 높습니다. 제가 저 자리를 알게 되기까지 2년 걸렸습니다. 초보 개미가 이해할 확률은 단언하건대 제로입니다. 지금은 기본적 분석을 설명하는 시간이니, 기업 분석에서 얻을 수 있는 중요한 정보를 공부하는 데 에너지를 쏟으세요.

둘째로, (다)항목의 주소도 눈여겨볼 부분입니다. 대성파인텍의 경우 주가 상승으로 연결되진 못했지만, 회사 주소지가 테마와 엮일 경우에는 큰 수익을 가져다주거든요.

예를 들어 '페이퍼코리아'라는 상장사는 새만금 부근에 대규모 토지를 보유하고 있어서, 새만금 개발 소식만 나오면 상한가를 가곤 했습니다.

## 자본금 변동

상장사에 있어 자본의 변동은 매우 중요합니다. 분석하는 기업의 자본금이 변동됐다면, 반드시 그 이유를 찾아봐야 합니다. 자본금이 늘었다면 증자의 형태로 한 건지 회사채인지, 줄었다면 감자를 한 건데 그 이유가 무엇인지 체크해야 합니다. 전환사채CB, Convertible Bond나 신주인수권부사채BW, Bond with Warrant를 발행했다면 $^*$ 회사의 자본 상태가 어떤지 반드시 체크해야 합니다.

## 주식의 총수

상장사는 기업이 존속하는 동안 발행할 주식의 총수를 정관에 기재합니다. 무분별하게 찍어내지 못하도록 과거에는 "설립 당시 발행 주식 총수의 4배를 넘을 수 없다"고 제한돼 있었으나 현재는 해당 상법이 삭제됐습니다.

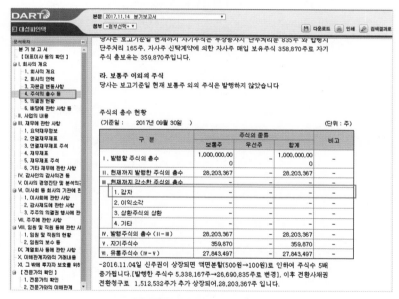

대성파인텍 분기보고서 — 주식의 총수

---

- CB와 BW 모두 회사채로 발행되었으나 일정한 조건에 따라 주식으로 전환할 수 있는 권리가 부여된 채권으로, BW는 약정된 가격으로만 전환할 수 있는 반면 CB는 전환 당시 주가에 따라 전환된다.

### 증자와 감자

**유상증자** 기업이 주식을 새로 발행해 기존 주주나 새로운 주주에게 파는 것으로, 자금 확보 수단의 하나.

**무상증자** 기업이 준비금으로 자본을 전입해 주식 자본을 증가시키고 그 금액만큼 주식을 새로 발행하여 주주에게 무상으로 할당하는 증자.

**감자** 증자의 반대 개념으로, 기업이 주식 가격이나 수를 감면해 자본금을 감소시키는 것. 기업 규모에 비해 과다한 자본금을 줄이는 목적의 유상감자(주주에게 보상함)와 누적 결손금을 털기 위해 명목상으로만 자본금을 줄이는 무상감자(주주에게 보상하지 않음)가 있다.

그래도 이 부분이 중요한 이유는 증자와 감자를 한눈에 볼 수 있기 때문입니다. 대성파인텍은 증자는 있었지만 감자는 없었음을 확인할 수 있습니다. 감자가 없다는 것은 그 회사가 그래도 뒤통수 때리지는 않는 탄탄한 회사라고 생각할 수 있죠. 반면에 주식을 주주배정 유상증자 등으로 계속 찍어내는 회사라면 안 보는 게 낫습니다. 아무리 우리가 변동성을 노리고 잡주를 매매한다고 해도 신뢰도가 낮은 회사에 투자해서는 안 되겠죠.

## 배당에 관한 사항

배당은 해당 회사가 착실히 이익을 내고 있는지 판단할 수 있는 요소가 됩니다. 물론 이익 나는 회사가 무조건 배당을 하는 것은 아니니, 절대 평가 요소로 삼을 수는 없습니다. 다만, 꾸준히 배당하는 기업은 은행 이율보다 잘 주는 경우도 있으니, 기본적 분석에서 가산점을 줄 수 있습니다.

## 사업의 내용

사업의 내용은 깁니다. 정말 길어요. 그래서 이 부분을 모두 이해하려면 너무 힘듭니다. 단기 투자자가 이 사업 내용을 모두 알 필요는 없습니다. 여기서는 어떤 사업을 영위하고 있는지, 업황과 시장 점유율은 어떤지, 비전을 어떻게 제시하고 있는지 정도를 체크하면 됩니다. 신사업이 있다면 더 관심을 가져야 하고요. **신사업은 매출이 100원이라도 나는지 확인해야 합니다.**

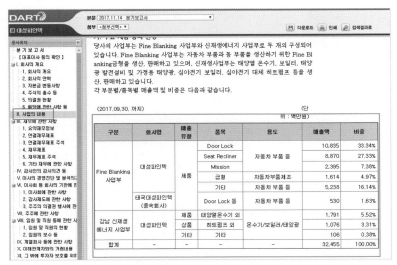

대성파인텍 분기보고서 — 사업의 내용

저는 태양광 사업 부문으로 매출이 얼마나 나는지 체크했습니다. 태양광의 어떤 부분에 중점을 두고 있는지도요.

P.S.

그런데 글을 수정하는 2018년 2월 시점으로는, 태양광보다 수소 자동차에 관한 관심이 높아졌습니다. 대성파인텍이 수소차에 부품을 공급하는지가 궁금합니다. 사업보고서에는 그런 내용이 나타나 있지 않지만, 관심은 가져볼 만하거든요.

## 재무에 관한 사항

모든 개미 투자자가 어려워하는 재무 부분입니다. 어마무시한 숫자에 처음 보는 전문용어… 기가 질리지요? 재무 부분은 파고들면 끝이 없습니다. 그러나 우리는 단기 투자자입니다. 걱정할 필요 없습니다. 단기 투자자는 숫자의 크고 작음과 몇 가지 비교만 하면 됩니다. 여기서 볼 것은 자산, 부채, 실적입니다. 더 알고 싶은 분들은 이웃집 포털에서 검색해보시면 충분히 나옵니다.

자산은 크면 클수록 좋습니다. 전년보다 줄었는지 늘었는지 체크해야 합니다. 늘면 좋은 것이고 줄면 안 좋은 징조입니다.

부채는 반대입니다. 부채는 늘면 악재고, 줄면 호재입니다. 부채는 필연적으로 이자가 나가기 때문에 기업 부실의 원인이 됩니다. 그러므로 부채 비율이 낮은 회사가 보다 건전하다고 볼 수 있습니다.

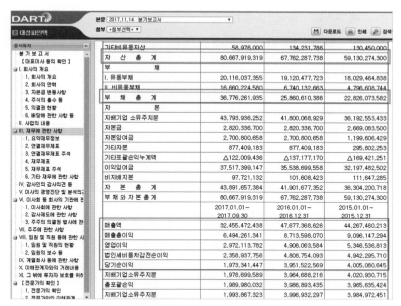

| | 2017.01.01~ | 2016.01.01~ | 2015.01.01~ |
| --- | --- | --- | --- |
| 기타비유동자산 | 58,976,000 | 134,231,786 | 130,450,000 |
| 자 산 총 계 | 80,667,919,319 | 67,762,287,738 | 59,130,274,300 |
| 부 채 | | | |
| I. 유동부채 | 20,116,037,355 | 19,120,477,723 | 18,029,464,838 |
| II. 비유동부채 | 16,660,224,580 | 6,740,132,663 | 4,796,608,744 |
| 부 채 총 계 | 36,776,261,935 | 25,860,610,386 | 22,826,073,582 |
| 자 본 | | | |
| 지배기업 소유주지분 | 43,793,936,252 | 41,800,068,929 | 36,192,553,433 |
| 자본금 | 2,820,336,700 | 2,820,336,700 | 2,669,083,500 |
| 자본잉여금 | 2,700,800,658 | 2,700,800,658 | 1,199,606,429 |
| 기타자본 | 877,409,183 | 877,409,183 | 295,802,253 |
| 기타포괄손익누계액 | △122,009,436 | △137,177,170 | △169,421,251 |
| 이익잉여금 | 37,517,399,147 | 35,538,699,558 | 32,197,482,502 |
| 비지배지분 | 97,721,132 | 101,608,423 | 111,647,285 |
| 자 본 총 계 | 43,891,657,384 | 41,901,677,352 | 36,304,200,718 |
| 부채와 자본 총계 | 80,667,919,319 | 67,762,287,738 | 59,130,274,300 |
| | 2017.01.01~<br>2017.09.30 | 2016.01.01~<br>2016.12.31 | 2015.01.01~<br>2015.12.31 |
| 매출액 | 32,455,472,438 | 47,677,368,626 | 44,267,460,213 |
| 매출총이익 | 6,494,261,341 | 8,713,598,070 | 9,096,147,294 |
| 영업이익 | 2,972,113,782 | 4,906,063,584 | 5,346,536,813 |
| 법인세비용차감전순이익 | 2,358,937,756 | 4,808,754,093 | 4,942,295,710 |
| 당기순이익 | 1,973,341,447 | 3,951,522,569 | 4,005,080,645 |
| 지배기업 소유주지분 | 1,978,699,589 | 3,964,688,216 | 4,020,930,715 |
| 총포괄이익 | 1,989,980,032 | 3,986,893,435 | 3,965,635,424 |
| 지배기업 소유주지분 | 1,993,867,323 | 3,996,932,297 | 3,984,972,451 |

대성파인텍 분기보고서 — 재무에 관한 사항

　　자산에서 부채를 뺀 금액이 자본이 됩니다. 이 자본이 마이너스
가 되면 '자본 잠식'이라고 부릅니다. 자본 잠식이 된 종목은 절대
로 건드리지 마세요. 초보는 건드리는 게 아닙니다. 감자가 터질
수 있으니까요(주식하는 사람들이 가장 싫어하는 음식이 감자탕이죠).

　　매출은 상품이나 서비스를 판매하고 벌어들인 돈입니다. 매출은
당연히 증가하면 좋습니다. 그러나 매출 하나만으로는 의미가 약
합니다. 매출은 증가했는데 영업이익이나 당기순이익이 낮거나 오
히려 손실이라면 고생만 죽어라 하고 손해나는 장사를 했다는 뜻
이 됩니다. 악재죠.

　　영업이익이란 매출액에서 매출원가, 판매비, 일반관리비 등 비

용을 빼고 남은 금액입니다. 다시 말해 기업의 본질적 영업 행위를 통해 벌어들인 이익이므로 가장 중요한 지표가 됩니다.

영업이익과 영업 외 손익을 합친 것을 경상이익이라고 하는데요. 이 부분은 잘 안 봅니다. 부동산을 처분했다거나 타법인 지분을 팔았다든가 혹은 화재로 건물이 소실됐다든가 등이 끼어들기 때문이죠. 본업과 관련이 적은 만큼 안 봐도 됩니다.

그러나 당기순이익은 중요합니다. 당기순이익은 경상이익에 특별 손익 정산, 그리고 법인세 차감까지 한 최종 숫자입니다. 영업이익보다 당기순이익이 높다면 분석할 필요는 없지만 적다면 분석해야 합니다. 본업 외에 다른 엉뚱한 짓을 해서 이익을 까먹고 있다는 것이거든요. 돈이 어디서 샜는지 반드시 알아둬야 합니다.

대성파인텍은 모두 숫자가 괜찮네요. 그러니 제가 차트 맥점에서 대량으로 수량을 실을 수 있었겠죠? 차트 바닥에 재무도 좋으니 손절할 확률은 적을 테니까요.

기본적 분석이 중요한 이유는 아는 만큼 수량을 실을 수 있기 때문입니다. 종목에 대해서 모르면 수량을 실을 수 없어요. 겁이 나는데 어떻게 베팅을 할 수 있겠습니까. 저는 지금도 매일 3~4시간씩 종목 분석을 하고 있습니다.

"노력한 만큼 돈이 온다!" 저는 이렇게 믿습니다.

## 감사인의 의견

이 부분을 자세하게 공부할 필요는 없습니다. 다만, 감사 시즌인 2~3월에는 제일 먼저 봐야 할 부분입니다. 의견 거절이나 부적절 의견을 받은 기업은 한순간에 거래정지가 될 수 있고 상장폐지까지 가능하기 때문입니다.

특히 코스닥 기업 중에는 이런 경우가 빈번합니다. 그렇다고 겁내서 코스피만 하라는 얘기는 아니에요. 코스닥이 단타에는 훨씬 좋은걸요. 2017년 3월 자본금이 1000억이 넘는 상장사 '아이이'가 의견 거절로 거래정지 되는 것을 보면, 언제나 조심해야 합니다.

감사 의견이 나와야 할 시점에 안 나온다면 무조건 조심해야 합니다. 주식에서 제일 중요한 건 뭐라고 했지요? Sell, 파는 것입니다. 감사 의견이 안 나오면, 팔 기회조차 주어지지 않는다는 것을 명심하세요.

## 주주에 관한 사항

장기 투자자에게는 이 부분이 매우 중요합니다. 대주주가 많은 지분을 가지고 있을수록 안정적인 경영권 방어 등 회사에 가산점을 줄 수 있습니다. 하지만 단기 투자자에게는 크게 중요하지 않습니다. 대주주 지분이 낮으면 경영권 분쟁이 생길 수 있고, 보통 경영권 분쟁은 호재거든요.

그리고 최대 5일 가져갈 예상으로 사는 건데, 남의 회사 지분까지 신경 쓸 이유는 적습니다. 물론 대주주 지분이 낮아야 좋다는

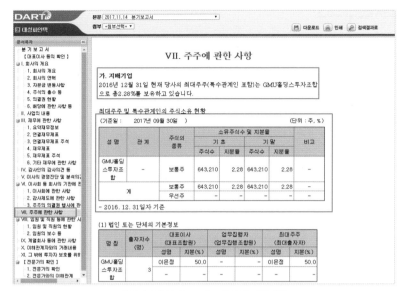

VII. 주주에 관한 사항

가. 지배기업
2016년 12월 31일 현재 당사의 최대주주(특수관계인 포함)는 GMU홀딩스투자조합으로 총2.28%를 보유하고 있습니다.

최대주주 및 특수관계인의 주식소유 현황

(기준일 : 2017년 09월 30일 ) (단위 : 주, %)

| 성 명 | 관계 | 주식의 종류 | 소유주식수 및 지분율 | | | | 비고 |
| | | | 기 초 | | 기 말 | | |
| | | | 주식수 | 지분율 | 주식수 | 지분율 | |
| GMU홀딩 스투자조합 | - | 보통주 | 643,210 | 2.28 | 643,210 | 2.28 | - |
| 계 | | 보통주 | 643,210 | 2.28 | 643,210 | 2.28 | |
| | | 우선주 | - | - | - | - | |

- 2016. 12. 31일자 기준

(1) 법인 또는 단체의 기본정보

| 명 칭 | 출자자수 (명) | 대표이사 (대표조합원) | | 업무집행자 (업무집행조합원) | | 최대주주 (최대출자자) | |
| | | 성명 | 지분(%) | 성명 | 지분(%) | 성명 | 지분(%) |
| GMU홀딩 스투자조합 | 3 | 이은정 | 50.0 | - | - | 이은정 | 50.0 |
| | | - | - | - | - | - | - |

대성파인텍 분기보고서 — 주주에 관한 사항

것은 아닙니다. 단타라도 대주주 지분이 높고 유통 주식 수가 적을수록 주가가 쉽게 올라가기 때문에, 이왕이면 대주주 지분이 높을수록 좋습니다.

단기 투자자는 이 부분을 덜 신경 써도 된다는 의미입니다. 보통 최대주주와 관계자 및 주요 주주의 지분율이 40%를 넘으면 유통 주식 수가 적다고 평가합니다. 어떤 종목은 유통 주식 수가 20%도 되지 않는 경우도 있습니다. 시총 3000억짜리 종목의 유통 물량이 20%일 경우 사실상 이 종목을 움직일 수 있는 물량은 600억이면 됩니다. 시초 600억짜리 잡주와 다를 바 없다고 보시면 됩니다. 그리고 이런 저유통주를 '품절주'라고 부릅니다.

대성파인텍은 대주주 지분이 3%가 안 되는군요. 대성파인텍의 가장 큰 문제점이기도 합니다. 누가 30억어치만 사도 최대주주가 되니까요. 잡주처럼 보이는 원인이기도 합니다.

## 계열회사 등에 관한 사항

복잡하게 생각할 필요 없습니다. 이 회사가 다른 회사의 지분을 가지고 있다는 것이죠. 다 건너뛰고, 타법인출자 현황을 보면 됩니다.

대성파인텍에서 눈에 띄는 것은 SV인베스트먼트의 지분 4.85%입니다. SV인베스트먼트는 요즘 가장 핫한 아이돌 그룹 방탄소년단의 소속사 빅히트엔터테인먼트의 지분을 가지고 있습니다. 이것

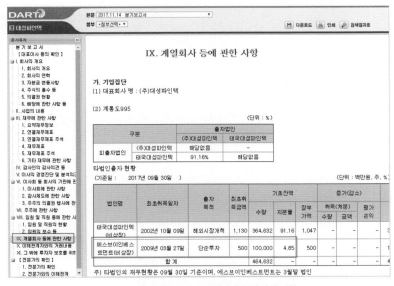

대성파인텍 분기보고서 — 계열회사 등에 관한 사항

이 부각되면서 주가가 크게 출렁였죠. 저는 2017년 11월 방탄소년단이 화제가 되자마자 관련주를 찾았고, 덕분에 또 한 번 대성파인텍에서 큰 수익을 거둘 수 있었습니다.

| 주문번호 | 종목명 | 구분 | 매입가격 | 매도가격 | 체결수량 | 매매손익 | 누적매매손익 |
|---|---|---|---|---|---|---|---|
| 0 | 지성티이씨 | 현금 | 9,589 | 9,732 | 4,121 | 588,060 | 12,226,509 |
| 0 | 대성파인텍 | 현금 | 1,982 | 2,180 | 84,565 | 16,688,449 | 16,688,449 |

당일 매매 일지 — 대성파인텍(2017년 11월 30일)

한편, 계열사 중에서 상장사가 있다면, 그 계열사의 주가 상승은 모회사에게도 영향을 미칩니다. 대성파인텍의 경우에는 계열 상장사가 없네요. 대신, 다른 종목으로 보시죠.

코디엠이라는 회사는 자동차 자율주행 기술, 사물인터넷 디바이스, 블랙박스 등의 분야에서 활약하는 이에스브이(ESV)라는 상장사에 투자를 해서 계열회사로 두고 있습니다. 이에스브이의 4차 산업혁명 테마가 확실히 코디엠의 주가에 영향을 미치고 있음을 확인할 수 있습니다. 이에스브이의 주가 상승이 코디엠에 지분 가치 평가로 부각되면서 함께 상승을 일으키는 것이죠. 지분 가치 평가 뉴스가 나오자 장중에 18%까지 올랐습니다.

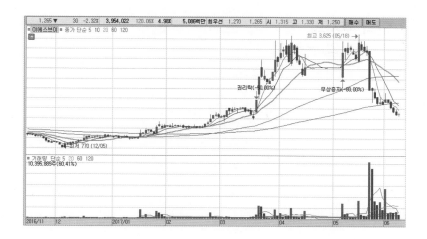

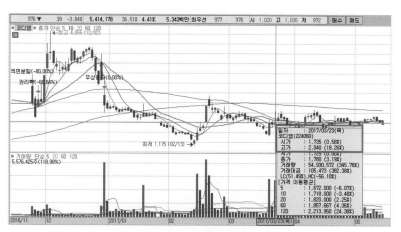

같은 기간 이에스브이 차트(위)와 코디엠 차트(아래)

# 단타 투자의 적정 기업 분석

머리가 조금 어질어질해지죠? 머리를 환기시킵시다.

저에게 단타는 종가 베팅 후 다음 날 혹은 며칠 내로 매도하는 전략에 가깝습니다. 따라서 비중 조절과 종가 베팅이라는 목적을 맞춰 기업 분석에서는 주로 네 가지에 한정하여 살펴봅니다. 부채비율, 유보율, 주주현황, 재무제표입니다. 급하면 매수한 다음 확인할 때도 있죠.

처음에는 오래 걸리지만, 익숙해지면 금방 봅니다. 최대한 심플하게 직관적으로 파악하는 것이 중요합니다. 깊게 들어갈수록 생각이 많아져서 오히려 매매에 방해가 됩니다.

1) 부채비율은 대차대조표의 부채총액을 자기자본으로 나눈 비율로, 재무 건전성을 분석할 때 활용되는 지표입니다. 200% 미만이면 우량기업으로 봅니다.

2) 유보율은 이익잉여금과 자본잉여금을 합한 금액을 납입자본금으로 나눈 비율입니다. 쉽게 말해 얼마나 많은 자금을 기업 스스로 동원할 수 있는지 알 수 있는 지표입니다. 기업의 안정성을 측정하기 위해 부채비율과 함께 자주 활용합니다.

3) 주주현황을 통해 유통 주식 수를 체크하여 이 종목을 움직이는 돈의 규모가 어느 정도인지를 판단합니다. 적은 돈으로 움직인

다면 가벼운 종목이고, 돈이 많이 필요하면 무거운 종목이겠죠. 시총이 아무리 커도 유통 주식이 2~3%에 불과하다면 가벼운 주식으로 평가될 수 있습니다.

4) **재무제표**는 매출액과 영업이익 증감 여부, 적자 혹은 흑자 여부를 확인합니다. 테마주들은 대부분이 적자인 경우가 많습니다. 적자 폭이 큰 회사들은 장중 매매 위주로 하고, 종가 베팅은 자제하는 게 좋습니다. 왜냐하면 적자 지속의 경우 자본금이 줄어들겠죠. 그럼 결국 자본 잠식이 되며 무상감자를 할 가능성이 높습니다.

부채비율이 높은 회사는 기업 신용도를 높이기 위해서 유상증자를 하거나 CB를 발행할 가능성이 높습니다. 부채비율이 높더라도 유보율이 높다면 자금을 조달할 필요가 없겠죠? 부채비율이 낮으면서 유보율이 높으면 '내일 망할 리는 없군' 하면서 종가 베팅을 할 만한 회사라고 볼 수 있는 거죠.

유보율이 높으면서 부채비율도 낮은데 매년 영업이익도 나는 데다가 주당 가격이 1만 원 이상인 종목은 종종 무상증자를 하기도 합니다. 물론 무상증자가 무조건 주가를 견인하지는 않습니다. "무상증자를 하면 호재니까 당연히 주가가 오를 거야"라는 생각은 버려야 합니다.

무상증자 회사가 적자 회사인지 흑자 회사인지 파악해야 합니다. 유보율이 높은 회사이니 좋은 회사인 것은 맞지만, 적자 회사가 간혹 무상증자를 하는 경우가 있습니다. 이런 경우 회사에서 주가를 부양하기 위해 공시하는 날 상승하고 하락하는 경우가 많습니다. 생각해보면 당연한 것이, 적자 회사가 무상증자를 하면 유보율이 낮아지고 적자가 지속되면 부채비율이 높아지기 때문입니다.

이 부분은 뒤에서 실제 종목으로 차트와 함께 살펴보는 코너를 마련했습니다. PART 5 부분을 참조하시기 바랍니다.

*     *     *

자, 조금씩 뭔가 알 것 같나요? 이걸 명심하세요.

"내가 접하는 모든 지식은 투자 수익으로 연결돼야 한다!"

이번 장에서 우리는 누구나 다 볼 수 있는 공시 내용으로 종목을 찾는 방법을 맛보았습니다. 뻔한 공시지만, 시선을 달리해 연결하면 새로움으로 가득 찬 보물창고가 될 수 있음을 알아채셨으면 좋겠네요.

스티브 잡스가 스탠퍼드 대학교 졸업식에서 한 연설은 정말 유명하죠. 거기서 잡스는 'Connecting the dot'에 관해 이야기했습니다. 눈앞에 보이는 여러 개 점들이 지금은 단순한 점에 불과하고 각각이 미래에 어떻게 될지 모르지만, 지나고 보면 모두 연결된다는 이야기입니다. 점이 선이 되고 선이 면이 되면서 인생의 모든 것에 영향을 미친다고요.

2007년 처음 아이폰을 출시할 때 잡스는 1) 터치 가능한 와이드스크린의 아이팟, 2) 혁신적인 모바일폰, 3) 새로운 인터넷 커뮤니케이션 디바이스 등 총 세 가지 신제품을 선보인다고 해놓고, 그 세 가지를 하나에 담은 아이폰을 공개했습니다. 그저 다른 것을 연결하고 새로운 관점으로 재해석한 것이라는 아이폰은 전 세계를 뒤흔들었고, 지금 우리가 손에 쥔 스마트폰의 원형이 되었습니다.

주식도 마찬가지입니다.

모든 지식은 투자 수익으로 연결돼야 한다고 했지요. 단순하게 지나쳤던 수많은 일들과 뉴스와 공시를 재해석해서 투자 수익으로 연결해야 합니다. 관점 전환의 중요성은 몇 번을 말해도 부족해요.

많이 읽고, 생각하고, 질문하고, 관찰해야 합니다.

# 5

# 뉴스를 수익과
# 연결하는 추론 연습

## 뉴스 포털을 보면
## 뜰 종목이 보인다

포털 사이트의 뉴스, 공시 등 우리는 무수하게 많은 정보의 홍수 속에 살아갑니다. 그 속에서 진주를 찾아내는 능력이 바로 수익을 만드는 힘이 됩니다. 그리고 저를 비롯한 직장인들이 가장 많이 쓰게 될 방법이 여기서 나옵니다.

바로 뉴스를 수익으로 연결하는 것입니다.

현재 시각, 2017년 6월 4일 일요일 오후 8시입니다. 저는 지금 이 순간에도 이번 주 중에 움직일 만한 종목을 찾아낼 수 있습니다. 점쟁이 같은 소리죠? 그러나 높은 확률로 잘 맞아떨어지는 종목을 찾는 방법이 있습니다. 하지만 특별한 기법은 아닙니다. 모두가 알고 있는 정보와 정보를 이어서 추론하는 방식입니다.

제 생각의 흐름을 알려드릴 테니 한번 따라와보세요. 저랑 하나씩 깨달음의 과정, 기초 체력 증식의 과정을 만들어 가십시다.

오후 8시 10분, 저는 네이버 뉴스 홈을 보고 있습니다. 날짜까지 딱 박혀 있군요. 뉴스에 이미 나왔는데, 벌써 주식시장에 반영된 것 아니냐고 생각할 수 있습니다. 하지만 그것은 1차원적인 생각입니다.

네이버 뉴스 홈(2017년 6월 4일 저녁)

자, 이 뉴스 홈을 보면 곧바로 세 가지 주가 영향 뉴스가 있음을 알 수 있습니다.

1) 전국으로 퍼진 AI

2) 가뭄

3) 미세먼지 없이 화창

이 세 가지 뉴스입니다. 일단 결과적으로 말하자면, 가뭄만 가능성이 있고 1번, 3번은 주가에 별 영향을 끼치지 않을 겁니다.

1번부터 봅시다. 과거에는 AI(조류인플루엔자) 관련 뉴스가 터지면 케이엠, 파루 등 몇 개의 테마주가 몇 연상*을 가던 때가 있었습니다. 하지만, 2016년 말부터 사상 최악의 AI 사태가 터졌음에도 테마주는 미동도 없었습니다. 가장 큰 이유는 최순실 사태 이후 모든 투자자의 눈이 정치 테마주에 쏠렸기 때문도 있는데요. 아무튼 현재까지도 살인진드기, 2차 메르스 의심 정황 등에서조차 테마주 형성이 되지 않았습니다. 그러므로 1번 AI는 아마 다음 날 시초 1~3% 올라가는 데 그칠 것입니다.

3번의 경우, 미세먼지 없이 화창하다네요. '미세먼지 최악'이라면 크린앤사이언스, 나노 등 대장주들이 움직이겠지만, 요새 미세먼지 관련주는 시들한 데다가, 뉴스도 날씨가 화창이라고 합니다. 앞으로 더 빠질 것으로 보입니다.

---

* 상한가가 연속으로 발생하는 것.

## 추론 연습 1. 가뭄 때 가장 필요한 것은?

자, 우리가 볼 뉴스는 2번입니다. 가뭄. 2017년 6월 현재 전 국민이 몸으로 체감하고 있는 가장 큰 사회, 경제, 환경 이슈입니다. 가뭄 해갈에는 뭐가 필요하죠? 비가 필요합니다. 미세먼지 해결에 뭐가 가장 효과적이었죠? 역시 비입니다. 물론 가뭄 해결을 위해 4대강 보를 열고 수로를 확장하는 토목 업종도 혜택을 볼 수 있습니다.

그런데 말입니다. 돈을 벌기 위해서는 누구나 생각할 법한 비와 토목에서 한 발 더 나아가 그다음의 것, 일반적으로는 떠올리지 않는 것 하나를 더 생각해야 합니다.

가뭄에는 비가 최고라는 것에는 아무도 이견을 달지 못할 겁니다. 그러면 비가 오길 기다릴 수밖에 없나요? 비를 강제로 내리게 할 수는 없을까요? '인공강우'를 떠올려봅니다. 인공강우는 이미 많은 국가에서 검토해온 대안입니다.

네이버 뉴스를 보고 있었으니, 바로 네이버 검색창에 '가뭄 인공강우'를 쳐보죠. 이미 2017년 5월에 기상청에서 미세먼지 해결을 위해 인공강우를 도입하겠다는 발표를 했고, 중국에서는 심각한 봄 가뭄을 해소하기 위해 인공강우를 실시했다고 하는군요.

심각한 가뭄을 해결해줄 인공강우 관련 기술을 가진 상장사가 있다면, 정말 대박이 나겠죠? 그런데 꼭 직접 만들 필요는 없습니다. 가지를 뻗어야지요.

인공강우에는 뭐가 필요할까요? 바로 드라이아이스입니다. 우리는 드라이아이스를 생산하는 상장사를 찾아봅시다. 어떻게 찾냐고요? 금융감독원에서 다 도와줍니다. 앞에서 말씀드린 전자공시 사이트 다트에 가봅시다. '공시서류검색〉통합검색'에 가서 드라이아이스를 검색합니다. 이 전자공시의 통합검색을 모르는 사람들이 정말 많습니다. 이것만 알아 가도 몇 백만 원짜리 팁을 획득한 겁니다.

관련 공시를 가진 곳이 크게 네 군데가 나오네요. 백광소재, 태경화학, 다원시스, 풍국주정입니다. 태경산업은 태경화학˙의 모회사입니다.

여기서 차트를 보면 태경화학 말고는 모두 건드려서는 안 될 차트입니다. 차트에 대한 분석은 지금 말해도 못 알아듣고, 알아서 좋지도 않습니다. 지금은 기초 체력, 그리고 작은 실마리가 수익으로 이어지는 논리 흐름을 알아가는 과정이니 한눈팔지 말고 여기에 집중해주세요.

자, 태경화학을 보시죠. 차트 결과만 보자면 당장 내일 20% 올라도 이상하지 않을 좋은 차트네요. 가격도 5000원. 아 호가가 좀 빈약하네요. 많이 살 수가 없겠는데요. 10호가가 약 1만 주. 5000원씩 1만 주면 5000만 원어치밖에 못 사네요. 큰손이 사기 힘든 주식은 대개 잘 안 갑니다.

그런데 5월 12일에 거래량 폭발을 동반한 움직임이 있었네요(차트의 빨간색 박스 참조). 무슨 일이 있었던 걸까요. 뉴스를 검색해보

---

˙ 태경화학은 2020년 3월 태경케미컬로 사명을 변경했다.

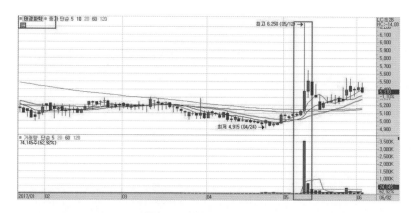

태경화학 차트와 현재가창(2017년 6월 4일)

니, 5월 12일 기상청의 인공강우 소식이 전해졌을 때 태경화학은 이미 드라이아이스 관련 테마주로 평가를 받았습니다.

사실 저는 5월 12일 기상청의 인공강우 도입 뉴스를 장중에 보자마자 이와 같은 생각 흐름을 통해 다트에서 드라이아이스를 검색하고 태경화학을 매수했습니다. 수량을 크게 싣지는 못했지만

약 1000만 원 정도의 수익을 냈습니다.

이날 위와 같은 논리 흐름으로 도시재생 관련주도 사서 크게 수익을 냈더랬습니다. 참, 매매 일지의 백광소재는 태경화학과 같은 맥락입니다. 둘 중에 어느 것이 상한가를 갈지 몰라서 정찰병을 보내두고 대응한 케이스입니다.

| 당일매매일지 | 기간별매매일지 | 기간종목별매매일지 | | | | | | | | | | | | | | |
|---|---|---|---|---|---|---|---|---|---|---|---|---|---|---|---|
| 계좌번호 | | | | | 비밀번호 | ******** | | 매매일자 2017-05-12 | | ☑ 제비용 포함 | | | | 거래내역 | 조회(F8) | 다음 |
| 매도금액 | | 818,923,267 | | 수수료+제세금 | | 2,541,358 | | 당일매매손익 | | 40,815,581 | | 당일실현손익 | | | | 50,472.90 |
| 매수금액 | | 897,813,558 | | 정산금액 | | -81,431,649 | | 매매수익률 | | 27.4 % | | | | | | |
| 종목명 | 신용구분 | 당일매수 | | | 당일매도 | | | 수수료 | 제세금 | 정산금액 | 당일매매손익 | | 매매수익률 | 당일실현손익 | 실현수익 | |
| | | 가격 | 수량 | 매입금액 | 가격 | 수량 | 매도금액 | | | | | | | | |
| 태경화학 | 현금 | 5,433 | 35,649 | 193,697,920 | 5,767 | 35,649 | 205,571,760 | 19,722 | 616,614 | 11,237,504 | 11,237,504 | 6.13 | 11,237,446 | 5. | |
| 백광소재 | 현금 | 2,850 | 1,000 | 2,850,000 | 2,886 | 1,000 | 2,885,950 | 284 | 8,656 | 27,010 | 27,010 | 1.26 | 27,010 | 0. | |

당일 매매 일지 — 태경화학(2017년 5월 12일)

아무튼 6월 5일 월요일에 가뭄 관련주가 움직인다면 태경화학이 움직일 가능성이 크네요. 물론 제 예상을 벗어날 수도 있습니다.

*P.S.*

2018년 2월 기준으로, 다시 살펴보니 움직이지 않았네요. 저도 틀릴 때 많습니다. 하지만 주가가 떨어지지도 않았죠. 그럼 5일 내에 승부를 포기하고 본전에 나오면 됩니다.

*P.S.2*

2018년 말~2019년 초 문재인 정부에서 미세먼지 해결을 위해 인공강우를 검토했습니다. 그 결과 태경화학은 상한가를 갔습니다.

그럼 우리는 어떻게 대응할 수 있을까요. 무턱대고 사두면 되나요? 그렇지 않습니다. 일단 사려고 계획한 비중의 1~10% 정도를 매수함으로써 정찰병을 보내두는 겁니다. 그리고 잘 째려보세요. 갈 놈은 아침부터 움직임이 다릅니다. 아침부터 매수세가 심상치 않으면 더 보내두는 겁니다. 그러다가 혹 가면, 욕심 내지 말고 적당히 수익 보는 선에서 빠져나오면 됩니다. 우리는 직장인이잖아

요, 상한가 욕심내지 마세요. 혹시 가지 않는다면? 빠져나오면 됩니다. (최대 5일 가지고 가는 단타를 하자고 말씀드렸잖아요. 여기에 자신만의 손절 라인을 세워두고요.) 하지만 차트상 밑으로 빠지진 않겠네요.

## 추론 연습 2. 갤럭시 신제품이 출시되면?

하나 더 연결해볼까요? 지난 이슈 중에 삼성 갤럭시S8을 생각해봅시다. 제가 주변 사람들에게 많이 추천했던 종목이에요.

자, 추론 프로그램을 돌려봅시다. 갤럭시S8이 나오면 누가 가장 큰 혜택을 볼까요? 당연히 삼성이겠죠. 하지만 주당 200만 원짜리를 몇 주나 사겠습니까. 그리고 올라야 얼마나 오르겠습니까. 삼성은 기관과 외인이 하는 종목입니다.

자, 생각의 프레임을 넓혀가봅시다. 갤럭시S8이 나올 때 가장 강조하던 것이 뭐였지요? 바로 인공지능 빅스비입니다. 셀바스AI 같은 종목이 뜨겠죠. 실제 2배 이상 갔습니다. 그다음 수혜주를 생각해봅시다. 인공지능이 뜨려면 뭐가 준비되어야 할까요? 바로 음성 인식입니다. 음성 인식 관련주도 뜨겠네요.

그런데 여기서 끝이 아닙니다. 음성 인식이 잘 되게 하려면 뭐가 필요할까요? 바로 음성 신호를 전기적 신호로 바꿔주는 칩 제조업체가 부각됩니다. 삼진 같은 종목이 되겠네요.

삼성전자 〉 인공지능 업체 〉 음성 인식 업체 〉 음성 인식 칩 제조업체 순으로 시가총액이 작습니다. 시가총액이 작을수록 더 많이 뛸 수 있고, 단타에 적합한 종목이 된다는 뜻입니다.

누구에게나 공평하게 주어지는 뉴스로, 보이지 않는 돈 되는 종목을 찾는 방법은 이렇듯 간단합니다. 하지만 이를 잘 이용하면 종목이 무궁무진하게 연결됩니다.

물론 여기서 설명한 논리 구조로 다 버는 것은 아닙니다. 제 생각이 틀릴 때도 많습니다. 이 세상에 100%는 없다는 점 언제나 명심해주세요. 무엇보다 우리는 지금 기초 체력을 키우는 중입니다. 조급해하지 마세요. 주식에서 조급하면 무조건 먹힙니다. 누구에게? 느긋한 사람에게요.

## 나쁜 소식에서도 호재 찾기

뉴스로 추론하기를 좀 더 이어가볼까요.

지난 2017년 6월, 세계 에어백 시장 점유율 1위였던 일본의 다카다가 '살인 에어백'의 오명을 쓰고 결국 파산 신청을 냈습니다. 안전 제일의 이미지를 가지고 있던 일본으로서는 매우 큰 충격이었죠.

이 기사를 읽고 보통 사람들은 이런 생각을 합니다.

'앗, 내 자동차에도 다카다 에어백이 장착된 거면 어떡하지?'

하지만 투자자라면 이렇게 생각해야 합니다.

'세계 1위 에어백 회사가 파산하면 2등이 부각되지 않을까?'

저는 이날 장이 열리기 전부터 지인과 다카다의 경쟁사인 두올에 관해 얘기했는데요. 하필 그날따라 직장에서 일이 너무 바빠 실제 거래로 이어지지 못했습니다.

아니나 다를까. 다카다의 파산 신청으로 국내 1위인 에어백 회사 두올에 수혜가 예상된다는 기사가 노출되었고, 이후 주가는 상한가를 기록하게 됩니다.

두올과 같은 예는 매우 많습니다. 구제역이 발생하면 돼지고기 시장 업황은 안 좋아지지만, 반대로 닭의 판매량이 늘어나면서 마니커, 하림 등의 주가가 올라갑니다. 또, 큰 화재 등 재난이 생기면 소화기 관련주가 오릅니다.

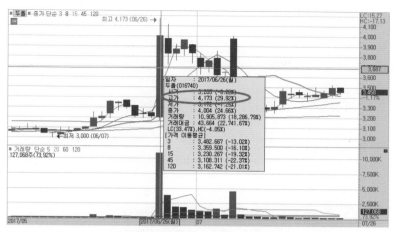

두올, 불기둥을 뿜으며 상한가를 기록했다.

최신 사례를 몇 가지 더 들어보겠습니다.

2022년 8월, 미국 내 서열 3위로 꼽히는 낸시 펠로시 하원의장
이 대만을 방문했습니다. 방문 소식이 전해진 당일에 중국과 대만
의 주가 지수가 -2% 이상 하락했습니다. 미중 무역 분쟁이 격화되
는 것은 물론 중국이 대만에 무력 시위를 하는 사태가 일어날 수
있다는 우려 때문이었습니다. 불확실성이 생긴 거죠. 실제로 낸시
펠로시 하원의장이 탄 비행기가 대만에 착륙하자 중국은 제일 먼
저 '대만산 과자 수입 금지 조치'를 내렸습니다.

이때 어떤 일이 발생했는지 아시나요? 바로 크라운해태, 크라운
제과가 상한가를 기록했습니다. 대만 과자를 수입하지 않으면 한
국산 과자 수입이 늘어날 것이라는 기대감이 발생한 거죠.

곧이어 중국의 글로벌 배터리 업체인 CATL이 미국 투자를 보류

한다는 발표가 났어요. 그러자 한국 배터리 관련주들에 매수세가 몰립니다.

---

**세아메카닉스, 'CATL 북미 투자 보류' 반사이익 기대감에 강세**

낸시 펠로시 미국 하원의장의 대만 방문에 따른 미중 갈등 악화 속에 세계 최대 전기차 배터리 기업인 중국 CATL이 북미투자 계획 발표를 보류했다. 이 소식에 국내 배터리 업계의 반사이익에 기대감이 몰리면서 LG에너지솔루션에 전기자동차용 배터리 부품을 공급 중인 세아메카닉스 주가가 강세다.

(헤럴드경제, 2022.08.03.)

---

이뿐 아닙니다. 과거 오스템임플란트에서 발생한 수천억 원 규모의 횡령 사건을 기억하시죠. 이때 오스템임플란트의 영업정지 우려로 다른 임플란트 상장사들의 주가가 크게 오른 바 있습니다.

---

**오스템임플란트 반사이익 기대에 덴티움·덴티스 강세**

오스템임플란트는 전날 1880억 원의 횡령·배임 혐의를 확인했다고 공시했다. 이는 자기자본의 90%를 넘어서는 규모. 오스템임플란트 거래가 정지되면서 덴티움과 덴티스가 반사이익을 얻을 것이라는 기대감이 주가 상승으로 이어진 것으로 보인다. 덴티움은 임플란트, 수술기구, 보철 등 치과용 의료기기를 생

---

신기하죠?

이처럼 악재는 기본적으로 안 좋은 것이긴 하지만 투자자에게는
오히려 초과수익을 낼 좋은 기회일 수 있습니다. 그리고 이런 사례
는 매우 자주 발생합니다. 어쩌면 매일 발생할지도 모릅니다. 이런
이슈를 지나칠 게 아니라 반대 수혜를 생각해야 합니다. 머리 아픈
게 사실이죠. 어디서 수혜가 날지 보는 눈을 갖는 것도 쉬운 일은
아닙니다.

인간은 기본적으로 악재 등 위험이 다가오면 회피하려는 본능이
앞섭니다. 생존 본능이죠. '나만 못 찾나?' 하면서 자책하실 필요
는 없다는 말씀을 드리고 싶습니다. 위기 속에서 기회를 찾는 것은
'리스크'를 감수하는 건데요. 인간의 본능을 거스르는 일이니 생각
처럼 쉽지 않습니다. 꾸준히 훈련해야 가능하죠.

# 뉴스는
# 지면으로 읽어라

제 경우는, 매일 밤 귀가하면 뉴스 홈에 들어가 일간지 1면을 모두 다 봅니다. 그리고 다음 날은 구독하는 일간지를 펼쳐 보고요. 저는 보통 조선일보, 중앙일보, 동아일보, 매일경제, 한국경제, 이데일리, 이투데이 정도의 지면 신문을 읽습니다.

왜 하필 지면 신문일까요?

하루에 쏟아지는 인터넷 기사가 모두 몇 건 정도 될까요? 대략 어림잡아도 10만 건 이상일 겁니다. 인터넷 매체로 등록된 언론사가 1만 곳. 이곳에서 하루 10개만 써도 10만 개입니다. 실제로 어떤 곳은 100개 이상 기사를 써내니, 그 이상의 신규 기사가 쏟아진다는 이야기입니다.

반면 종이 신문은? 한정된 지면 탓에 인터넷 기사보다 훨씬 간결하고 핵심만 담도록 편집 기술이 들어가게 됩니다. 여기에 수많은 기사 중에서도 가장 중요하다고 꼽힌 주제들만 지면의 한 자리를 차지할 수 있고요. 즉, 지면에 담긴 정치 한 꼭지(기사의 주제를 일컫는 말), 경제 한 꼭지, 문화 한 꼭지 등등은 그날 나온 수천~수만 개의 기사들 중 가장 중요한 것들로 선정된다는 말이 됩니다.

지면 신문을 읽으면 모니터로 볼 때와는 달리 생각하는 힘이 길러집니다. 가지런하고 축약된 기사 속에서 행간의 의미를 파악하는 능력이 배양되는 것이죠. 처음에는 1면부터 논설면까지 모두

다 꼼꼼히 읽어보세요. 3~4개 지면 신문을 읽는 데 두어 시간이 훅 지나갈 겁니다. 하지만 익숙해지면 신문 하나 보는 데 10~20분이면 충분합니다. 제목만 봐도 내용을 파악하는 힘이 길러지기 때문이죠.

# 단타를 위한
# 지식 쌓기

## 주식 잘하는 사람들의
## 공통점

실화를 바탕으로 한 영화 〈행복을 찾아서〉에서 주인공 크리스 가드너는 방문판매원으로 일하며 어렵게 살고 있었는데, 어느 날 우연히 페라리를 탄 사람을 만납니다. 그는 이렇게 묻죠.

"두 가지만 물어봅시다. 어떤 일을 하시나요? 어떻게 성공하셨나요?"

실제로는 가드너가 주차할 자리를 찾던 페라리 차주에게 자신의 자리를 양보하면서 이를 기회로 자연스레 대화를 나누었고 함께 점심 식사를 하게 되었다고 합니다. 페라리 차주는 자신이 증권

회사에 근무하고 매달 8만 달러의 수익을 거두고 있다고 소개하며 월스트리트 세계의 이야기를 들려줍니다.

영화 속 주인공은 주식중개인이 되기로 결심하고 공부를 시작합니다. 어린 아들과 노숙자 신세가 되는 등 몇 번이나 포기와 절망의 순간을 마주합니다. 하지만 현실의 벽에 부딪혀도 매번 먼 미래를 꿈꾸며 다음 스텝을 밟습니다. 실제로 그는 글로벌 투자회사를 세우고 엄청난 자산가가 됩니다.

크리스 가드너는 열악한 환경에 처해 있었지만 성공한 사람을 보고도 열등감에 빠지거나 부러워하는 대신 어떻게 성공했는지 물었고 그 길을 걷기로 결정했습니다. 그렇게 기회를 포착할 수 있었던 거죠.

주식으로 큰돈을 번 사람을 보고 타고났다고 생각하는 경우가 많습니다. 혹은 특별한 방법이 있을 것으로 생각하죠. 그렇게 생각하면 마음이 편하니까요. 하지만 이런 편견이 성공을 가로막고 있는지도 모릅니다.

주식을 잘하는 사람들을 두루 만나보니, 이들은 분명 남들보다 특별한 관점을 가지고 있었습니다. 아무 상관없는 것들을 연결해 수익의 기회를 잡는 데 비범한 능력을 발휘하는 것을 자주 보게 됩니다. 그런데 이들이 가진 공통점이 하나 있었습니다. 바로 엄청난 노력파라는 겁니다. 그들이 가진 것은 특별한 발상 능력이 아니라, 무수한 관찰과 축적에서 비롯한 '알아차림'에 가까웠습니다. 즉, 미련스러울 정도로 공부를 하면서 지식을 쌓고, 거기에서 반복되는 무언가를 이해하고, 그것이 다시 오기 전 신호를 포착하는 것이었습니다.

주식을 잘하는 방법은 간단합니다. 지식을 쌓아야 합니다. 즉, 공부해야 합니다. 그날 주식 시장에서 벌어진 '모든' 일을 파악한다고 생각하세요. 왜 주가가 올랐고 떨어졌는지, 어떤 뉴스가 나왔고, 어떤 공시가 나왔는지 파악하면 됩니다. 이왕이면 그걸 정리해서 자신만의 데이터베이스를 만들어갑니다. 이렇게 데이터를 모아가다 보면 과거에 주가를 움직였던 사실이 '반복적으로' 발생한다는 것을 알아차리게 됩니다.

## 매일 해야 하는 숙제

그렇다면 구체적으로 무엇을 해야 할까요? 제가 2015년부터 거의 하루도 거르지 않고 매일 퇴근 후에 해온 작업이자, 지금은 수강생들에게 내주는 숙제가 있습니다.

**그날 상한가 기록한 종목과 거래량 1000만 주 이상 터진 종목을 찾아서 정리하는 것.**

여기서 중요한 것은 그냥 정리하는 데 그치는 것이 아니라, 왜 상한가를 갔는지, 왜 거래량 1000만이 터졌는지 조사하고 알아내는 것입니다. 뉴스를 찾고 공시를 검색해서 에버노트에 기록합니다(자기에게 맞는 기록 프로그램을 사용하시면 됩니다).

처음에는 이 두 가지를 정리하는 데 엄청 시간이 걸립니다. 아무리 검색해도 이유를 알 수 없는 경우도 많습니다. 그런데 없어서 안 나오는 게 아니라 아직 실력이 부족해서 못 찾는 거예요. 갖은 방법을 동원해야 합니다.

이렇게 쌓아가다 보면 어느 순간 이슈가 반복된다는 걸 알게 됩니다. 그러면 이제는 예측의 영역으로 넘어가봅니다. 장이 끝난 후 나온 뉴스 가운데 다음 날 주식 시장에 반영될 만한 뉴스와 공시를 정리하는 겁니다. 자신이 발굴하고 정리한 사실이 주식 시장에서 큰 시세를 주는 것을 확인할 때 레벨업되면서 자신감이 상승하는 것을 느낄 수 있습니다.

예시를 보여드리며 좀 더 구체적으로 설명해볼게요. 단, 이것은 어디까지나 제 기준의 예시일 뿐이며 자신의 라이프스타일과 맞는 방식을 스스로 만들어가는 게 좋습니다.

### 매일 공부 1단계
### : 상한가 및 천만주 종목 정리 및 원인 조사

당일 코스피 및 코스닥 시장에서 상한가를 간 종목과 거래량 천만주 이상 터진 종목을 찾아봅니다. 왜 어떤 이유로 그런 움직임이 생겼는지 찾아갑니다. 보통은 '종목명 + 특징주' 키워드를 활용하면 뉴스 검색을 통해 찾을 수 있습니다. 안 나오면 전자공시, 홈페이지를 찾아보고 IR에 전화도 해보면서 찾아냅니다.

상한가와 천만주 종목을 어디서 볼 수 있냐고 많이들 물어보시는데요. 네이버 증권 페이지에서 확인할 수도 있고 HTS에서도 특정 메뉴로 찾을 수 있습니다. 못 찾을 경우 사용하시는 HTS의 증권사 고객센터로 문의하시면 알려줍니다.

조사한 내용은 다음 예시와 같이 기록합니다. 주요 내용은 발췌해서 붙여두고 차트도 캡처해서 전일에는 차트가 어떤 모양이었는지 살펴봅니다.

**2022년 5월 18일**

## HLB글로벌
→ 상승률 +29.91% / 거래량 761만 주

◎ **관련 기사**
**HLB 미국 자회사 '엘레바', '리보세라닙' 상업화 위한 전문가 영입**
엘레바는 폴 프리엘을 최고사업책임자로, 마이클 팔럭키를 부사장으로 영입했다고 밝혔다.
앞서 HLB는 지난 3월 식품의약국 출신 신약 개발 및 인허가 전문가인 정세호 박사와 장성훈 박사를 각각 엘레바 신임대표와 부사장으로 영입한데 이어, 이번에 생산·판매 등의 분야에서 높은 역량과 경험을 갖춘 전문가들이 합류함에 따라 리보세라닙의 NDA 준비는 물론 상업화 준비에도 속도를 낼 방침이다.
HLB 관계자는 "세계 최초로 신약허가 목적의 선양낭성암 임상2상을 마친데 이어, 간암3상 임상까지 성공적으로 종료돼 리보세라닙의 글로벌 항암제 진입을 목전에 두고 있다"며 "국내 최초의 글로벌 항암제가 조속히 탄생해 전 세계 많은 환자들에게 희망이 될 수 있도록 정세호 대표를 비롯한 각 분야의 전문가들과 긴밀히 협력해 갈 것"이라고 말했다.

(한국경제TV, 2022.05.18.)

◎ 차트

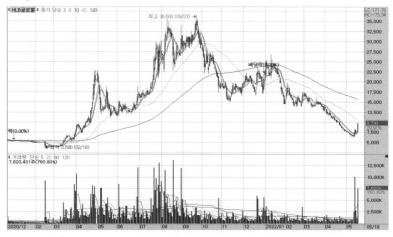

## 로보로보
### → 상승률 +7.66% / 거래량 1392만 주

◎ 관련 기사

**삼성전자, 로봇사업팀 인력 연말까지 2배 더 늘린다**

삼성전자가 로봇 사업 부문 인력을 대폭 늘린다. 첫 상용화 제품인 '젬스' 출시를 앞두고 공격적인 인재 수혈에 나선 것으로 분석된다. 이재용 삼성전자 부회장이 낙점한 핵심 미래사업의 한 축인 로봇을 미래 먹거리로 본격 추진하겠다는 의도로도 읽힌다. 삼성전자는 현재 첫 의료용 로봇 제품 '젬스' 출시를 앞두고 있다. 로봇 상용화 시점이 임박함에 따라 공격적인 인재 수혈 기조는 당분간 계속될 것으로 예상된다. 계획대로 인력을 현재 대비 2배로 늘린다면 연말에는 260여 명에 달할 것으로 추정된다. 팀이 신설된 지난해 초 12명과 비교하면 약 20배 이상 덩치를 키우는 셈이다.

(한국경제TV, 2022.05.18.)

**[특징주] 로보로보, 코딩 교육 의무화로 업계 1위 기업가치 재평가**

로보로보는 2000년 로보옵틱스로 법인을 설립해 2006년 사명을 변경했다. 교육용 로봇을 생산하고 자체 소프트웨어를 보유하고 있다. 주력 제품은 '로보키트'와 '로보키즈'로 코딩과 조립을 병행하고 있다.

(아시아경제, 2019.04.04.)

◎ 차트

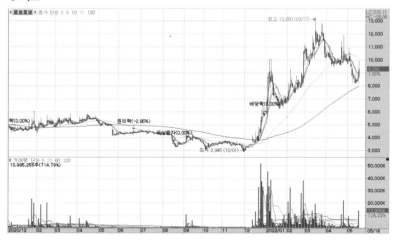

보통 하루에 20~40종목 정도가 나옵니다. 매일 그 정도를 쌓아가면 됩니다. 생소한 종목은 그 종목의 페이지를 만들어 기본적 분석을 해봅니다. 그러자니 처음에는 오래 걸리는 것입니다. 몇 개월 계속하다 보면 나중에는 익숙해져서 시간이 단축됩니다.

## 매일 공부 2단계

### : 장 마감 이후 핵심 뉴스 선정 및 관련 종목 찾기

이제 상한가와 천만주 찾기가 어느 정도 몸에 익었다면 다음 단계로 넘어가야 합니다. 상한가와 천만주는 지나간 것을 찾는 것이고, 이제 미래를 보는 능력을 조금씩 배양해야겠죠.

오후 3시 30분 장이 끝나고 나온 뉴스나 공시 중 자신이 가장 중요하다고 생각하는 이슈를 2개 고릅니다. 그리고 그 이슈를 정리하고 관련주를 찾아서 기록합니다.

저는 따로 정리하기보다 기사 링크 및 발췌 인용 스타일로 정리하는데요, 내용 중 중요 포인트에 하이라이트 표시를 합니다. 그리고 관련주의 경우, 신규 테마가 아니라면 과거 해당 테마가 상승했을 당시의 대장 종목을 포함시킵니다.

## 2022년 5월 18일

### ◎ 주요 이슈
**EU 집행위, 러시아 에너지 의존 축소 가속화 방안 제안**

EU 행정부 격인 집행위원회가 18일(현지시간) 러시아 화석 연료에 대한 의존도를 빠르게 줄이고 녹색 경제로 전환을 가속하기 위한 계획을 제안했다. AP, dpa 통신 등에 따르면 이번 계획에는 연료 사용 효율 개선, 재생가능 에너지 확대 등의 방안이 담겼다. 이 가운데는 태양광 발전 용량을 2025년까지 두 배로 늘리고 신규 공공, 상업, 주거용 건물에 태양전지판을 설치해야 할 법적 의무를 단계적으로 도입하는 방안도 포함됐다. EU 집행위는 또 러시아 석유 의존도가 높은 회원국을 지원하기 위해 석유 기반시설에 20억 유로(약 2조7천억원) 가량을 투자하는 방안도 내놨다. EU 집행위가 이번 계획을 이행하는 데는 2030년까지 거의 3천억 유로(약 400조원)가 필요할 것으로 추산됐다.

(연합뉴스, 2022.05.18.)

### ◎ 관련주
**SDN "태양광 모듈 생산 제조설비 완공. 국내 최고 효율 제품 출시"**

에스디엔은 고효율 태양광 모듈 신제품 'Sunday 10'을 국내에 출시했다고 21일 밝혔다. 신제품의 최대출력은 550W로 효율은 21.28%에 달한다. 에스디엔 측은 "이 제품은 현재 국내에서 출시되고 있는 태양광 모듈 중 최고 수준의 발전효율을 시현하고 있으며, 태양전지의 전면뿐만 아니라 후면까지 발전이 가능한 양면수광형 제품으로 설치 장소에 따라 약 10%의 전기를 추가로 생산한다"고 설명했다. 에스디엔은 지난 2021년 9월 투자 결정 이후 광주첨단공장에 최첨단 태양광 모듈 제조설비의 구축을 진행했고 2022년 3월에 완공됨에 따라 연 300MW 규모의 태양광 모듈 생산 능력을 갖추게 됐다. 에스디엔은 탄소인증 1등급 450W 모듈의 확보와 함께 2등급 550W 모듈을 출시하게 됐고, 올해 3분기중 590W를 생산할 계획이다. 또 M12 셀로 650W급 모듈을 개발 중에 있다.

(뉴스핌, 2022.03.21.)

### 신성이엔지, 신규 수주 2500억 확보⋯실적 성장세 이어간다

재생에너지 사업부문은 태양광모듈을 생산하여 판매하는 사업과 태양광 발전시스템 및 ESS 설치, 시공을 영위하고 있다. 신성이엔지는 지난 2020년 전라북도 김제시에 연간 800MW 규모의 태양광 모듈 생산시설을 완공하고 제품을 생산 중이다.

(뉴스핌, 2022.05.23.)

### 에스에너지, 유럽서 '태양광 프리미엄 모듈 공급계약' 체결

에스에너지가 베네룩스(벨기에, 네덜란드, 룩셈부르크) 및 프랑스 시장에 15MW 규모의 태양광 프리미엄 모듈 공급계약을 체결하며 또 한 번 경쟁력을 입증했다. 유럽 최대 주택용 태양광 발전소 설치업체 중 하나인 바이바와 오랜 기간 전략적 협력 관계를 유지해온 에스에너지는⋯

(팍스경제TV, 2020.03.12.)

### 대명에너지, 신재생발전사업 모든 단계에 참여

대명에너지는 풍력, 태양광 등 신재생에너지 발전 사업을 한다. 신재생에너지 사업의 주 발전원인 태양광과 풍력을 기반으로 사업 개발부터 설계, 조달, 시공 및 운영관리까지 전 단계를 직접 수행한다. 주요 사업으로는 풍력 발전단지 건설 사업, 태양광 발전단지 건설 사업, ESS 연계 사업, 발전단지 운영관리(O&M) 및 업무 위탁사업 등이 있다.

(스톡에너지, 2022.05.03.)

---

아주 단순하죠. 누구나 할 수 있어요. 다만 매일 해야 합니다. 매일 쌓아가다 보면 변화를 알아채는 눈이 생기기 마련입니다. 여기에는 어떠한 편법도 없고 근성만 있을 뿐입니다.

기억하세요. 매일 해야 합니다. 예외는 없어야 합니다. 예외가 없는 반복된 행동을 우리는 습관이라고 부릅니다. 습관만이 당신의 수저를 바꾸고, 인생을 바꿉니다.

## 재료를 찾고
## 연결하는 연습

재료에 대해서 살펴봅시다.

재료라는 것은 정보일 수도 있고, 테마일 수도 있죠. 또한 뉴스나 공시, 해당 업체의 홈페이지 등에서 얻은 정보 중 '이 종목을 사게 만드는 모든 것'이 재료가 되는 겁니다. 몇 가지 예를 들면 조금 더 빠르게 와 닿을 것 같네요.

자, 아래 예로 든 헤드라인을 읽고 어느 종목을 사고 싶은지 체크해볼까요.

(1) A종목, 삼성전자에 1000억 규모 납품 계약 체결

(2) B종목, 중국 텐센트에 신작 모바일 게임 수출 계약

(3) C종목, 삼성전자로부터 10억 제3자 유증

(4) D종목, 동네 슈퍼마켓 사장 A 씨로부터 100억 제3자 유증

(5) E종목, 차세대 항암 신약 FDA 통과

(6) F종목, 차세대 항암 신약 임상 1상 신청 예정

(7) G종목, 연 10조 규모 대북 주택 건설 수혜 기대감⋯데크플레이트 공급

(8) H종목, 미국 최대 유통업체 K사에 M&A

먼저 (1)을 보면, '삼성전자'에 '1000억' 두 단어가 매력적입니다. 국내 최대 시가총액의 상장사이자 세계 시장에서도 수위권인

삼성전자와 계약을 체결한다는 것만으로도 큰 재료지만, 1000억 이라는 규모도 매력적이죠.

(2)에서는 '텐센트'라는 중국 최대 IT기업이 등장한 것이 큰 매력입니다. 더구나 중국 게임시장 불변의 1위 텐센트와 계약을 체결했다는 것은 중국 시장에서 성공을 가늠케 합니다.

(3) '삼성전자'라는 곳에게 '제3자 유증'을 받는다는 것은 그만큼 튼실한 회사라고 예상할 수 있죠. 10억이라는 액수가 작지만, 삼성전자 이름값으로 모두 묻힙니다.

(4)와 같은 공시가 난다면, 해당 종목의 주가는 어떻게 될까요? 많은 초보가 '100억'이라는 대형 금액과 '제3자 유증'이라는 단어를 보고 호재로 판단할 가능성이 높습니다. 하지만 아마 저 공시가 난다면 주가는 떨어질 가능성이 높아요. 심지어 100억으로 최대 주주가 바뀌기라도 한다면 하한가로 떨어질 가능성이 높죠. 제3자 유증은 그만큼 들어오는 당사자가 건실해야 좋은 것입니다. 마찬가지로 투자조합이라든가 사모펀드라든가 그런 곳을 대상으로 한 제3자 유증도 조심해야 합니다.

(5) '항암 신약'과 'FDA 통과' 모두 좋은 재료입니다.

(6) '항암 신약'과 '임상' 모두 호재입니다.

(7) '대북 경협' 테마의 중심입니다.

(8) 미국 최대 유통사에 'M&A' 역시 좋은 재료입니다.

단타에 성공하기 위해서는 '재료'가 무척 중요합니다. 결국 주식에서 재료란 각 종목의 주가를 급등시키는 요소인데요, 여기서 특히 '급등'이 중요합니다. 그냥 살짝 움직이는 '상승' 수준의 것은 재료로 보기 어렵습니다. 꼭 강하게 급등시키는 것들만 공부해야 합니다. 급등은 최소 10% 이상 주가를 올리면서 VI* 발동을 만들어 내야 합니다.

예를 들어 진원생명과학이라는 종목에서 신규 사업으로 게임을 추가한다고 해서 주가가 오르진 않습니다. 바이오주인 진원생명과학은 신종플루, 메르스, 코로나19 등 바이러스 관련한 질병과 그에 상응하는 백신이나 치료제 개발과 관련한 것들만 주가를 움직이게 합니다.

이 재료는 같은 재료가 나오더라도 때에 따라 주가 움직임이 달라집니다. 예를 들어 메르스가 한참 창궐하던 시절에 관련 백신을 만든다고 하면 주가가 '급등'하겠지만, 이미 메르스가 관심에서 벗어난 다음에는 큰 영향을 못 주겠죠.

그렇기 때문에 재료는 시황과 반드시 연결됩니다. 시황이란 주식 시장에서 매매되고 있는 상황으로, 단타 매매에 있어 시황이란 그날 가장 많이 거래되고 있는 테마의 상황을 의미합니다.

시쳇말로 '떡밥'이라고 생각하면 좋은데요. 시황과 맞는 재료는 싱싱한 떡밥입니다. 물고기가 많이 몰리겠죠? 주식 시장에서는 투

---

* Volatility Interruption(변동성 완화 장치)의 약자. 개별 종목에 대한 체결 가격이 일정 범위를 벗어날 경우 발동하는 것으로, 개별 종목 주가의 급격한 변동을 막는 안전장치다. VI가 발동되면 일반 매매가 정지되고 2~10분간 단일가매매로 전환된다.

자자들이 큰 관심을 갖고 몰릴 겁니다. 주가는 급등세를 보일 거고요. 반면 상한 떡밥은 어떨까요? 낚시가 거의 되지 않습니다. 유행이 이미 지난 상황이라는 이야기가 됩니다. 당연히 주가는 좋지 않을 텐데요. 이를 모르고 매수한 투자자는 내상을 입을 겁니다. 손절할 확률이 높아진다는 이야기죠.

재밌는 점은 대한민국의 2300여 개 종목 전체는 사실상 재료가 정해져 있습니다. 그 종목에 있어서 상한가와 천만주 거래량을 만들어내는 '재료'가 정해져 있다는 말이죠. 그래서 매일 상한가와 천만주를 정리하는 것은 그 종목의 재료에 익숙해지라는 뜻입니다. 역사가 반복된다는 이야기도 재료가 정해져 있기 때문에 반복된다는 이야기고요.

재료가 정해져 있다는 말은 테마군 역시 정해져 있다는 말이겠죠? 매일같이 상한가와 천만주를 정리하다 보면 강력했던 테마가 다시 불어오기 전에 꼭 징조(시그널)가 나타납니다. 정부 정책이 마련되기 전에는 반드시 다수당에서 미리 정책안을 준비한다는 이야기가 들려옵니다. 국제 정치도 같습니다. 굵직한 테마인 바이오 테마가 불어오기 전에도 자본주의의 본토인 미국에서 반드시 먼저 테마가 됩니다. 게임주는 신작 론칭 일정이 반드시 먼저 오고요. 코인 관련주도 마찬가지입니다. 모두 시그널을 먼저 줘요. 이것을 알아차리기 위해 공부를 매일 하는 것입니다.

## 언제까지
## 해야 할까?

여기까지 이야기하면 이걸 언제까지 해야 하는지 궁금하실 겁니다. 기간은 대략 2년 정도로 생각합니다. 하지만 사람들 대부분은 이같은 과정을 못 견뎌 합니다.

왜 그럴까요? 우리가 학원 시스템 속에서 살기 때문이라고 생각합니다.

대한민국 사람들은 아주 이른 시기부터 학원으로 대표되는 주입식 교육 시스템의 표준만을 좇죠. 대학 입시와 관련 없는 경제·비즈니스·금융 교육은 등한시해왔습니다. 주식으로 대표되는 금융은 우리 실생활과 밀접히 관련돼 있지만 "주식은 도박이야" "돈은 커서 벌면 돼"라며 후순위로 치부했죠.

더구나 학원이라는 곳은 정해진 지식을 주입시키고 '정답' 고르는 방법을 알려주는데요. 주식의 전장에서는 정답 따위가 없습니다. 무지성 매수도 많을 뿐만 아니라 탐욕과 욕망이 엉켜 움직이는 활화산이거든요. 학원 시스템에 따라 오로지 '합격'이라는 목표 하나만으로 공부해온 사람들에겐 정답이 없다는 주식 공부 영역이 도무지 적응 안 될 수밖에요.

어린 시절부터 돈의 가치, 합리적 소비와 금융에 대한 교육이 필요합니다. 청소년기에 들어서면서는 올바른 자산관리와 투자에 대한 교육이 필요하고요. 사회생활을 시작하면 이른 시기부터 구체적인 재무적 목표를 설정하고 이를 성취하는 법을 배워 독립된 경제 주체가 되어야 하죠. 이렇게 자라온 사람들은 아주 빠르게 주식 시장에 적응합니다.

이와 같은 금융 교육이 전혀 안 된 사람은 부의 불평등을 겪을 수밖에 없습니다. 부의 불평등은 금융 서비스의 접근성에 대한 격차를 증가킵니다. 나아가 금융 양극화를 초래하고, 이는 다시 부와 소득의 양극화를 심화시키는 악순환을 가져오게 됩니다.

하지만 우리는 성인이죠. 다시 어린 과거로 돌아갈 수는 없습니다. 그렇기 때문에 주식 공부에 있어서는 단순하지만 무식한 방법을 써야 한다고 생각합니다.

성인이 된 후 영어를 처음 배우는 사람이 가장 빠르게 익숙해지는 방법은 무엇일까요? 24시간 영어를 쓰는 환경에 노출되는 것 아닐까요? 그래서 우리는 유학이나 어학연수라는 방법을 통해 영어를 익히곤 합니다. 효과도 확실하고요.

늦었지만 주식을 가장 빠르게 익힐 수 있는 방법은 무엇일까요? 영어와 마찬가지입니다. 24시간 주식을 생각하고 적용하는 환경에 있는 것입니다. TV에서 보는 모든 이야기, 신문에서 보는 모든 뉴스, 일하다가 생기는 자산과 관련한 모든 이슈를 주식으로 연결해서 생각해야 합니다.

하루도 빠짐없이 상한가와 천만주, 이슈 관련주를 정리하다 보면 천천히 보이기 시작할 거에요. 재료의 역사가 반복되고 차트마저 반복되는 것을 느끼게 됩니다. 나중에는 완성형으로 각 섹터를 분류하는 등 나만의 종합 리포트가 완성될 겁니다.

다만, 이 모든 작업을 언제까지나 혼자서 하기는 어려울 거예요. 비효율적이기도 하죠. 마음 맞는 사람들과 분업을 하는 것도 좋은 방법입니다. 저도 그렇게 했습니다. 어떤 리포트를 보더라도 이해할 수 있는 실력이 된다면 남이 정리한 걸 보는 것도 방법이겠죠.

# 미로를 탈출하는 방법

미로 아시죠? 국어사전에 따르면 '어지럽게 갈라져서 한번 들어가면 빠져나오기 어려운 길'이라고 합니다.

익숙한 미로죠? 우리가 어렸을 때 미로 찾기 퍼즐 많이 풀었잖아요. 이런 미로는 시간이 걸릴 뿐 누구나 결국 출구를 찾을 수 있습니다. 그런데요, 왜 그런지 아세요? 5초만 생각해보세요. 왜 이 퍼즐을 풀 수 있었는지.

　답은 바로… 여러분이 위에서 보고 있기 때문이에요. 2차원으로 보고 있어서 풀 수 있는 겁니다. 만일 여러분이 같은 모양의 3차원 미로 속에 들어가 있다고 칩시다. 과연 빠져나올 수 있을까요?

　3차원 미로 속에 있는 거랑 그걸 2차원으로 보는 건 그야말로 차원이 다른 거예요. 빠져나오려면 관점의 전환이 필요합니다. 점점 각도를 들어 올려 전체를 보고 2차원 평면도를 보게 되면, 시간은 걸려도 미로 퍼즐은 다 풀 수 있게 됩니다.

　지식을 쌓고 있는 지금은 3차원 미로 속에 있는 것이고, 그 미로의 정보를 내 머리에서 융합해서 지도를 보는 것이 바로 2차원으로의 전환입니다.

　주식도 마찬가지 아닐까요. 여러분이 3차원 미로 속에 있으니까 너무 어렵고 두려운 것이지만, 이 판을 위에서 내려다볼 수 있게 되면 두려움이 아니라 익숙한 길을 걷는 것처럼 풀 수 있게 될 겁니다.

사실 이 미로의 관점은 사회생활에서도 그대로 적용되죠. 내가 속한 조직, 사회, 동료 간 구조적 역학관계를 파악할 때 말이에요. 정말 중요한 일이잖아요. 사실상, 개미 + 직장인은 현재 3차원 미로 속에 갇혀 있는 자이고, 오너와 지배층은 2차원의 미로를 보며 더 어려운 미로를 그리고 추가해가고 있습니다. 어느 순간 내 시점이 높아지면 구조가 보이면서 미로를 쉽게 탈출할 수 있습니다.

한국 사회의 장점인지 단점인지 모르겠는데, 한국에서는 2차원과 3차원을 나누는 벽이 단 하나입니다. 바로 '돈'입니다. 돈이 많으면 저 구조가 보이고, 돈이 없으면 구조가 안 보입니다. 달리 말하면, 월급 독립을 한 자들은 구조가 보이고, 월급 독립을 못한 사람들은 보이지 않습니다. 특히 월급 독립을 하게 되면, 이런 메커니즘이 단지 주식뿐 아니라 정치, 경제, 사회, 문화, 예술 모두에 적용되고 있다는 것을 알게 됩니다.

결코 닿을 수 없는 달콤한 골인 지점을 두고 3차원 속 미로를 열정적으로 돌게 하고, 2차원을 보는 사람들은 계속 더 어지럽게 미로를 그려가는 것이죠.

제가 주식을 하면서 다양한 시나리오를 그려갈 수 있는 것은, 우선 눈높이를 바꾸었고 결국 2차원의 관점을 얻었기 때문입니다.

제가 계속 말하죠? 관점을 바꾸라고. 작은 것에 집착하지 마세요. 진짜 세상은 눈높이에 달려 있습니다.

쫄지 말고 투자하라는 것도 그래서입니다. 이것을 깨닫지 않는 한, 처음에는 수익을 얻는 듯 보여도 결국 초반 운일 뿐입니다. 결국 먼저 구조를 파악하는 자들이 차원이 다른 승리를 쟁취하는 것입니다.

주식에서 구조 파악을 어렵게 하는 것은 기존에 알고 있던 잘못된 고정관념일 것입니다. 처음 주식을 하는 사람이 좋은 스승을 만나면 빠르게 배울 수 있는 것도 새하얀 백지에 구조를 그려가니까 그럴 거예요.

우리는 이제 진짜 세상을 봅시다.

PART 3

# 실전 투자를 위한 차트 읽기

단타를 위한 기술적 분석과
관점 연습

차트 분석은 정말 중요합니다.
하지만 차트에 모든 것을 걸면 망합니다.
가장 중요하게 볼 것은
첫째가 거래량, 둘째가 차트,
그리고 마지막이 재료입니다.

# 꼭 알아야 할
# 3가지 지표

영어 못하는 사람들이 두꺼운 문법책을 사고, 자기가 영어를 못하는 이유는 문법을 떼지 못해서라고 생각하죠. 마찬가지로, 주식 초짜일수록 이동평균선, RSI, MACD 등 생소하면서 이름은 뭔가 있을 법한 여러 보조지표에 관심을 갖습니다. 그리고 거기에 숨어 있는 비밀을 알아내야 고수가 될 수 있다고 생각하고요. 하지만, 착각입니다. 주식의 차트에 표시되는 모든 지표는 후행지표이자 보조지표에 불과합니다. 어디까지나 예측을 위한 참고 자료에 지나지 않습니다.

차트 분석은 정말 중요합니다. 하지만 차트에 모든 것을 걸면 망합니다. 지금은 이해되지 않을지 몰라도 가장 중요하게 볼 것은 첫째가 거래량, 둘째가 차트, 그리고 마지막이 재료입니다.

제가 만나온 많은 주식 고수들이 보는 지표는 대부분 두 종류였습니다. 하나는 이동평균선(이평선), 또 하나는 거래량.

여타 기술적인 부분은 기초 체력을 다진 다음에 곁다리로 공부해도 늦지 않습니다. 저는 이 책을 가능한 심플하게 만들고자 검색이나 시중의 책으로 습득 가능한 내용은 가급적 쓰지 않고 있습니다. 기초 체력, 즉 마인드를 제대로 잡는 것이 나중을 위해 가장 중요하다고 여기기 때문입니다. 그러니 지금 서두르지 마세요.

차트와 보조지표를 맹신하지 말라는 이야기이지, 그것을 전혀 몰라도 된다는 이야기는 아닙니다. 이 장에서는 여러 지표 중에서 반드시 알고 이해해야 할 세 가지에 관해 공부해보겠습니다. 지지와 저항, 거래량, 이동평균선입니다.

## 첫 번째 지표, 지지와 저항

지지와 저항은 여러분을 강철 체력으로 만드는 가장 중요한 지식입니다. 반드시 이해해야 할 부분입니다. 모든 주식은 99% 지지와 저항이 적용됩니다. 그러니 제대로 숙지하고 다른 종목에 적용시킬 수 있도록 해야 합니다.

지지와 저항은 실제 차트로 살펴보겠습니다.

한빛소프트 차트부터 봅시다. 빨간색 동그라미로 표시한 1번과 2 번 지점을 보면, 주가가 대략 5900원선에서 강한 지지를 받으면 서 다시 반등합니다. 전 저점이 지지선 역할을 한 것입니다.

그런데 이 지지선이 한번 깨지고 나면 강력한 저항선으로 변모 합니다. 잘 깨지지 않았던 강력한 지지선이 깨지면, 이후로는 깨 고 올라가기 힘든 저항선으로 바뀌는 것이지요.

1번, 2번에서 5900원은 최후의 보루인 지지선이었지만, 한번 4000원까지 깨진 이후에는 그 5900원이 저항선이 돼서 잘 뚫지 못합니다. 3, 4, 5번을 보세요. 5900원 라인에서 연속으로 막히죠. 이것이 강력한 저항선 역할을 하면서 한빛소프트를 못 가게 하는 원인이 됩니다.

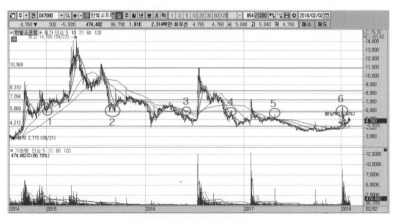

한빛소프트 차트에서 지지와 저항

제가 표시한 1~6번 지점을 가로지르는 선 외에도 그 위아래의 직선들을 보시죠. 신기하게도 지지와 저항이 계속해서 뒤바뀌고 있는 것을 확인할 수 있습니다. 한번 저항선이 생기면 잘 뚫지 못합니다. 하지만 일단 뚫으면 크게 갑니다.

이 부분을 항상 머릿속에 두고 매매를 해야 합니다.

**1) 내가 사야 할 지점은 지지선을 깨지 않는 것을 확인했을 때**
**2) 내가 팔아야 할 시점은 저항선을 못 뚫고 내려앉을 때**

이 두 문장은 주기도문처럼 외워야 합니다. 그래야 매도 매수 시점을 대충이라도 가늠할 수 있습니다. 그런데 위의 두 가지 법칙 외에 하나 더 생각할 게 있습니다.

**3) 저항선을 강력하게 뚫었을 때는 사야 할 시점**

일단 저항선을 강력하게 뚫었을 경우에는 다음 저항선까지는 쉽게 간다고 봐도 좋습니다. 쫄지 마세요. 이건 도박이 아니라 정확한 분석을 통해서 결정하는 매매이니까요. 여기서 '강력하게'가 의미하는 것은 거래량을 동반한 강력한 매수세를 뜻합니다. 거래량이 없으면 안 돼요. (돌파매매법이라고도 합니다.)

이렇게 상한가 갈 정도로 장대양봉이 나오면서 저항선을 강하게 돌파했을 때는 저항선을 깬 시점에서 매수를 함께 해주는 겁니다.

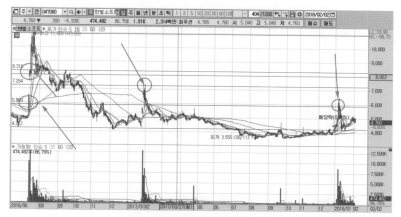

한빛소프트, 저항선을 강하게 돌파할 때

지지와 저항은 이처럼 매수와 매도 시점을 알려주는 매우 중요
한 지표가 됩니다. 다른 종목으로 많이 연습해보세요. HTS에서 자
동으로 그어지는 지지선을 보며 왜 저 자리일까를 분석해보고, 점
점 스스로 선을 그을 수 있도록 꾸준히 연습하세요. 백만 번 그어
보면 숙달됩니다.

### 케이스스터디 크린앤사이언스

지지와 저항은 중요한 만큼 몇 가지 차트로 더 살펴보겠습니다.

직장인 투자자 여러분이 가장 많이 들어봤을 종목 중에 크린앤
사이언스가 있을 겁니다. 마스크 등을 생산하는 상장사로 미세먼
지 테마의 대장주입니다. 차트를 보시죠.

신기한 일이 벌어집니다. 동그라미 표시를 먼저 보면, 강력한 저
항선이 돼 뚫지 못하는 6200원선이 일단 뚫린 다음에는 바로 지

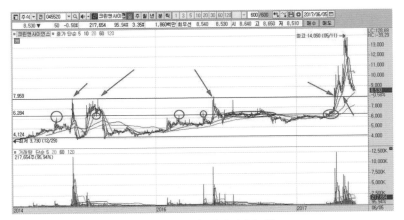

크린앤사이언스 차트에서 지지와 저항

지선으로 바뀝니다. 또, 화살표를 보면 강력한 저항선으로 보이던
7900원선 라인이 일단 강력하게 뚫린 다음에는 강한 지지선이 돼
반등 자리가 됩니다.

크린앤사이언스가 이미 올라가는 중에야 봤다면 언제 사야 할까
요? 오르고 있으니 추격 매수를 해야 할까요?

아닙니다. 강력한 저항선을 '강하게' 뚫었을 경우 함께 사는 겁
니다. 여기서 '강하게'는 적어도 저항선을 10~15% 이상 뚫는 것을
의미합니다.

차트를 보시면, 전무후무한 시세를 분출한 뒤 서서히 내려오고
있는데요. 그럼 다시 7900원 지지선에서 반등을 줄까요?

확률은 반반입니다. 지지와 저항이 가장 잘 먹힐 때는 '첫 번째'
저항과 지지입니다. 처음 저항선을 뚫었을 때는 거의 99%에 가깝
게 지지선 공략이 잘 먹힙니다.

이 책이 언제 출판될지 모르지만, 최근 '부자아빠, 신부자아빠'의
작전으로 유명해진(모르시면 굳이 알려고 하실 필요는 없습니다) 에스
마크 종목에도 적용되는지 볼까요?

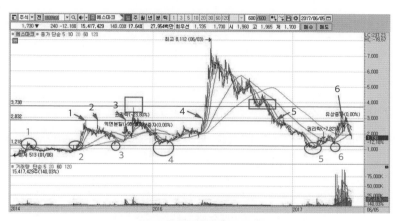

**에스마크 차트에서 지지와 저항**

와, 신기할 정도입니다. 1200원선인 동그라미 부근을 못 뚫다가
한번 뚫은 다음부터는 강력한 지지선이 되지요. 부자아빠들이 작
전을 건 것도 저 깨지지 않는 3번 바닥을 확인하고 올린 것으로 보
입니다.

그다음 화살표를 보도록 하죠. 2800원선(화살표)을 한 번, 두 번,
세 번째까지 뚫지 못하다가, 네 번째 화살표에서 강력하게 뚫습니
다. 더 놀라운 것은 사각형으로 표시한 전 고점인 3700원선까지
단번에 뚫어버렸는데요. 이렇게 힘이 강할 경우에는 올라타도 무

방합니다. 단, 확신을 가지고 기본적 분석과 차트 분석까지 끝내고 타야지, 도박하는 심정으로 올라타면 필패입니다. 꼭 손절 라인 정하시고요!

자, 그러고 나서 5번 동그라미까지 떨어집니다. 그리고 6번 동그라미 시점이 바로 부자아빠 괴문자가 나오기 시작한 때입니다. 그런데 수많은 개미 여러분이 마지막 여섯 번째 화살표에서 물린 경우가 많았어요. 왜 물렸을까요? 지지와 저항을 몰라서 그렇습니다. 강력한 저항선 라인인 2800원선을 강력하게 뚫었어야 했는데 응축된 에너지가 없어 결국 뚫지 못하고 모든 힘을 소모한 거죠.

이때 지지와 저항의 속성을 숙지하고 있었다면 저 2000~2800원에서 거들떠도 안 봤을 겁니다. 강력하게 3000~3200원까지 뚫는지 확인하고 샀어야 합니다. 그런데 이런, 하루는 3380원까지 갔네요. 성질 급한 투자자는 여기서 사서 크게 물렸을 겁니다. 3380원이 그날 상한가에 근접한 29.01%였는데요, 이 3380원이 딱 굳으면 모를까, 힘이 쭉 빠져서 위꼬리를 길게 달았습니다.

마지막 여섯 번째 화살표 지점을 확대한 차트로 확인해보겠습니다. 첫 번째 화살표에서 위꼬리를 달았습니다. 2800원선을 강하게 뚫었지만 유지를 못 했습니다. 다음 날에도 그다음 날에도 지속적으로 약 10거래일을 2800원 라인에서 공방을 하다가… 결국 힘을 다하고 주저앉았습니다. 만약 꼭 사고 싶었다면, 저 2800원 라인의 공방에서 확실히 돌파하는 것을 보고 매수해야 합니다. 제 주변에도 에스마크로 물린 사람이 많았네요.

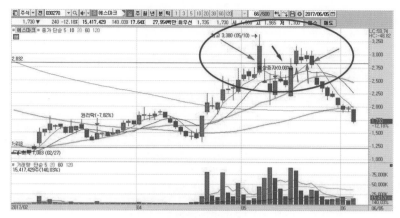

**에스마크 차트 확대**

제 경우는, 첫 상한가 자리였던 4월 19일에 매수해서 수익을 냈습니다. 저는 에스마크의 깨지지 않는 4바닥을 확인한 후 사야지 하고 전날부터 매집하고 있었습니다. 한 2~3일 매집할 예정이었어요. 그런데 매집이 다 끝나지도 않았는데 갑자기 상한가를 가더군요.

근무 중에는 주식을 볼 수 없으니, 항상 1%부터 10%까지 위로

| 미체결 | 잔고 | 예수금 | 주문가능 | 당일매매 | 체결확인 | 잔고확인 | 원장미체결 | 주문가능추정 | ◀ ▶ |
|---|---|---|---|---|---|---|---|---|---|
| | | ******* | | | 기준일 | 2017/04/19 | | | 조회 |
| ○당일매수에 대한 당일매도 | | | ●당일매도전체 | | *화면 관련 유의사항은 도움말 참조 | | | 전체 | ▼ |
| 매도금액 | | 646,789,440 | | 수수료+제세금 | | 2,139,032 | 손익금액 | | 8,992,723 |
| 매수금액 | | 679,059,490 | | 정산금액 | | -34,409,082 | 수익률 | 1.41% | 거래내역 |
| 종목명 | 금일매수 | | | 금일매도 | | | 수수료 | 손익금액 | 수익률 |
| | 평균가 | 수량 | 매입금액 | 평균가 | 수량 | 매도금액 | 제세금 | | ▲ |
| 에스마크 | 1,358 | 108,000 | 6,710,000 | 1,422 | 108,000 | 3,609,455 | 505,863 | 6,393,592 | 4.36 |
| 체시스 | 1,223 | 10,789 | 3,261,888 | | | | 1,988 | | |
| 파인디지 | 6,540 | 100 | 654,000 | 6,550 | 100 | 655,000 | 2,145 | -1,145 | -0.18 |
| 한빛소프 | | | | 5,160 | 4,000 | 0,640,000 | 65,010 | 954,990 | 4.87 |
| 셀루메드 | | | | 594 | 1,000 | 594,000 | 1,862 | 3,138 | 0.53 ▼ |

**당일 매매 일지 — 에스마크(2017년 4월 19일)**

분할 매도를 걸어둡니다. 제가 아직 다 못 샀으니 물량으로 누르는 의미도 있고, 또 혹시 팔리면 수익 나니 좋고요. 직장인에게는 언제나 리스크 관리가 우선입니다.

아무튼 장 끝나기 전 차트를 확인하러 화장실에 갔는데, 아뿔싸… 위로 걸어둔 약 1억 원여의 물량이 다 팔렸더라고요. 그리고 상한가. 차트를 잘 봤다는 것으로 위안을 삼았지만, 세상에 3배까지 올라갈 줄이야…. 배가 조금 아팠습니다.

이제 저항과 지지가 슬슬 눈에 들어오시나요?

더는 '아, 싼 것 같으니 사야지' 이런 생각 하지 마세요. 이제는 지지와 저항을 확인하고 살 만한지 분석으로 판단하세요.

## 케이스 스터디 에임하이

마지막으로 하나만 더 봅시다. 그만큼 중요합니다. 지지와 저항만 숙달해도 절대 비싸게 사지 않습니다.

이번엔 좀 무시무시한 종목입니다. 2017년 4월 당시 최대주주의 반대매매\* 실행으로 주가가 폭락했던 에임하이입니다.

악재로 인해 떨어지는 종목은 사기가 두렵죠. 다 손절하기 바쁠 텐데요. 그러나 공포에 맞서서 살 수 있어야 합니다. 물론 모든 근거가 갖춰져야 자신 있게 지를 수 있겠죠. 근거가 없으면 많은 수량을 베팅할 수 없습니다.

---

• 담보로 맡긴 주식이 손실 위험이나 담보 가치 하락 등을 이유로 강제로 처분되는 것.

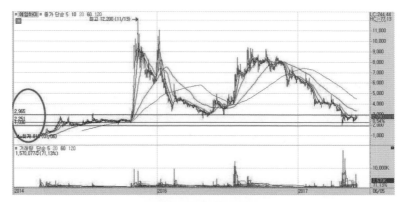

에임하이 차트에서 지지와 저항

차트를 보시죠. 저가권에서 크게 3개의 라인이 공방을 벌이고 있음을 확인할 수 있습니다. 1900원선, 2250원선, 2900원선까지 총 3개 라인입니다. 즉, 1900원선은 역사적 저점으로 잘 안 깨진다는 의미이기도 합니다.

다음 차트를 보시죠. 첫 번째 차트에서 최근 반년간을 확대한 것입니다. 기가 막히게 역사적 저점인 1900선을 터치하고 다시 올라가지요. 그리고 첫 번째 불기둥 나오기 하루 전날인 4월 25일 최대 주주 반대매매 공시가 터지고 각종 유상증자 납일일의 공시가 터졌습니다.

그렇다면 나올 악재는 다 나온 것입니다. 모두가 아는 악재는 뭐다? 호재다! 그러나 분석이 들어가지 않으면 물량을 실을 수 없습니다.

에임하이 차트 확대

| 2017/04/25 | 16:13:04 | 거래소, 에임하이 불성실공시법인 지정예고 | 에임하이 | 이투데이 |
| 2017/04/25 | 18:10:30 | (주)에임하이글로벌 불성실공시법인지정예고(공시불이행) | 에임하이 | 코스닥공 |
| 2017/04/25 | 18:06:57 | 에임하이, 최대주주 변경 수반 주식담보제공 계약 체결 | 에임하이 | 머니투데 |
| 2017/04/25 | 17:56:00 | 에임하이, 최대주주 변경 수반하는 주식담보제공 계약 체결 | 에임하이 | 이데일리 |
| 2017/04/25 | 17:52:46 | (주)에임하이글로벌 (정정)전환사채권발행결정 (6회차) | 에임하이 | 코스닥공 |
| 2017/04/25 | 17:52:33 | (주)에임하이글로벌 (정정)유상증자결정 (제3자배정) | 에임하이 | 코스닥공 |
| 2017/04/25 | 17:49:04 | (주)에임하이글로벌 최대주주변경 | 에임하이 | 코스닥공 |

4월 25일, 모든 악재가 터졌다.

1) 역사적 저점 터치

2) 전일인 25일 모든 악재 터짐 (모두에게 알려진 악재는 뭐다? 호재다!)

3) 전일인 25일 거래량 급감 (매도와 매수 세력 모두 소멸되고 있다는 뜻.
그러므로 방향성이 바뀔 가능성이 높아졌다는 뜻)

4) 거기에 단 10거래일 사이에 주가가 5000원에서 2000원으로 60% 하
락 (즉, 과대 낙폭)

사지 않을 이유가 없었습니다. 저는 시초가에 비중을 크게 실었
고요. 결국 이날 에임하이에서만 2000만 원의 수익을 거둡니다.

| 종목명 | 금일매수 | | | 금일매도 | | | 수수료<br>+제세금 | 손익금액 | 수익률 |
|---|---|---|---|---|---|---|---|---|---|
| | 평균가 | 수량 | 매입금액 | 평균가 | 수량 | 매도금액 | | | |
| 바른손이 | 2,872 | 1,150 | 3,302,840 | 2,883 | 7,150 | 0,612,470 | 65,416 | 426,214 | 2.12 |
| 바이오스 | 4,841 | 11,050 | 3,928,110 | | | | 6,020 | | |
| 에임하이 | 2,469 | 83,339 | 5,758,580 | 2,719 | 83,339 | 6,602,365 | 744,630 | 20,099,155 | 9.77 |
| 블루메드 | 505 | 10,088 | 5,088,133 | 537 | 61,887 | 0,552,280 | 110,130 | 555,720 | 1.55 |
| 아진엑스 | | | | 9,990 | 400 | 3,996,000 | 12,578 | 379,422 | 10.53 |

당일 매매 일지 — 에임하이(2017년 4월 26일)

여기서 하나만 보너스로 얘기해보죠. 앞선 차트를 보면 이 글을 쓰는 6월 5일 기준, 계속 2900선을 살짝 살짝 건드리고 있습니다. 여기서 아주 작은 호재 하나만 터져도 4000원까지 시원하게 가줍니다. 어떻게 아느냐고요? 지지와 저항이 그렇게 말해줍니다. 언제 가냐고요? 그건 거래량에 답이 있습니다. 거래량도 다룰 거니까 천천히 따라와주세요.

여기서는 일단 이것을 기억합시다.

* 주식을 잘하면 "지지 부근에서 사고 저항에서 판다"
* 주식을 못하면 "지지 부근에서 팔고 저항에서 산다"

지지에서 파니까 내가 팔면 오르고, 저항에서 사니까 내가 사면 떨어지는 겁니다.

P.S.

이후 에임하이는 실제로 주가가 2배 뛰었고, 물량을 실었던 저는 2억 원에 달하는 수익을 거뒀습니다. 이번에는 예상대로 갔네요. 뿌듯합니다.

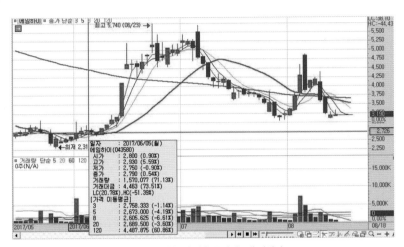

에임하이, 6월 5일 이후 주가가 2배 뛰었다.

| | 진 | **** | 기준일 | 2017/06/15 | ☑매매비용포함 | □매수에 대한 매도 | 기간별 | 종목별 | ⬆ | 도움말 | 조회 |
|---|---|---|---|---|---|---|---|---|---|---|---|
| 금일 매수금액 | 656,673,265 | 출금가능금액 | 340,230,976 | 예수금 | | 340,230,976 | 총 매매비용 | | | 2,597,060 | |
| 금일 매도금액 | 831,283,175 | D+1 정산금액 | 33,112,809 | D+1일 추정예수금 | | 373,343,785 | 총 손익금액 | | | 100,637,268 | |
| 금일 정산금액 | 174,609,910 | D+2 정산금액 | -76,449,574 | D+2일 추정예수금 | | 296,894,211 | 총 수익률 | | | 13,77 | |

| 종목명 | 잔고수량 | 잔고평균단가 | 금일매수 수량 | 평균단가 | 매수금액 | 금일매도 수량 | 평균단가 | 매도금액 | 매매비용 | 손익금액 | 수익률 |
|---|---|---|---|---|---|---|---|---|---|---|---|
| 엔젠플러스 | 1 | 9,960 | | 9,960 | 9,960 | | | | | | 0.00 |
| 에임하이 | 70,000 | 3,383 | 185,901 | 3,462 | 643,619,985 | 211,901 | 3,776 | 800,212,850 | 2,499,826 | 99,864,547 | 14,26 |
| 디엔에이링크 | 0 | | 2,987 | 4,366 | 13,043,320 | 6,991 | 4,444 | 31,070,325 | 97,234 | 772,721 | 2,55 |

| | 진 | **** | 기준일 | 2017/06/16 | ☑매매비용포함 | □매수에 대한 매도 | 기간별 | 종목별 | ⬆ | 도움말 | 조회 |
|---|---|---|---|---|---|---|---|---|---|---|---|
| 금일 매수금액 | 363,488,850 | 출금가능금액 | 340,230,976 | 예수금 | | 340,230,976 | 총 매매비용 | | | 1,644,287 | |
| 금일 매도금액 | 526,896,575 | D+1 정산금액 | 33,112,809 | D+1일 추정예수금 | | 373,343,785 | 총 손익금액 | | | 87,826,112 | |
| 금일 정산금액 | 163,407,725 | D+2 정산금액 | -76,449,574 | D+2일 추정예수금 | | 296,894,211 | 총 수익률 | | | 20,00 | |

| 종목명 | 잔고수량 | 잔고평균단가 | 금일매수 수량 | 평균단가 | 매수금액 | 금일매도 수량 | 평균단가 | 매도금액 | 매매비용 | 손익금액 | 수익률 |
|---|---|---|---|---|---|---|---|---|---|---|---|
| 한일사료 | 0 | 0 | | | | 6,000 | 2,640 | 15,840,000 | 49,602 | 200,417 | 1,28 |
| 엠젠플러스 | 0 | 0 | | 9,680 | | | 9,680 | | | -309 | -3,09 |
| 에임하이 | 23,000 | 4,193 | 31,900 | 4,781 | 152,517,050 | 78,900 | 4,832 | 381,258,705 | 1,188,308 | 87,183,736 | 29,65 |
| 디지탈옵틱 | 20,045 | 3,229 | 20,045 | 3,229 | 64,739,535 | 0 | 0 | 0 | 0 | 0 | 0.00 |
| 인터불스 | 401 | 6,364 | 400 | 6,365 | 2,546,000 | 0 | 0 | 0 | 0 | 0 | 0.00 |
| 큐브엔터 | 0 | 0 | 54,051 | 2,385 | 128,939,265 | 54,051 | 2,401 | 129,788,190 | 406,348 | 442,268 | 0.34 |

당일 매매 일지 — 에임하이(2017년 6월 15~16일)

에임하이는 제가 매매하고 약 1년이 지난 후 상장폐지가 된 종목입니다. 만일 장투를 했다면 큰 고통을 맛봤겠지만, 저는 단타죠. 그렇기 때문에 수익을 봤지, 손실은 보지 않았습니다. 상장폐지가 됐음에도 이 종목을 넣은 이유는 차트나 뉴스, 공시 분석에 있어서 교과서적인 움직임을 보여주기 때문입니다. 종목만 다를 뿐, 현재도 수많은 종목이 이 에임하이의 움직임을 그대로 보여주고 있습니다.

## 두 번째 지표, 거래량

제 주변에는 주식 애널리스트나 이름만 들어도 다들 아는 고수가 몇 분 있습니다. 그들과 이야기를 나누다 보면 공통적인 중요 지표가 있는데요, 바로 거래량입니다. 고수들일수록 이동평균선과 거래량, 이 두 가지 지표만 보더군요. 거기서 더 나아가면 종목과 거래량만 봅니다.

여기서 '종목을 본다'는 것은 다년간 경험에서 우러나오는 '끼'를 본다는 말입니다. 한번 갈 때 확 가주고, 한번 떨어질 때 확 떨어져주는 게 바로 끼입니다. 우리는 단타를 하잖아요. 단타족에게 제일 안 좋은 게 찔끔찔끔 오르고 떨어지는 겁니다. 장투에서는 그게 좋지만요. (본인이 장투인지 스윙인지 단타인지 스켈퍼인지 확실하게 기준선 세우세요! 저는 스켈퍼와 단타에 속합니다. 스켈퍼는 단타보다 짧게 치는 사람입니다. 사서 5분 후에 팔기도 하죠.)

이번에 공부할 개념은 거래량입니다. 직장인 주식 인생에서 가장 중요한 지표가 될 부분이자 가장 깨닫기 어려운 부분이기도 합니다. 되도록 자세히 설명하겠지만, 앞서 설명한 '지지와 저항'에 관해 여러분이 깨달은 것도 아마 5% 미만일 것입니다. 완전히 다른 종목에도 자유자재로 적용할 수 있을 때 바로 여러분 것이 되는 것이죠. 오히려 다른 방식으로 자신만의 길을 발견해 150%, 200% 자기 것으로 만드는 사람도 있을 것입니다.

자, 우리는 약속 하나 합시다. 세상 살다 보면 일목균형표, RSI, MACD, 볼린저밴드 등 참 듣도 보도 못한 것들을 속삭이며, 전문가 행세를 하는 사람이 많을 것입니다.

우리는 딱 이동평균선과 거래량만 팝니다. 물론 나머지 보조지표를 공부해서 나쁠 건 없습니다. 그런데 결국 안 보게 됩니다. 저도 다 공부했지만, 결국 이동평균선과 거래량을 보고, 정말 어쩌다 너무 많은 물량을 실을 때에야 근거를 더 갖기 위해, 자신감을 드높이기 위해 살펴보는 정도입니다.

에임하이, 급등 전날 거래량 급감(4월 25일, 28일의 초록색 화살표)

다시 에임하이입니다. 거래량 부분을 보시죠. 초록색 화살표가 총 3개 표시돼 있는데요. 우리가 볼 것은 첫 번째와 두 번째 화살표입니다. 크게 급등하기 전날에 거래량이 급감한 것을 확인할 수 있습니다. 여기서 알 수 있는 것은 다음과 같습니다.

◇**주가 폭등의 전조**
1) 바닥에서 거래량 폭증(적어도 전 거래일 대비 500~1000% 이상) 이후
2) 거래량 급감(25% 이하)이 일어난다

거래량 부분을 더 확대해서 보겠습니다. 4월 25일 거래량이 전일의 20% 수준으로 급감한 것을 확인할 수 있습니다. 전날 조회공시까지 뜨면서, 악재를 대비한 리스크 관리 손절 물량이 쏟아져

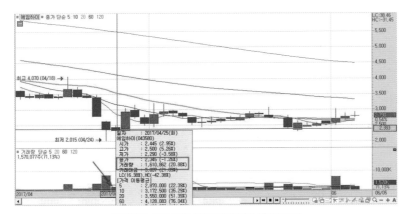

에임하이, 4월 25일 거래량 급감(전일 대비 20%)

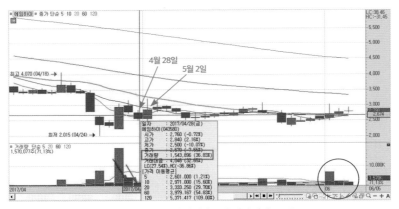

에임하이, 4월 28일 거래량 급감(전일 대비 36%)

나왔고, 오히려 모든 악재 공시가 나온 25일에는 거래량이 급감했습니다. 주가는 하락했고요.

---

- 소문이나 보도가 있을 경우 또는 주가 및 거래량이 급변할 때 투자자 보호를 위해 증권거래소가 필요를 판단해 투자자들을 대신해서 확인을 요청하는 공시.

다시 또 급등했던 5월 2일(월)의 전 거래일인 4월 28일(금)을 봅시다. 마찬가지로 거래량이 급감한 것을 확인할 수 있습니다. 전일 대비 36% 수준으로 나오지만, 이미 4월 27일에 큰 폭으로 급감한 후 연속 급감이므로 실제로는 4월 26일 대비 10% 수준으로 줄어든 것입니다.

저는 이날 또 삽니다. 거래량이 급감했음에도 주가가 -5% 이상 큰 폭으로 빠졌기 때문이죠. 더는 버틸 수 없어 호가도 없는데 시장가에 던지는 손절 물량인 거죠. 미안하지만 단타에게 제일 좋은 날입니다. (오, 하느님!) 전날 소량 정찰병으로 보낸 물량이 상승하는 것을 확인한 후, 이날 강하게 매수해서 11.47% 약 1800만 원의 수익을 냅니다.

당일 매매 일지 — 에임하이(2017년 5월 2일)

정리해보자면, 이렇습니다.

**1) "거래량 급감 + 음봉"이 나온 후 주가가 오를 확률이 높다**

**2) 거래량 감소 폭이 클수록, 음봉(주가 하락)의 크기가 클수록 다음 날 주가 상승 확률이 높아진다**

그 이유는 팔 사람도 살 사람도 없어졌음을 보여주는 지표이기 때문입니다. 이렇게 매수 매도 투심이 없어진 상태에서는 매수자가 조금만 몰려도 주가 상승이 쉽게 이루어집니다.

이처럼 자기만의 분석 방법이 없으면 베팅을 크게 할 수 없습니다. 항상 매수할 때는 '느낌 매매'가 아니라 강력하게 매수할 근거를 마련해야 합니다.

앞으로 돌아가 다시 에임하이 차트를 보시죠. 가장 오른쪽 사흘의 거래량 그림(동그라미)을 보면 어쩐지 5월 2일 급등하기 전과 비슷하다는 생각이 들지 않나요? 3거래일 전 거래량이 크게 증가하고 이틀 연속 거래량이 급감했습니다. 다만, 약한 것도 느껴지나요?

거래량 상승-하락 폭이 첫 번째 파동에 비해 둘째 파동이 약하고, 둘째 파동보다 셋째 파동이 약합니다. 그만큼 주가 상승의 힘도 약해집니다. 다만, 오를 자리니 적당하게 베팅할 근거가 되는 거지요.

이번에 저는 안 샀습니다. 지지와 저항 측면에서 2900원선을 강하게 돌파하는 것을 보고 사도 늦지 않을 것 같거든요. 지금은 지지와 저항도 애매하고, 거래량은 줄고 있지만 세 번째 파동이라 그만큼 힘도 약합니다. 첫 번째, 두 번째 파동은 1~2억씩 베팅해볼 만했지만, 세 번째 파동은 1000만 원 이하만 넣고 싶네요.

아, 혹시 제 계좌를 보면서 '1~2억씩 살 수 있으니 저런 수익률이 나올 수 있는 거 아니냐', '시드머니가 충분하니 그만큼 베팅할 수 있는 거 아니냐'고 반문하실 분이 계실 것 같습니다. 제가 얼마로 시작했다고요? 480만 원입니다. 최근 계좌로 인증하며 책을 써서 그렇지, 2015년 계좌를 들여다보면 몇 만 원에서 몇 십만 원씩 수익을 찔끔찔끔 누적해가며 계좌가 커져온 것을 볼 수 있습니다.

계속 수익률을 쌓아가면서 투자금을 늘려가세요. 기초 체력이 튼튼하면, 굴리는 계좌가 커져도 흔들리지 않습니다. 하지만 기초 체력 없이 운으로 올라온 사람은 계좌가 커지면 감당 못 하고 망할 확률이 높습니다. 급하게 생각하지 마세요.

여러분도 가능할 겁니다. '아마도'요. 세상에 100%는 없으니까 모두가 잘하게 될 거라고는 말하지 못하겠습니다. 본인의 습득 능력에 따라 인생이 크게 바뀔 수도, 조금 바뀔 수도, 아무런 변화가 없을 수도 있으니까요.

아무튼, 거래량은 매우 중요한 만큼 몇 가지 예를 더 보겠습니다.

### 케이스 스터디 국영지앤엠

저는 이 종목도 지지와 저항 그리고 거래량을 지표 삼아 매수를 하고 승부를 봤습니다. 이 종목을 왜 사야 하는지 분석해나가는 과정을 함께해보시죠. 먼저 지지와 저항에 관해 복습해볼까요? 차트를 보시죠.

빨간 동그라미로 표시한 지점들은 굳건한 지지를, 초록 화살표로 표시한 부분들은 저항과 지지가 번갈아가며 작동하고 있음을 보여줍니다. 먼저 (동그라미를 보면) 약 3년여 동안 깨지지 않는 저점을 형성한 것을 확인할 수 있었습니다. 대략 1150원선이네요.

**국영지앤엠 차트에서 지지와 저항**

또한 (화살표를 보면) 1650원선에서 강력한 저항선이 형성돼 있다가 한번 강하게 뚫은 후 매우 큰 상승폭을 보였고, 2017년 5월 말까지 변변한 반등 없이 떨어지고 있던 것을 확인할 수 있습니다.

숫자로 설명하자면, 1150원선이 강력한 지지선이고, 1650원선이 강력한 저항선입니다.

최근의 큰 폭 상승 시점에도 1650원선을 강력하게 뚫지 못하고, 일단 한 번 부딪히고 내려왔네요. (앞으로의 움직임이 중요합니다. 1650원선을 '강력하게' 뚫으면 2700원선까지 가겠네요.)

자, 이제 거래량을 살펴봅시다. 앞의 차트에서 최근 2개월여를 확대한 것입니다. 2017년 5월 한 달여 동안 1160원을 최저점으로 바닥 다지기를 하고 있음을 확인할 수 있습니다. 거래량도 매우 저조하네요. 하지만, 5월 30일에 거래량이 전일 대비 4000% 이상 상승하며 주가도 크게 상승했습니다. 그리고 이틀 연속 거래량이 급

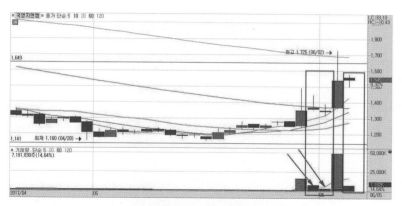

국영지앤엠 차트(부분 확대)에서 거래량

감했습니다(초록색 화살표).

　제가 뭐라고 했었죠?


### ◇주가 폭등의 전조

**거래량 폭증(적어도 전 거래일 대비 500~1000% 이상) 이후**

**거래량 급감(25% 이하)이 일어난다.**


　같은 조건이 바로 5월 31일, 6월 1일 일어났습니다. 그리고 6월 2일 시세를 크게 줍니다. 무려 1725원까지 찍어서 상한가 바로 전까지 갔었네요. 저는 이날 국영지앤엠에서 9.7%, 590만 원의 수익을 거뒀습니다.

당일 매매 일지 — 국영지앤엠(2017년 6월 2일)

자, 여기서 눈치 빠른 분들은 한 가지 의문을 품을 수 있습니다. 왜 어떤 건 거래량이 하루만 줄어든 다음에 오르고, 어떤 건 이틀 연속 급감한 후에 오를까? 어떤 경우에는 3일 연속 거래량이 감소한 다음에 오릅니다. 이유가 뭘까요?

여기서 거래량의 핵심 중에서도 핵심이 나옵니다. 지금 지지와 저항, 거래량, 그리고 거래량의 핵심. 이 세 가지만 배워도 여러분은 수천만 원짜리 팁을 배우는 겁니다. 완전히 자기 것으로 체득하시길 바랍니다.

앞의 질문에 대한 답은 바로 이것입니다.

**"거래량이 급감하되, 이때 주가가 5일선과 이격이 크면 안 간다."**

다시 차트를 보죠. 5월 31일에도 거래량이 급감했지만, 5일 이동평균선(핑크색)과 거리가 많이 떨어져 있습니다(화살표 ①). 그다음 날인 6월 1일 거래량 급감과 동시에 5일선과 맞닿고 나서야(화살표 ②), 그다음 날인 6월 2일 시원하게 올라가줍니다.

마찬가지로 6월 5일 거래량이 급감했지만, 5일선과 이격이 너무 큽니다(화살표 ③). 그렇다면 내일 갈 확률은 낮습니다. 단, 갈 수도

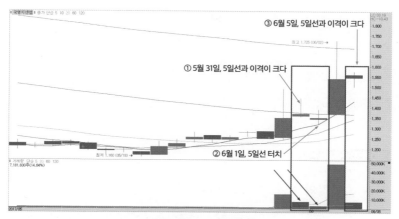

**국영지앤엠 차트, 5일선 이격도**

있죠. 시가가 5일선에서 출발한다면요. 이튿날인 6월 7일 다시 거래량 급감과 함께 음봉으로 떨어진다면, 6월 8일 정도에 1650원선 돌파를 노려볼 만합니다. 차트 좋네요. (P.S. 2018년 2월에 다시 들여다보니, 6월 12일에 1850원까지 갔었네요.)

그렇다면 거래량 법칙은 아래와 같이 정리할 수 있습니다.

◇**거래량 법칙**

1) 주가 폭등의 전조 = 거래량 폭증(적어도 전 거래일 대비 500~1000% 이상) 이후 거래량 급감(전일 대비 25% 이하)이 일어난다. 제일 좋은 것은 전일 대비 12% 미만일 경우이다.

2) 급감한 날 주가가 5일선과 이격이 크지 않아야 한다. 맞닿으면 좋고 (5일선 지지를 확인할 것), 5일선을 크게 깨는 것은 좋지 않다.

번외로, 이 차트에서 첫 번째 큰 폭의 거래량 증가와 함께 주가 상승이 일어난 5월 30일도 매수 자리였죠. 역사적 저점을 한 달 내내 지지하고 있던 와중에 거래량 터지면서 상승한 날이니까요. 저는 이날도 매수를 해서 860만 원의 수익을 냈습니다.

**케이스 스터디 넵튠**

거래량 법칙의 예시 하나만 더 볼까요. 이번엔 넵튠입니다. 상장 후 카카오로부터 제3자 유증를 받는 등 핫한 종목이었으나 최근 액면병합[*] 후에 급락했다가 다시 급상승한 종목입니다.

얼마 전에 전 저점인 약 8000원선(첫 번째 동그라미)이 어이없을 정도로 변변한 지지도 받지 못하고 깨졌습니다(두 번째 동그라미).

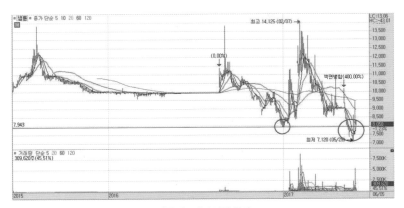

넵튠 차트에서 바닥 확인

---

• 액면가가 적은 주식을 합쳐 액면가를 높이는 것. 일반적으로는 유통 물량이 크게 줄어들어 주가가 오르는 경향이 있다.

| 당일매매일지 | 기간별매매일지 | 기간종목별매매일지 | 기간종목별상세 | 월별손익현황 | 전일대비평가손익 | 일자별평가손익 |

| 진 | | **** | 기준일 2017/05/30 | ☑ 매매비용포함 | □ 매수에 대한 매도 | | 기간별 | 종목별 | 수 | 도움말 | 조회 |

| | 금액 | | | 금액 | | | 금액 | | 금액 | |
|---|---|---|---|---|---|---|---|---|---|---|
| 금일 매수금액 | 392,607,585 | 출금가능금액 | 418,993,248 | 예수금 | 418,993,248 | 총 매매비용 | 1,770,012 |
| 금일 매도금액 | 565,407,495 | D+1 정산금액 | -228,229,949 | D+1 추정예수금 | 190,763,299 | 총 손익금액 | 15,311,420 |
| 금일 정산금액 | 172,799,910 | D+2 정산금액 | 279,993,290 | D+2 추정예수금 | 470,756,589 | 총 수익률 | 2.78 |

| 종목명 | 잔고수량 | 잔고평균단가 | 금일매수 | | | 금일매도 | | | 매매비용 | 손익금액 | 수익률 |
|---|---|---|---|---|---|---|---|---|---|---|---|
| | | | 수량 | 평균단가 | 매수금액 | 수량 | 평균단가 | 매도금액 | | | |
| 국영지앤엠 | 0 | 0 | 150,202 | 1,310 | 196,818,855 | 150,202 | 1,372 | 206,125,730 | 645,121 | 8,661,871 | 4.39 |
| 나라케이아이씨씨 | 1,234 | 2,515 | 1,234 | 2,515 | 3,103,510 | 0 | 0 | 0 | 0 | 0 | 0.00 |
| 휴니스소재 | 85,000 | 1,146 | 20,000 | 1,147 | 22,950,000 | 0 | 0 | 0 | 0 | 0 | 0.00 |
| 넵튠 | 0 | 0 | 22,729 | 7,467 | 169,735,220 | 22,729 | 8,121 | 184,601,960 | 577,240 | 14,289,486 | 8.39 |

당일 매매 일지 — 넵튠(2017년 5월 30일)

전 저점이 깨진 차트에서 가장 중요한 건 '바닥 확인'입니다. 바닥 확인에는 저마다의 방법이 있겠지만, 제 경우에는 거래량 증가와 함께 주가가 -5% 이상 추가로 빠질 때를 바닥으로 봅니다. 5월 29일, -5%에 근접하게 빠지면서 거래량도 전일 대비 145% 증가했습니다. 저는 이날 정찰병으로 소량 보내두었는데, 역시나 다음 날 크게 올랐습니다. 이날만 1400만 원 정도 수익을 거뒀네요.

중요한 건 그다음 날입니다. 확대한 차트의 첫 번째 초록색 박스를 보시면, 5월 31일 거래량이 전일 대비 7%에 불과했습니다. 그

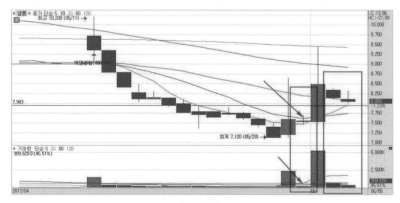

넵튠, 차트 확대

러면서 5일선에 아주 근접했지요?(초록색 화살표) 그다음 날인 6월 1일에 상한가에 가까운 불기둥을 뿜어냅니다.

이날 진짜 크게 수익을 올릴 수 있는 날이었고, 같이 주식하는 사람들에게 추천까지 하고서… 정작 저는 못 샀습니다. 이날 아침부터 직장에서 깨지고 정신이 나가서 주식을 못 했거든요. 직장인의 비애지요, 뭐. (흑흑)

아무튼 두 번째 박스를 보면, 두 번째 장대양봉 이후 거래량이 급감했지만, 첫 번째 음봉은 5일선과 이격이 큽니다. 두 번째 음봉은 5일선과 근접했습니다. 그러므로 다음 날은 크게 갈 가능성이 높아 보이네요. 정찰병을 보낼 시점입니다. 그리고 키움번개로 째려보고 있다가, 두 번째 음봉의 전 고점을 뚫을 때 함께 사주면 됩니다.

조금씩 뭔가 감이 잡히시나요? 주식 물론 어렵습니다. 하지만 이 주식이 지금 싼지, 비싼지, 언제 사야 할지만 알 수 있으면 공포는 줄어듭니다. 즉, 리스크가 줄어듭니다.

*P.S.*

며칠 후 확인해보니, 다음 거래일인 6월 7일에 9% 상승했네요. 앞서 몇 차례 설명했듯, 가장 처음 파동이 가장 강하고, 뒤로 갈수록 파동이 약해집니다. 이번에도 세 번째 파동인 만큼 상승 폭은 작았습니다.

# 세 번째 지표,
# 이동평균선

이동평균선(이평선)에 관해 알아봅시다.

사실 처음에는 캔들 등 기초 용어부터 자세하게 썼다가 모두 지워버렸습니다. 이 책을 펼쳐볼 투자자는 대부분 이동평균선을 알 것이고, 기초 용어부터 차근차근 알려주는 역할은 이 책의 몫이 아니라고 생각했기 때문입니다.

완전 입문자라면, 초보 투자자를 위해 용어와 개념을 정리한 책들이 시중에 많이 나와 있으니 찾아보시기 바랍니다. 다만, 네이버 지식인을 통해 캔들이나 이평선을 공부하려고 하지는 마세요. 캔들과 이평선 등 주식 관련 지식을 원론적으로 다룬 개론서를 선택해 공부하는 것이 훨씬 도움이 됩니다.

여기서 제가 원론적인 내용을 공부하라고 말씀드리는 이유는, 그 '원론'이라고 하는 것들이 사실상 고정관념이기 때문입니다. 실전에서는 반대로 적용되는 경우가 부지기수죠. 주식에서는 '대응'이 중요하다고 하는 것도 이런 이유입니다.

심지어 제가 앞에서 알려드린 법칙조차 실전에서 반대로 적용되는 경우가 있습니다. 당황스럽죠. 어떻게 해야 할까요?

바로 그 자리가 손절할 자리입니다. 생각과 달리 움직였을 때, 보통 자신이 정해놓은 손절 라인을 터치합니다. 그때 무조건 손절하세요. 리스크 관리입니다. 리스크는 자신이 정해둔 손절 라인까지만 감당하고, 먹을 때 크게 먹으면 됩니다. 제가 벌기만 하겠습니까. 당연히 손절합니다. 다만 제가 정해놓은 원칙에 따라 칼같이 손절합니다.

자, 적삼병이니 비석이니 하는 용어는 다른 책에서 학습하시고요. 우리는 이평선을 하나씩 잡아나가 보겠습니다.

간단하게 설명하면, 이동평균선이란 특정 기간 동안 거래된 주가의 평균값을 연결한 선입니다. 가령, 5일 이평선이란 5일 동안의 종가를 모두 더한 뒤 5로 나눈 값을 연결한 선이죠. 단기 이평선은 보통 5, 10, 20일선 등 20일 이내의 이평선을 의미하고, 장기 이평선은 60, 120일선 등 60일 이상의 이평선을 의미합니다.

이평선은 과거의 추세를 압축해서 선으로 연결한 만큼, 한눈에 추세를 보는 데 용이합니다. 단기, 중기, 장기 흐름을 파악하기에 유용하죠. 또 골든크로스˙, 데드크로스˙˙ 등 주가의 하락과 상승을 예측하는 데도 사용되지요. 이평선의 정배열, 역배열을 가지고도 향후 주가 향방을 예측합니다.

그리고 하나 더, 이평선은 앞서 가장 중요하다고 설명했던 '지지와 저항'과 겹칩니다. 지지와 저항이 '가격'을 수평선으로 나타낸 것이라면, 이평선은 '특정 기간 가격'을 평균 내서 선으로 연결한,

---

˙ 주가나 거래량의 단기 이동평균선이 중장기 이동평균선을 아래에서 위로 돌파해 올라가는 현상.

˙˙ 주가의 단기 이동평균선이 중장기 이동평균선을 아래로 뚫고 내려가는 현상.

지지와 저항의 또 다른 모습입니다.

이평선은 기술적 분석의 꽃이자 가장 기본적인 요소이지만, 이를 지나치게 확신하는 것은 화를 부릅니다. 자연적으로 만들어지는 것은 괜찮지만, 작전꾼들이 차트를 아름답게 꾸미고 개미를 유혹하는 경우도 있기 때문입니다.

단기 이평선은 추세 전환을 일찍 파악할 수 있고, 장기 이평선은 보다 정확하다고들 하지만 사실상 근거가 없습니다. 특히 거래량이 적은 종목은 이평선 이론이 잘 적용되지 않으니 더욱 주의를 기울여야 합니다. 애초에 거래량 적은 종목은 건드리지 않는 게 가장 좋습니다.

그냥 한 가지만 기억하면 됩니다.


**"차트는 거들 뿐이다."**


예측은 누구나 할 수 있는 겁니다. 대응도 당연히 하는 겁니다. 단지 어떤 원칙을 가지고 매매하느냐가 중요한 겁니다.

차트는 절대적인 지표가 될 수 없으며 후행지표에 불과합니다. 언제든 틀릴 수 있습니다.

단언컨대 어떤 차트 공식이나 기법도 맞힐 확률은 5% 미만입니다. 기법 만들어내는 분들도 다 알고 있습니다. 그러면서 항상 "대응이 중요한 겁니다"라고 말하죠. 어느 기법이 51%만 맞는다 해도 그 기법의 창시자는 자산이 벌써 1조 이상 되었어야 합니다. 그냥 산수예요. 전 재산을 매번 걸어서 51% 확률로 수익을 거두면 조 단위 수익이 결국 나오게 됩니다.

어디까지나 차트는 뭐다? 거들 뿐이다. 그런데도 공부해야 하는 이유는 무엇일까요? 5% 미만의 비중에 불과하더라도, 매매 성공률을 단지 5%만 높여주는 것만으로도, 다른 요소들과 결합했을 때 무시할 수 없는 역할을 해내기 때문입니다.

## 5일 이동평균선

5일간의 평균가를 나타낸 선으로 토~일요일을 제외한 일주일간의 평균 흐름을 보여줍니다. 5일선을 타고 가는 종목들이 급격한 상승을 잘 보여줍니다. 우리가 앞서 다뤘던 거래량 급감 차트를 볼 때 5일선을 자주 사용했습니다.

5일선 스윙을 할 예정이라면, 주가가 5일선 밑에서 놀고 있다가 5일선 위로 올라선 날부터 매수해야 합니다. 하지만, 급격히 5일선을 뛰어넘는 종목이라면 음봉에서 5일선을 밟아줄 때 매수를 하는 게 안전합니다.

액션스퀘어 차트를 보시죠. 첫 번째 화살표를 보시면, 3월 31일에 작은 양봉이 나오면서 5일선(핑크색으로 나타낸 선)에 올라탑니다. 이날이 매수 각이죠. 이후에 5일선을 타다가 두 번째 화살표에서 음봉이 나오면서 5일선과 10일선(파란색)까지 깹니다. 그러면서 하락이 시작되죠. 거래량이 죽은 저런 종목조차 5일선에 근거한 스윙 매매는 적용이 됩니다.

액션스퀘어 — 5일 이동평균선(핑크색)

다음 차트는 에임하이의 5일선입니다. 긴 하락 후에 며칠간 5일 선 위로 거래가 이뤄지고 있습니다. 저는 6월 14일, 5일선이 깨진 날(초록색 박스) 대량 매집을 했습니다. 그리고 15일에 대형 호재 공시가 터지면서 큰 수익을 거뒀습니다.

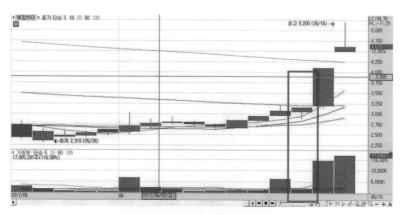

에임하이 — 5일 이동평균선(핑크색)

| | | | 기준일 | 2017/06/15 | ☑ 매매비용포함 | ☐ 매수에 대한 매도 | | 기간별 | 종목별 | 승 | 도움말 | 조회 |
| 금일 매수금액 | 656,673,265 | 출금가능금액 | 330,347,734 | 예수금 | | 330,347,734 | 총 매매비용 | | 2,597,060 |
| 금일 매도금액 | 831,283,175 | D+1 정산금액 | 172,017,682 | D+1일 추정예수금 | | 502,365,416 | 총 손익금액 | | 100,637,268 |
| 금일 정산금액 | 174,609,910 | D+2 정산금액 | 161,768,135 | D+2일 추정예수금 | | 664,133,551 | 총 수익률 | | 13.77 |

| | | | 금일매수 | | | 금일매도 | | | | |
| 종목명 | 잔고수량 | 잔고평균단가 | 수량 | 평균단가 | 매수금액 | 수량 | 평균단가 | 매도금액 | 매매비용 | 손익금액 | 수익률 |
| 엔케이물산스 | 1 | 9,960 | | 9,960 | | 0 | 0 | 0 | 0 | 0 | 0.00 |
| 에임하이 | 70,000 | 3,383 | 185,901 | 3,462 | 643,619,985 | 211,901 | 3,776 | 800,212,850 | 2,499,826 | 99,864,547 | 14.26 |
| 디엔에이링크 | 0 | 0 | 2,987 | 4,366 | 13,043,320 | 6,991 | 4,444 | 31,070,325 | 97,234 | 772,721 | 2.55 |

당일 매매 일지 — 에임하이(2017년 6월 15일)

이날 많이 산 이유는, 거래량이 급감하면서 주가는 5일선에서 놀고 있었기 때문이죠. 장 막판에 주가가 올라갔지만, 이건 더욱 의심스런 상황이라 물량을 저도 더 실었습니다. 그리고 다음 날 롤러코스터를 벌이다… 결국 상한가로 마감했습니다. 그다음 날은 더 뛰었네요.

지금은 원금을 모두 빼고 수익금만 남겨둔 상태입니다. 저는 바닥에서 초대형 거래량이 터진 만큼, 전 고점인 5700원선까지는 가줄 것 같습니다. 물론 음봉에 거래량이 줄어드는 이벤트는 있겠죠?

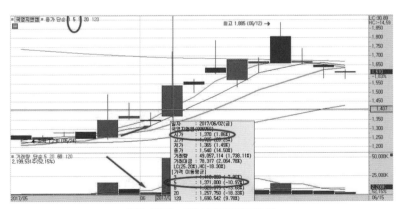

국영지앤엠 — 5일 이동평균선(파란색)

계속해서 예를 들어보겠습니다. 국영지앤엠입니다. 6월 2일 장중에 주가가 20% 이상 뛰기 전에 어떤 일이 있었나 살펴보지요.

전날인 6월 1일 목요일, 거래량이 급감하면서 캔들이 5일선을 정확히 터치했습니다(5일선과의 이격이 줄어듦). 그리고 6월 2일 당일에는 시가가 1,370원으로 정확히 5일선에서 시작하면서 급등 자리를 만듭니다.

그러나 이 역시 '5일선 위에 있으면 주가가 잘 안 빠진다' 정도로만 알고 있는 게 맞습니다

## 20일 이동평균선

20일 이동평균선은 20일간 종가의 평균을 연결한 것으로, 한 달간의 주가 흐름을 보여줍니다. 2000년대 초반만 해도 '생명선'이라는 애칭으로 불렸을 만큼, 많이 보는 선이죠. 보통 상승 추세에서 20일선 부근으로 내려오는 조정을 맞고 다시 반등을 준다는 내용의 이론이 널리 퍼져 있습니다.

하지만 제가 보기에는 20일선 자체가 중요한 것이 아니라, 20일선을 만드는 한 달이라는 기간이 포인트인 것 같습니다. 즉 한 달정도 지나며 사람들 기억에서 사라질 만한 시점까지 내려가다가 '재료가 살아 있을 경우' 재부각되면서 그 지점에서 '아! 맞다! 그렇지!' 하는 투심 자극과 함께 올라가는 것에 불과합니다.

지금 이평선에 관해 길게 이야기하는 것은 뒤이어 나올 중요한 내용을 깨닫기 위한 정지 과정이라고 보시고, 계속 차분하게 따라

오세요. 다만 여기서 알아두면 좋은 것은, 이평선의 지지와 저항은 상승 추세에서 잘 들어맞는다는 점입니다. 하락 추세에서는 이평선 이론이 잘 안 맞습니다. 이 장에서는 기본만 알아둡시다.

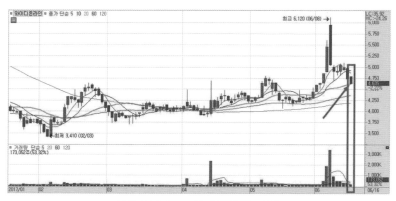

와이디온라인 — 20일 이동평균선(노란색)

와이디온라인의 차트를 함께 볼까요. 6월 16일(초록색 박스), 상승 추세에 딱 20일선(노란색)에 걸리면서 장대음봉 마감을 했습니다. 만일 오늘 장대음봉으로 20일선을 깼다면, 이 주식은 더 이상 희망이 없습니다. 끝난 주식이 되는 거죠. 다만, 거래량이 줄면서 음봉이 나왔으므로 내일 20일선에서 지지를 받는지 살펴봐야 합니다.

유사한 경우를 볼까요. 상승 추세에서의 뉴보텍 차트입니다. 지속적으로 20일선(노란색)에서 크게 지지를 받고 있습니다.

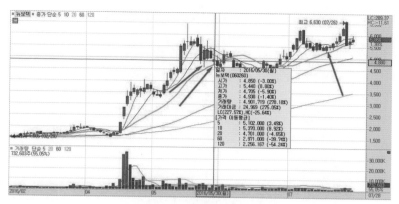

뉴보텍 — 20일 이동평균선(노란색)

다시 와이디온라인을 보시죠. 상승 추세 중에 20일선 지지를 못
받을 경우 어떻게 되는지를 여실히 보여주는 사례입니다. 결국 8월
2일에 20일선에서 지지를 받지 못하고 깨고 내려가면서, 이후 매
우 큰 낙폭을 보여주게 됩니다.

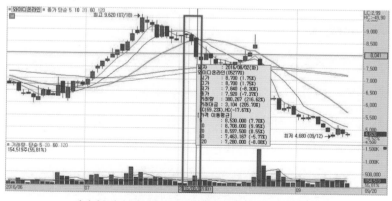

와이디온라인, 8월 2일 20일선을 깬 이후 주가가 크게 떨어진다.

이처럼 20일선은 주가의 흐름을 결정짓는 중요한 참고 자료로 활용할 수 있습니다. 그리고 흔히 '차트가 살아 있다'고 표현할 때도 20일선을 깨고 있는지 아닌지를 살펴보는 경우가 많습니다. 다음 한일사료 차트가 잘 보여주듯, 20일선을 꾸준히 유지하면서 여전히 추세가 살아 있음을 확인할 수 있습니다.

한일사료, 20일선 유지

## 60일 이동평균선

60일 이평선은 3개월간의 평균가로, 중기 추세선이라고 부르기도 합니다. 주가가 크게 상승하기 전에 이평선이 밀집해 있다가 단기선이 중장기선을 차례로 '골든크로스' 하는 순간이 오는데요. 바로 큰 반등이 시작되는 때입니다.

투원글로벌의 차트를 보면, 6월 2일에 5일선이 60일선까지 뚫고 올라가는 골든크로스를 만들어내면서 추세가 확 바뀌는 것을 볼 수 있습니다. 저러다가 60일선으로 수렴하면서 재도약의 기회를 만들어내겠지요.

제일제강의 차트에서도 60일 이평선(초록색)을 보시죠. 60일선 골든크로스 이후에 강한 상승 추세를 만들었고 다시 60일선으로 수렴해 재도약을 위한 발판(60일선 지지)을 만들고 있습니다.

투원글로벌, 60일선(초록색) 골든크로스

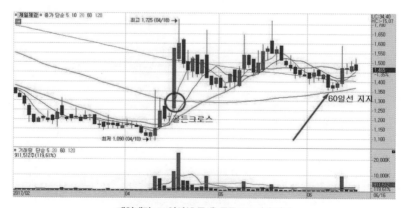

제일제강, 60일선(초록색) 골든크로스와 지지

## 120일 이동평균선

6개월간의 평균 주가를 연결한 것이 120일선입니다. 마찬가지로 1년 치는 240일선, 1년 6개월 치는 360일선이 됩니다. 120일선은 장기 추세선, 혹은 경기선으로도 불립니다. 주식은 실제 경기보다 6개월 정도 선행한다는 뜻에서 그렇게 부르는 것이죠. 앞서 이야기한 60일선 골든크로스 상황에서도 만약 120일선까지 넘어서는 120일선 골든크로스가 되면, 정말 큰 상승을 기대할 수 있고요. 또 급락하는 종목에서도 120일선에서 반등이 일어날 확률이 매우 높습니다.

다음 차트는 게임빌입니다. 상승하면서 떨어질 때마다 120일선에서 지지를 받습니다(동그라미 부분). 하지만, 120일선이 깨지자마자 급락하는 것을 확인할 수 있습니다(화살표 부분). 120일선이 깨지는 순간, 향후 6개월간 이 주식은 별로 안 좋겠구나 생각해도 좋

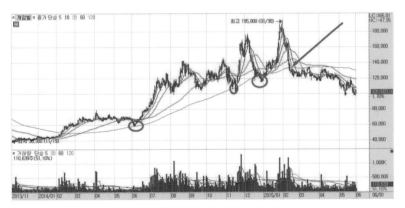

게임빌, 120일선 지지가 무너졌다(초록색 화살표)

습니다.

어떤 회사의 호재는 적어도 6개월 전에 정보가 풀리고 미리 반영된다고 봐도 무방합니다.

**액션스퀘어, 120일선으로 종목의 미래를 내다볼 수 있다.**

이어지는 차트는 액션스퀘어입니다. 해당 종목의 미래를 예측할 수 있는데요. 2016년 3~4월경에(첫 번째 화살표) 120일선을 강하게 뚫고 올라갔습니다.

그 당시는 액션스퀘어의 최대 기대작으로 불리던 모바일 게임 〈삼국블레이드〉가 9월 출시 예정이라, 기대감이 한껏 부풀던 때였죠. 6개월 후에 있을 일에 대한 기대감이 선반영되는 것입니다.

마침내 몇 번의 출시 연기를 거쳐 〈삼국블레이드〉가 2017년 1월 출시됐을 때는 오히려 120일선을 연이은 음봉으로 깨고 내려갑니다(두 번째 화살표). 게임에 대한 기대감이 없다는 얘기겠죠.

그리고 6개월이 지난 지금은 주가가 어떤가요? 120일선을 깬 만큼 주가가 유지되지 않습니다. 큰 폭 하락을 이어가고 있습니다.

# 이동평균선,
# 관점 바꿔 보기

앞에서 이동평균선에 대해 다룬 이유는 사실 이번 장을 위해서였습니다. 이평선에 대해 이야기하고 당연하게 받아들여지는 상식, 즉 고정관념을 깨기 위해서요. 그것을 타파하면 큰 수익으로 돌아옵니다.

생각해봅시다. 모두가 5일선, 20일선, 60일선, 120일선을 기다리고 있다면 누구든 큰 수익이 날 수 있을까요? 누구나 알고 있는 호재는 뭐다? 악재입니다. 그러므로 우리는 누구나 알고 있는 이평선의 의미조차 조금 꼬아서 생각해봐야 합니다. 이 장의 내용을 깨친다면 여러분도 이제 초보 수준은 넘어선다고 봐도 무방합니다.

# 3일선,
# 급등주는 더 빠르게

주식은 심리 게임입니다. 누구나 싸게 사고 싶고, 비싸게 팔고 싶어 합니다. 이런 탐욕이 모인 곳이 바로 주식시장입니다. '5일 이평선' 부분에서 이렇게 설명드렸죠? 아주 오랫동안 횡보를 하거나 급락한 종목이 큰 반등을 보일 때 5일선을 탈 경우 음봉에 매수하라고요. 문제는, 모두가 5일선을 기다리고 있다는 거죠. 그러면 과연 5일선까지 가격이 떨어질 수 있을까요?

급등주일 경우에는 5일선 매매 방식이 잘 들어맞지 않습니다. 급등주라는 것은 매도 세력보다 매수 세력이 더 강한 상태인데, 이 경우 5일선까지 오지 않고 3일선을 타는 경우가 아주 많습니다.

사회적 이슈가 됐던 괴문자 '부자아빠' '신부자아빠'의 대표적

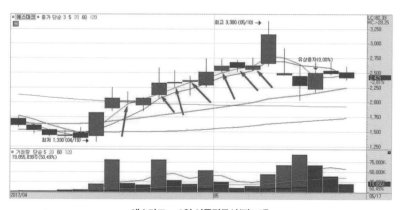

에스마크 ― 3일 이동평균선(핑크색)

추천주였던 에스마크 차트를 보시죠. 초록색 화살표 부분에서 볼 수 있듯이 5일선이 아닌 3일선(핑크색)에서 아주 강력한 지지가 형성하고 있습니다. 5일선을 기다리는 심약 개미들이 잡을 새도 주지 않는 강력한 매수세를 보이는 차트입니다.

아래 차트 투윈글로벌도 초록색 화살표 부분에서 확인할 수 있듯이 3일선을 타고 급등합니다.

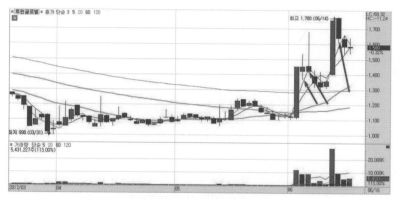

**투윈글로벌 — 3일 이동평균선(핑크색)**

또 하나 보시죠. 대성파인텍 차트입니다. 횡보에서 첫 상한가 이후 여지없이 3일선을 타고 가는 것을 확인할 수 있습니다. 5일선까지 잡으려고 기다리다가는 영영 못 잡는 사태가 벌어질 수 있습니다.

**바닥권에서 첫 상한가를 기록하며 급등하는 종목은 3일선을 탄다.**

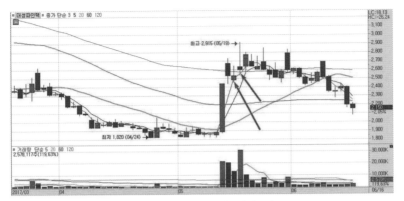

대성파인텍 — 3일 이동평균선(핑크색)

이걸 기억해두세요. 3일선을 타는 것은, 바닥권에서 '이유 있는' 상한가를 기록하고 상승 추세로 바뀌는 경우 매수세가 훨씬 강하기 때문에 생기는 심리적 요인입니다.


## 8일선,
## 세력이 보인다

이번에는 8일선입니다. 이것도 결국 심리적 요인에서 비롯합니다. 급등한 종목에서 매수를 위해 5일선을 기다리는 투자자가 아주 많을 겁니다. 또, 고점에서 산 단기 투자자라면 5일선을 손절할 지점으로 생각하고 있을 수 있습니다.

그런데 만일 매도세가 너무 강해서 5일선이 깨지는 순간 어떻게 될까요? 즉, '5일선에서 사려는 매수세〈5일선을 손절 라인으로 생각한 매도세' 상황이라면?

만일 세력이 있다면(여기서 세력이란 주가를 움직일 만한 자본을 가진 '큰손'을 뜻합니다. 작전이나 주가 조작 얘기가 아닙니다), 5일선 손절 물량을 모두 받아가려고 할 것입니다. 그리고 너무 떨어져서 10일선을 깬다면 투심이 무너질 수 있기 때문에, 강한 상승세를 위해 10일선까지 가지 않게 됩니다. 바로 그 선이 8일선입니다.

자, 차트로 보시죠. 이 8일선은 세력이 존재하는 모든 차트에 적용됩니다. 저는 이 8일선으로 자주 벌고 있습니다.

앞서 저에게 하루에 1억을 벌게 해준 에임하이 차트입니다. 앞에서는 설명해도 모를 단계이기 때문에 8일선에 관해 언급하지 않았습니다. 하지만 지금은 조금씩 보일 겁니다.

다시 한번 말하지만, 주식은 심리 게임입니다. 모두가 5일선을

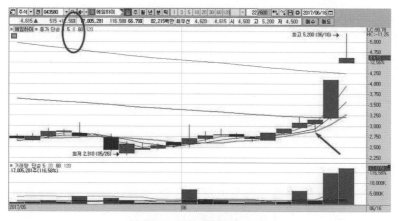

에임하이 — 8일 이동평균선(노란색)

보고 있을 때 우리는 3일선과 8일선을 보면서 대응하는 것입니다. 모두가 Yes라고 할 때 No를 외쳐야 돈을 벌 수 있습니다. 마찬가지로 모두가 No라고 할 때 우리는 Yes라고 해야 하고요.

에임하이는 급등 전 8일선(노란색)을 터치하고 다음 날 상한가를 기록했습니다.

오리엔트바이오 차트도 봅시다. 바닥권에서 첫 상한가를 터치한 이후 8일선에서 강력한 지지를 받고 이후 20일선을 잘 타고 오르는 것을 확인할 수 있습니다.

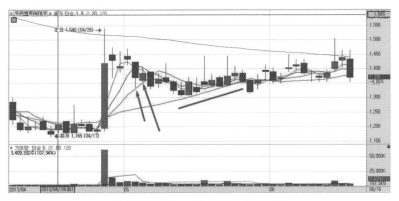

오리엔트바이오 — 8일 이동평균선(노란색)

하지만, 세력이 있을 경우 8일선에서 살 여유조차 안 주는 경우가 있습니다. 그 경우 작동되는 이평선이 바로 7일선입니다. 그런데 7일선에서 작동하는 종목은 너무 급박하게 진행되고 이미 상당히 올라와 있는 상태이기 때문에, 보통 강심장으로는 접근하기 어렵습니다.

전통적인 이평선인 5, 10, 20, 60, 120일선을 기본으로 파생되는
다양한 이평선이 있다 정도만 파악하세요. 나머지 이평선은 여러
분이 단타 접근을 할 때, 지지와 저항의 근거가 되는 용도입니다.

언제나 주식은 뭐다!? 대응입니다. 지금은 "절대적인 지식은 없
습니다"라고 말씀드리고 싶어요. 하지만 여러분이 이런 지식을 모
두 체득하고 나면, "절대적인 지식이 있을 수도 있습니다."

다음 차트는 다시 에스마크입니다. 5일선을 깨고 7일선(파란색)
에서 지지를 받고 오르는 것을 확인할 수 있습니다.

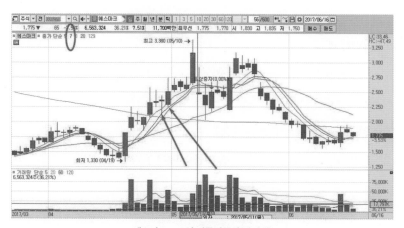

에스마크 — 7일 이동평균선(파란색)

그다음 갤럭시아컴즈 차트도 7일선에서 지지를 받는 모양새입
니다(초록색 화살표).

갤럭시아컴즈 — 7일 이동평균선 (파란색)

정리해볼까요?

◇ **8일선 매매 법칙**

- 3, 5일선에서 지지를 받지 못한

- 급등주는

- 8일선이 강력한 지지선이 된다.

　(그다음 지지선은 20일선이 될 확률이 매우 높다)

'도대체 왜 오르는 거야?'라고 막연히 가지던 궁금증이 조금씩 해결되지요. 차근차근 보는 눈을 만들어가면 됩니다. 지금 공부하는 이평선의 파생 버전도 모두 기초 체력이 됩니다. 그런 다음에야 기술적 분석이 실전에서 빛을 발하게 됩니다.

8일선은 다시 한번 확장할 수 있습니다. 저 혼자 '돌림 8일선'이라고 부르는데요. 8일선이 5일선 손절 물량을 잡아먹고 가는 차트라고 했지요? '돌림 8일선'은 8일선을 깨고 10일선을 터치하고 올라가는 차트를 말합니다. 10일선 차트 플레이라고도 볼 수 있겠죠.

이처럼 차트는 사실 말 붙이기 나름입니다. 절대적 의미를 부여하지 마세요. 관점 하나를 더 가져가고 있다 정도로 생각해야지 이런 걸 비법으로 생각하는 순간 말리게 됩니다. 왜냐고요? 나만 아는 비법이라고 생각하면 모든 걸 거기에 억지로 끼워맞추기 시작하거든요. 그러다 탈이 나는 거죠.

## 15일선, 개미들보다 한발 앞서서

15일선은 어디에서 적용될까요?

심리적으로 분석해봅시다. 10일선까지 깬 차트에서 많은 사람이 20일선 지지선에서 매수 혹은 손절을 생각할 것입니다. 이때, 20일선에서 대기하고 있는 사람들이 많을수록(생명선이니까요) 조급함 탓에 매수 심리가 강해질 것이고, 20일선에서 따라 들어오는 개미 투자자를 데리고 가지 않기 위해서 더 빨리 살 수도 있습니다. 이때 작용하는 선이 15일선입니다.

제일제강 차트입니다. 정확하게 15일선(파란색)에서 지지를 받는 모양을 확인할 수 있습니다.

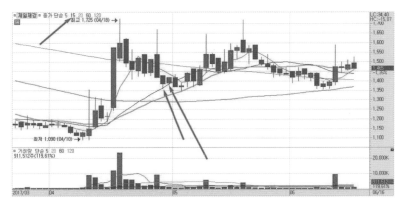

제일제강 — 15일 이동평균선(파란색)

이처럼 종목에서 다양한 지지선을 찾아내는 노력은 본인의 손실을 줄이고 이익을 극대화시키는 근거가 됩니다.

심화 학습을 해볼까요. 최근 제가 보고 있는 동부건설의 최근 2년 차트입니다. 너무 촘촘해서 한눈에 볼 수 없으니 하나씩 확대해보겠습니다. 동그라미 부분은 2년의 시차가 있지만, 비슷한 모양으로

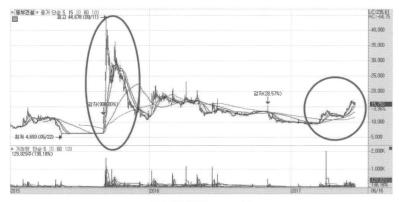

동부건설 차트(2015~17년)

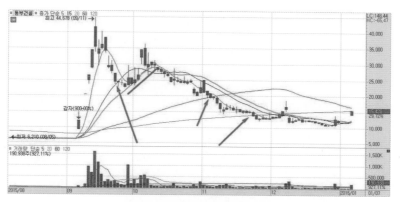

동부건설, 첫 번째 동그라미 부분 확대(2015년)

동부건설, 두 번째 동그라미 부분 확대(2017년)

진행 중입니다.

먼저, 2015년 차트를 확대해보겠습니다. 15일선에서 1차 지지를 받은 후 20일선에서 재차 지지를 받고, 이후 60일선, 120일선 등 순차적으로 움직이는 모습을 보여줍니다.

아래는 2017년 차트입니다. 17년 4월, 15일선에서 지지를 받았고, 이 글을 쓰는 6월에도 16일(금)에 15일선을 터치했습니다.

제가 이 주식에 관해 예상해보자면, 다음 거래일인 19일(월)에도 15일선을 따라 살짝 상승한 후 다음 날 20일선까지 떨어지면서 며칠 20일선을 따라가다가 급등할 것으로 봅니다. 최근 건설주로 자금이 몰리고 있는 데다, 긴 하락 후 잡은 첫 상승 추세를 이렇게 간단히 죽일 리는 없다고 보거든요. 15일선에서 좋은 눌림을 보여준다면, 상당히 높이 뛰어오를 것으로 생각됩니다.

## 45일선, 1파를 타라

마찬가지로 심리적으로 생각해봅시다. 생명선인 20일선이 무너졌다 그러면 다음에 볼 전통적인 이평선은 어떤 것이죠? 네. 바로 60일선입니다. 45일선은 20일선과 60일선 사이에서 일어나는 공방의 한가운데 있는 이평선입니다.

그리고 직장인에게 매우 적합한 놈이기도 하죠. 제가 주력으로 써먹고 있기도 합니다. 45일선은 직장인 최고의 친구로 불러도 무방합니다. 단, 경험이 꼭 필요해요. 실전 사례를 들여다보지요.

고려제약 2017년 6월 차트를 보시죠. 화살표 부분은 6월 22일(목)인데요. 정확하게 45일선 지지를 받고 다음 날인 23일(금) 반등하는 것을 확인할 수 있습니다.

고려제약 — 45일 이동평균선(노란색)

　　45일선 매매의 최대 장점은, 하락 차트에서 반등을 노리는 만큼 낮은 가격에서 수량을 확보하기 매우 좋다는 것입니다. 오르는 차트는 계속 올려서 사야 하지만, 떨어지는 차트는 수량을 확보하기 매우 편하지요. 낙주 매매*의 일종입니다.

　　다음 차트는 에스디생명공학입니다. 45일선에서 지지되는 것을 확인할 수 있습니다. 이날 차트를 보고 있었다면, 45일선에 매수를 걸어두고 종가 매도를 했더라도 1~2% 수익을 거둘 수 있습니다.

　　1~2%가 작다고 생각하시면 안 됩니다. 미미한 수익률이라도 수

---

* 　투매가 나오는 종목에서 반등을 노리는 기법. 투매란 주가 하락이 예상될 때 손해를 무릅쓰고라도 대량으로 싸게 파는 것으로, 주가 급락 현상을 야기한다. 이때 그냥 쭉 내려가지 않고 반등이 생기는데, 이를 노려서 매매한다.

에스디생명공학 — 45일 이동평균선(노란색)

량을 많이 실을 수 있으니 수익금은 많이 가져갈 수 있지요.

다음은 금호산업 차트입니다. 45일선을 약간 깨긴 했지만, 3일 연속 강력하게 지지 받은 후 급등하는 것을 확인할 수 있습니다.

45일선 매매의 가장 큰 장점 하나가, 45일선에서 바로 오르지 않더라도 60일선까지 가지 않을 경우, 거의 90% 이상 올라간다는 겁니다. 당일에서 5일 내에 승부 내기 좋은 기법이지요.

하나 더 볼까요. 디젠스 역시 급등 후 첫 45일선에서 강력하게 반등한 것을 확인할 수 있습니다. 그리고 이후를 보면 45일선에서 지지는 받았지만 큰 반등 없이 무너지는 것을 확인할 수 있습니다.

이처럼 45일선 매매 기법은 급등 후 첫 45일선에서 아주 잘 먹힙니다. 이후 45일선(저는 이걸 2파라고 부릅니다)에서는 확률이 확 떨어져요. 이왕이면 확률이 높은 데서 시도하는 게 좋죠. 2파부터

금호산업 — 45일 이동평균선(노란색)

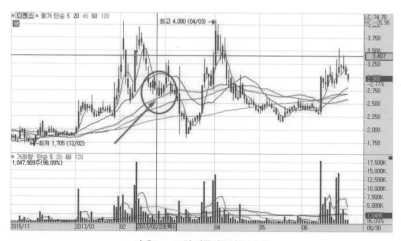

디젠스 — 45일 이동평균선(노란색)

는 그냥 무시합니다. 혹은 1파에 비해 10분의 1 비중으로 소량만 싣거나요.

　이처럼 완벽해 보이는 45일선도 반드시 피해야 할 상황이 있습니다. 낙주 매매인 만큼 반드시 조심해야 할 부분이기도 한데요. 거래량이 늘어나면서 45일선에 닿을 경우에는 조심해야 합니다.

　라이브플렉스 차트로 확인해보죠. 17년 5월 16일에 45일선에 닿고 지지를 보이는 것 같지만, 이내 반등을 못하고 큰 폭으로 고꾸라지는 것을 볼 수 있습니다.

　그다음 5월 16일 부근을 확대한 차트를 보면 아시겠지만, 5월 16일에 거래량이 폭증하면서 45일선에 닿았습니다. 낙주 매매에서 가장 조심해야 할 부분이기도 합니다. 횡보에 저런 것도 아니고, 음봉에 거래량이 늘어났을 경우 다음 날도 떨어질 확률이 높습

라이브플렉스 — 45일 이동평균선(노란색)

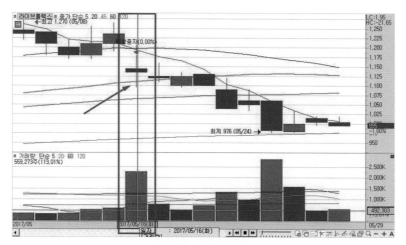

라이브플렉스, 45일선 확대

니다. 역시 45일선을 지지하지 못하고, 이후 하락 추세로 전환하게 됩니다.

45일선 매매 시에는 꼭 거래량이 줄면서 음봉에 45일선을 지지할 때 사는 것을 염두에 두세요. (그런데 요새는 강세장이라 45일선에서 거래량이 소폭 늘어도 잘 적용되고 있습니다. 유연하게 대응해주세요.)

45일 이평선을 이용한 매매의 법칙을 정리해볼까요.

◇**45일선 매매 법칙**

– 하루 20% 이상 급등한 이후

– 처음 45일선 닿을 때(첫 45일선 이후로는 확률이 낮다. 무시하자)

– 120일선 같은 장기 이평선이 상단에 위치할 경우 주의!(120일선에 맞고 떨어지는 경우가 자주 발생함)

- 45일 이평선에서 반등이 온다
- 단, 45일선 닿을 때 거래량이 늘어난 상태로 닿으면 무조건 제외
  (그러나 강세장에서는 거래량이 소폭 늘어도 괜찮다)
- 낙주 매매의 일종임을 기억할 것

## 33일선,
## 정찰병을 보내보자

45일선 다음에 33일선을 보다니, 좀 이상하죠? 요즘 45일선까지 오지 않고, 33일선에서 가는 경우가 종종 생기더라고요. 그래서 정찰병을 일부 보내둡니다. 33일선에서 가면 정찰병만 수익 보고 끝, 45일선까지 오면 대량 승부 보는 방식으로 하고 있습니다.

33일선이 나오게 된 배경은 '주식은 대응이다'와 일맥상통합니다. 45일선 매매법도 20일선과 60일선 사이의 공방에서 탄생한 것이었잖아요. 33일선은 10일선과 60일선의 공방 사이에서 탄생한 친구입니다.

실전 매매로 확인하시죠. 투윈글로벌 차트입니다. 정확하게 33일선에서 지지하고 반등을 준비하는 것을 확인할 수 있습니다. 그 아래 차트는 솔트웍스입니다. 4월 17일(월)에 33일선을 지지하는 모습을 볼 수 있습니다.

33일선은 지지와 저항을 잡을 때 꽤 눈여겨볼 만한 이평선이긴

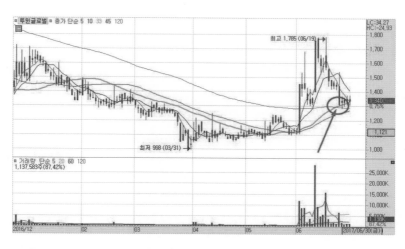

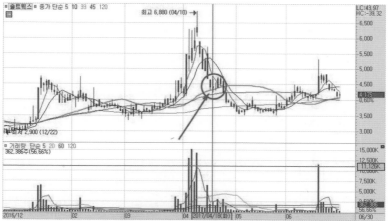

투원글로벌(위)과 솔트웍스(아래) — 33일 이동평균선(노란색)

하지만, 45일선이 더 잘 맞는 경향이 있습니다. 실제 저도 45일선을 주로 사용합니다. 33일선의 의미는 45일선 매매에 앞서 정찰병을 보내는 정도로 여기면 무난할 것 같습니다.

# 360일선,
# 최후 수비수

360일선은 1년 6개월간의 평균가를 나타냅니다. 기간이 긴 만큼 강력한 최후 수비수의 역할을 합니다. 이렇게 강력한 지지와 저항이라면 매도 매수 타이밍을 잡기 조금 더 수월하다고 볼 수 있습니다. 그러나 오래된 만큼 탄력성이 강하지 않습니다. 그 지점으로 반드시 올라온다 또는 튕긴다고 볼 수 있지만, 시간이 오래 걸립니다. 3일선과 8일선은 바로 당일에도 반응한다고 하면, 360일선은 일주일을 두고 천천히 반등이 나옵니다.

먼저 에임하이의 차트를 보시죠.

에임하이 — 360일 이동평균선(회색)

잘 보이진 않지만, 좌측 빨간색 화살표에서 360일선(회색) 지지를 받고 가운데 동그라미 부분에서도 360일선이 강력한 지지선을 형성하며 횡보하는 것을 확인할 수 있습니다. 또, 우측 동그라미 부분에서는 360일선이 강력한 저항선으로 변해 있어 이를 뚫으려 애쓰고 있음을 확인할 수 있고요.

이 와중에 고무적인 것은 최근 거래량이 폭증하면서 360일 중 가장 많은 거래량을 보여주고 있다는 점입니다. 더군다나 이 글을 쓰고 있는 7월 2일 기준으로 다음 날인 7월 3일은 두 차례 연기됐던 킹넷 등의 제3자 유상증자 대금이 들어오는 날인데요. 저는 차트의 움직임을 보고 들어온다고 확신하고 6월 30일 수량을 실어 매수했습니다.

당일 매매 일지 — 에임하이(2017년 6월 30일)

다음 차트는 SBI액시즈입니다. 360일선을 두고 치열한 공방을 벌이다가, 최근 360일선에서 엄청난 힘으로 상승하는 모습을 확인할 수 있습니다.

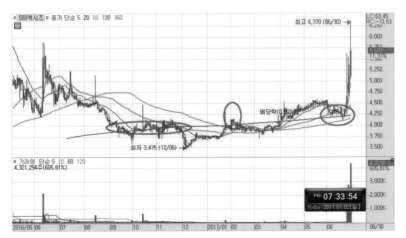

SBI액시즈, 360일선에서 급등했다.

다음은 KJ프리텍입니다. 동그라미 부분에서 치열하게 360일선
지지 테스트를 하다가 흘러내렸습니다. 최근에는 바닥 확인 후 상
승을 준비하고 있는데요. 저는 이 주식이 6개월 내 6000원까지 갈
것으로 보고 있습니다. 현재 정찰병만 보내둔 상황이고요. 나중에
다시 정리할 내용이지만, 360일선을 강하게 깬 종목은 매우 높은
확률로 360일선을 다시 터치합니다.

360일선은 정말 높은 확률로 잘 맞습니다. 장투 종목을 찾을 때
도, 회사는 건전한데 360일선을 하회한 종목을 찾으면 반드시 수
익을 봅니다. KJ프리텍 같은 경우도 마찬가지입니다. 동양네트웍
스 지분 매각으로 몇 수백억대 현금이 들어왔는데, 차트는 360일
아래라 아주 먹음직스런 종목이 된 거죠.

KJ프리텍, 다시 360일선을 터치할 것으로 예상

　이 360일선이 무섭게 맞아떨어지는 기법이 있습니다. 저도 자주 사용하는 것인데요. 중요한 만큼 이론부터 정리하고 들여다보겠습니다.

◇**360일선 매매 법칙**

- 360일선이 상승 추세에 있고

- 360일에서 주가가 급락할 경우(횡보 중 서서히 하락은 해당 안 됨)

- 반드시 360일선까지 다시 올라온다

　고려산업 차트를 보지요. 5월 10일 360일선 지지에 실패하고 큰 폭으로 하락합니다. 그리고 두 번째 초록색 화살표에서 25% 이상 큰 폭으로 상승합니다.

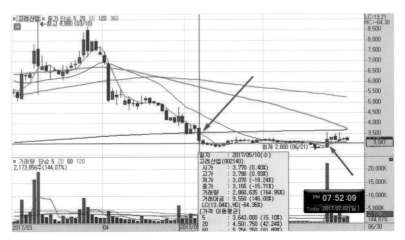

고려산업 — 360일 이동평균선(회색)

이론과 완전히 일치하죠? 회색의 360일선이 상승 추세이고, 360일선에서 급락하고, 바닥에서 대량 거래 일어난 날, 360일선까지 한번에 터치합니다.

다음 차트를 볼까요. 꾸준히 등장하는 에임하이입니다. 2월 6일에 360일선 지지를 못 하고 -5% 이상 강하게 빠졌습니다. 그리고 최근 다시 360일선을 한 번 뚫었다가 재돌파를 준비하고 있습니다. 여기를 뚫기 위해서는 강한 매수세가 있어야 하는데, 최근 거래량이 크게 일고 있는 만큼 확률은 높습니다.

다음은 다날 차트입니다. 첫 번째 화살표에서 360일 지지가 깨지더니, 두 번째 화살표 부근에서 360일선까지 다시 올라옵니다. 그리고 세 개의 동그라미에서 확인할 수 있듯이 세 번 360일선 지지 테스트를 하더니 급등합니다.

에임하이 — 360일 이동평균선(회색)

다날 — 360일 이동평균선(회색)

이처럼 360일선 지지가 무너진 후 지지선이 저항선으로 돌변한 차트에서 다시 360일선이 지지선으로 바뀐 것으로 확인되면, 급등하는 경우가 아주 많습니다.

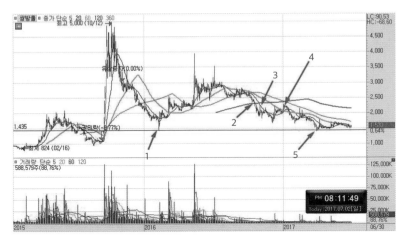

쌍방울 — 360일 이동평균선(회색)

쌍방울 차트도 볼까요. 이 종목은 에임하이에 버금할 만큼 큰 끼를 머금고 있습니다. 일단 최근 지지선이 된 전 저점과 2016년 전 저점이 같습니다(1, 5번 화살표 참고). 그리고 360일선에서 무너지고 난 후(2번 화살표), 바로 360일선까지 터치했습니다(3, 4번 화살표).

지금은 360일선을 뚫지 못한 채로 전 저점 라인을 횡보하고 있습니다. 이런 종목은 호재의 힘만 확실하게 실리면 1차로 120일선 터치 후 360일선까지 다시 올라갈 가능성이 매우 높습니다.

자, 여기서 하나 더 알려드릴게요. 다날 차트의 경우, 360일선이 깨지고 난 후 다시 지지선으로 바뀐 다음 세 번의 지지 테스트 후 급등했습니다. 하지만, 쌍방울 차트는 세 번의 360일선 돌파 시도 후 실패하니까 하방으로 추세가 확 바뀝니다.

다음의 광림 차트도 마찬가지입니다. 120일선이 끝인 줄 알았지

**광림, 세 차례 360일선 지지 테스트 후 상승한다**

만, 360일선을 기준으로 강력한 지지가 형성되고 있죠? 그리고 세 차례 지지 테스트 이후 오르는 것을 확인할 수 있습니다.

주식에서는 이런 식으로 힘의 균형을 계속 생각하고 느낄 수 있어야 합니다. 아주 강한 지지선과 저항선을 기준으로 힘의 흐름이 확 바뀌는 것입니다. 존재하지도 않는 세력을 상상하면서 '세력이 있다 없다' 하는 허상으로 머리를 어지럽히지 마세요. 주식은 대응! 힘의 균형을 보면서 대응하는 겁니다.

조금씩 눈이 밝아지는 느낌이 드시나요? 주식은 어렵습니다. 그런데 모르니까 더 어려운 겁니다. 보이지 않는 지표들이 눈에 들어오면 점차 주식 상황에 대응할 수 있게 되는 겁니다.

특히, 360일선 매매법은 거의 모든 종목에 적용되기 때문에 꾸준히 종목을 들여다보는 것이 중요합니다.

*     *     *

여기까지 다른 관점으로 이평선을 활용하는 매매에 관해 살펴봤습니다. 모두가 잘 알고 잘 보는 5, 20, 60, 120일선 말고, 그 사이에 숨어 있는 3, 8, 15, 33, 45, 360일선까지 알고 주시하는 사람의 성공률은 조금이라도 더 높아지겠지요?

참고로 45일선에 오기 전에 33일선에서 가는 경우도 있다고 말씀 드렸었지요. 최근에는 8일선 전에 7일선에서 가는 경우도 있습니다. 8일선을 노린다면, 7일선도 함께 보는 게 좋다는 점도 귀띔해드립니다.

PART 4

# 유목민의
# 투자 원칙

이유를 알고 사는 것이
투자의 본질

내 계좌를 불려주는 건 오로지 나 자신의 실력입니다.

자신의 실력을 의심해서는 절대로 돈을 벌 수 없습니다.

찔끔찔끔 벌 수야 있겠지만 확실히 물량을 실을 수가 없으니 말이죠.

그렇다고 없는 실력을 그냥 신뢰할 수는 없겠죠.

자신에게 확신이 들 때까지 공부하고 또 공부하세요.

# 매수는 기술,
# 매도는 예술

## 팔기 좋은 자리,
## 팔아야 할 자리

"사는 타이밍은 이제 어느 정도 알겠는데, 언제 팔아야 좋을까요?"

제가 주식을 하며 듣는 질문 중에 가장 힘 빠지는 질문입니다.

이런 질문을 하는 건 일단 '수익 중'이라는 뜻이겠죠. 수익을 극대화하고 싶다는 의중일 테고요. 그런데 말입니다, 이 '수익 극대화'는 신도 하지 못합니다. 그냥 욕심일 뿐이에요.

일단 수익이면 실현하는 연습을 해야 합니다. 초보는 수익이 100원이라도 나면 매도하는 연습을 해보세요. 매도를 해봐야 '어디에서 팔았을 때 가장 수익이 컸겠다'라는 아쉬움을 배우게 됩니다. 수익 실현을 꾸준히 연습하다 보면, 분봉이 꺾이는 시점에서 매도한다는 등 자신만의 매도 원칙이 생성되기 시작합니다.

주식은 욕심과의 싸움입니다. 팔아야 할지 말지 모른다는 것은 실력이 매우 낮다는 걸 의미합니다. 낮은 실력에서 내는 수익금이 얼마나 되겠습니까. 작은 금액에서도 욕심 컨트롤을 못하는 사람이 무슨 수로 큰돈까지 가겠습니까.

언제건 욕심이다 싶으면 매도하기 시작하세요. 당신이 오르리라 기대하며 위로 더 사거나 가만히 있을 때, 훨씬 돈 많고 실력 좋은 사람들은 누구보다 부지런히 매도하고 있다는 사실을 명심합시다.

매수는 물론이고 매도 역시 인사이트의 영역입니다. 이 매도의 시점이 무슨 공식 마냥 존재한다면 누가 돈을 잃겠습니까. 매도의 기술을 따로 배우려 하지 말고, 수익일 때 실현하면서 자신만의 깔끔한 매도의 원칙을 만들어가시기 바랍니다.

제가 2015년에 회전율 29.9만%를 기록했던 것은 정말 다시 만들지 못할 숫자일 겁니다. 그런데 초보자라면 이 회전율을 만들어 보려고 노력할 것 같습니다. 같은 금액을 끝없이 회전시키면서 수익을 늘리는 것은 어찌 보면 꿈 같은 일일 테니까요. 그래서 '어떻게 회전율을 크게 올릴 수 있나요?'라는 질문을 많이 받습니다.

간단해요. 계속해서 말씀드리는 것처럼 지식을 많이 쌓으시면 됩니다. 지식을 쌓다 보면 무수한 시그널을 보게 돼요. 회전율을 어떻게 늘리는지 물어보는 분들은 사실 공부를 열심히 안 하는 경우가 많아요. 공부해서 매매할 종목이 보이면 사지 않고는 못 배기고, 조금이라도 수익 날 때 파는 것을 반복하면 회전율은 자연스레 올라가거든요. 공부하는 만큼 보이기 마련입니다.

**"회전율보다 중요한 것은 대응입니다."**

매매 횟수가 늘면 당연히 시장이 예상을 벗어나는 경우도 많이 겪습니다. 매번 수익을 볼 수는 없어요. 이때는 손절을 하든 물타기를 하든 행동을 취해야 하지만, 이는 인간의 본성에 역행하는 일입니다. 인간은 예상 외의 사태가 벌어지면 얼음장이 되거든요. 사고가 정지합니다.

프로라면 즉시 움직입니다. 지금 상황이 불확실성인지, 하방 리스크인지, 돌발 악재인지 파악하고 빠르게 움직임을 결정해야 합니다. 초보 때는 잘 모르겠다 싶으면 일단 던지는 게 무조건 좋습니다. 어 하고 가만히 있다가 순식간에 계좌 녹습니다.

주식에서 수익을 내는 행위는 끝없이 인간의 본성과 싸워야 하는 일입니다. 매도의 영역에서도 그렇습니다.

주식에서 '팔기 좋은 자리'는 어디일까요? 바로 남들이 미친듯이 살 때입니다. 그때는 보유자들조차 더 큰 수익을 꿈꾸며 '불타기'를 하기 쉽거든요. 남들이 살 때야 말로 우리가 산 물량을 가장 높은 가격에 팔 수 있을 때라는 걸 명심해야 합니다. 아무리 주가가 높다고 하더라도 매수 호가가 약해 받아줄 곳이 없다면 모래성에 불과할 겁니다. 마음속에 '더 큰 수익'의 기대가 자리 잡는 순간 무리하고 있다고 생각하고 매도를 시작하세요.

주식에서 '팔아야 할 자리'는 어디일까요. 반드시 팔아야 할 순간이요. 저는 손절컷이라고 생각합니다. 아무리 좋은 정보를 들었건, 차트가 훌륭하건, 지지선이 한참 남았건 간에 자신이 정한 손절컷에 도달했다면 아주 일부라도 일단 던져야 합니다. 조금씩 손절하는 연습을 해두지 않으면 나중에 눈덩이처럼 불어난 손실에서 절대 손절할 수 없어요.

더불어, 꼭 매도해야 할 자리가 있습니다. 호재가 발표됐는데 주가가 빠진다면 망설이지 말고 매도하세요. 어어어? 하다가 계좌는 반토막 납니다. 호재에 빠진다는 건 이미 주가에 반영되었음을 의미합니다. 특히 주가가 많이 오른 상태에서 호재가 났는데 주가가 급락하기 시작한다면, 0.1초라도 빨리 파세요. 대부분 고점 대비 -50%를 기록하게 됩니다.

물론 판 다음에 주가가 올라가는 경우도 참 많습니다. 하지만 언제나 아쉬움이 후회보다 낫습니다. '그때 팔걸' 하고 후회하느니 '그때 팔지 말걸' 하는 아쉬움을 남기세요. 아쉽더라도 언제나 원칙을 지키는 게 중요합니다.

## 손절매의
## 기준

"아, 물렸어요…. 어떡하면 좋죠?"

"지금이라도 손절을 해야 할까요?"

이런 질문을 한다면 아직 제대로 주식할 준비가 안 된 사람입니다. 손절매 기준만 명확해도 자산의 손실을 최소화할 수 있습니다. 진짜 주식 프로라면 손절을 잘해야 합니다. 저도 정말 괴로운 손절을 몇 번 경험했고요. 여기서는 손절매에 관해 집중적으로 이야기해보겠습니다.

**"종목을 살 때 가장 먼저 해야 할 일은 손절 라인을 정하는 것이다."**

이 문장에는 많은 의미가 함축돼 있습니다.

보통 주식을 할 때 다음 세 가지를 근거로 종목을 선정하고 매수합니다.

1) 차트로

2) 테마로

3) 정보로(추천으로)

그런데 이 세 가지 경우의 손절 라인이 각각 다르기 때문에 종목을 고르는 이유부터 따지는 것입니다.

먼저, 차트로 종목을 정하는 경우에는 보통 명확합니다. 앞서 줄

기차게 설명했던 지지와 저항 라인이 손절과 수익 실현 라인이 되겠죠. 지지선을 지키지 못했을 때가 손절 라인이 됩니다.

다음으로, 테마로 샀을 경우. 테마는 본인의 실력이 중수 이상은 된다고 자평하는 분이어야 합니다. 테마를 제대로 모르면서 남이 테마라고 해서 샀다면 3번, 즉 정보로(추천으로) 산 경우가 되는 겁니다. 본인이 명확하게 테마인 것을 알고 사면, 테마 소멸이 되는 상황을 명확하게 체크할 수 있습니다. 따라서 테마 소멸이 바로 손절 라인입니다.

예를 들어, 지난 2017년 장미 대선에서 안철수 관련주를 들고 있던 사람이 대선이 끝난 다음에도 못 팔고 들고 있으면서 다음 대선을 기다리는 건 바보 멍청이나 하는 짓입니다. 테마 소멸 시점에 무조건 매도입니다. '결코 반등 따윈 없다'라고 머릿속에 되뇌세요.

물론 60일선, 120일선에서 반등이 오기도 합니다. 하지만 이미 테마 소멸에서 손절 못 한 사람이 60, 120일선에서 반등 물타기를 하고 빠져나올 실력이 있을 확률은 제로에 수렴합니다.

마지막으로, 정보(추천) 매매가 가장 위험합니다. 자신의 주식 인생을 통틀어 가장 큰 손실을 줄 때가 바로 어디서 들은 정보나 다른 사람의 추천으로 종목을 선정했을 때입니다.

정보나 추천이나 모두 강력한 신뢰를 바탕으로 종목을 고르기 때문에 이성적이고 냉정한 판단이 가능하지 않습니다. 아주 강력한 호재성 정보에서 비롯한 수익에 대한 기대가 '지금 조금 손실이지만 상한가 한 방이면 복구된다' 식의 생각을 갖게 합니다. 정

**PART 4** 유목민의 투자 원칙

보로 인한 수익 기대치가 클수록 자신의 손절 라인이 작동을 방해받는 경우가 많아요. 그러다가 손실은 눈덩이처럼 커지죠. 추천으로 산 경우에도 상대를 신뢰하는 만큼 종목을 신뢰하게 되므로 웬만한 손실로는 꿈쩍하지 않습니다. '언젠간 오르겠지' 하는 마음으로요.

그래서 이 3번 매매는 당최 손절 라인을 정할 수가 없습니다. 심지어 저조차 정보 매매에서 큰 손실을 본 경험이 있으니까요.

가장 좋은 선택은 정보 매매를 하지 않는 것입니다. 앞에서도 기술했지만, 여러분께 오는 정보는 이미 끝물일 가능성이 매우 높습니다. 그래도 너무 좋은 정보라서 안 살 수가 없다면? 이때는 다시 처음으로 돌아가는 겁니다. 차트를 보고 살 만한 자리인가 지지와 저항은 어떤가를 살펴보고, 이미 고점이라거나 지지선과 이격도가 너무 크다면 매매를 하지 말아야 합니다. 아무리 탐이 나는 정보를 얻었더라도 차트 매매와 같은 손절 라인을 정할 수 없다면, 매매를 하지 마세요.

자, 그럼에도 불구하고 결국 사고 말았고 손실이 시작된 상태라면?

기본적 분석과 차트를 통해 여전히 전망이 밝은 종목이라면 버텨볼 만합니다. 하지만 중국 회사라든가, 차트 분석을 할 수 없는 상황이라든가, 특히 정보를 준 사람조차 손절을 했다면 무조건 그 즉시 손절하세요. 손절한 다음 올라도 어쩔 수 없습니다. 제대로 준비하지 않고 산 자기 손을 원망해야 합니다.

정보 매매에서 가장 조심해야 할 것은 정보를 준 사람이 해당 회사의 내부자였는데 퇴사를 하거나 해서 더 이상 1차 정보자가 아니게 된 경우입니다. 무조건 즉시 손절해야 하는 상황으로 보시면 됩니다.

그리고 이것도 명심하세요.

호재를 품은 종목은 절대로 하루 -5% 이상 빠지지 않습니다. 호재는 어떤 방식으로든 퍼지게 돼 있고, 음봉마다 사려는 사람들이 도사리고 있기 때문에 절대로 -5% 이상 빠지지 않습니다. 만일 하루 -5% 이상 빠졌다면, 무조건 현재 가지고 있는 비중에서 50% 이하로 줄이세요.

실제 종목을 예로 들어보겠습니다. 다시 에임하이 차트입니다. 7월 7일 금요일이군요. 에임하이는 엄청난 지지와 저항 공방을 벌이는 종목으로, 최근에는 4480원선이 강력하게 지지선 역할을 하고 있습니다.

그 아래 확대한 차트를 보시죠. 가로 박스를 보시면, 지지와 동시에 거래량이 급감했습니다. 가격은 4480원선에서 지지를 받고 있고요. 7월 6일 5400~5700원 사이에 산 사람들은 단 이틀 만에 최대 20% 정도의 손실을 본 답답한 상황에 처했습니다. 이미 이 시점까지 손절을 못 했다면, 지금부터는 차트 대응에 들어가야 합니다.

7월 7일(금) 기준, 4480원선이 강력하게 지지해주는 것을 확인할 수 있습니다. 거기에 거래량까지 급감했고요. 만일 물을 탄다면,

에임하이, 4480원선에서 강력한 지지 형성

에임하이 차트(6~7월 부분 확대)

바로 7월 7일에 물을 타고 다음 거래일인 7월 10일(월)에 탈출하는 게 정석입니다.

얼마까지 올라갈까요? 바로 5일선입니다. 7월 6일의 5일선 가격은 5080원, 7일의 5일선 가격은 5000원이니까 10일의 5일선 가격은 대략 4920원이 될 것입니다.

만일 10일(월)에 5일 이평선 가격인 4920원을 뚫고 올라가면 5000원 돌파도 노려볼 수 있지만, 물린 사람 입장에서는 안전하게 5일선에서 털고 나가는 게 좋습니다. 그나마 손실을 줄인 상태고, 그다음 손 바뀜이 돼야 주가도 올라가고요.

＊　＊　＊

이 책을 쓰는 목적은 잘못된 투자 고정관념을 깨기 위해서라고 언급한 바 있습니다. 앞에서 손절의 기준에 관해 언급했지만, 다시 한번 강조합니다.

주식을 함에 있어서 지속할 수 있게 하는 것은 '수익'이지만, 자신을 무너뜨리는 가장 큰 사건은 바로 '손절'입니다. 주식을 하는 사람에게 있어서는 너무 자주 있는 일이지만 손절은 문자 그대로 이익을 보는 일이 아니라 손해를 보고서 주식과 돈을 바꾸는 일입니다. 너무 괴롭겠죠.

흔히 몇 퍼센트에서 손절하라 등등 참 쉽게들 얘기하지만 당사자 입장이 되면 정말 힘든 게 사실입니다. 하지만 손절은 빨라야 합니다. 10% 단위 손절 몇 번이면 계좌가 반토막, 반의 반토막 나기도 십상입니다.

그래서 이걸 명심하세요.

**첫째, 손절은 빨라야 한다.**

**둘째, 자신의 평균 단가를 위협하는 움직임에는 바로 매도 포지션을 취한다.**

**셋째, 손실 상태로 당일 청산을 못하고 다음 날까지 끌고 갈 때는 일단 비중을 줄인다.**

**넷째, 세 번째 상황에서 다음 날이 됐는데 음봉으로 출발한다면, 필사적으로 오전 내에 모두 청산한다.**

이미 망한 종목에 욕심 갖지 마세요.
빠른 청산이 당신의 내일을 보장합니다.

## 무지성 매매를 방지하는 3단계 생각법

언제나 매수하는 순간부터 손절에 대한 생각을 하면서 사야 하는 게 맞습니다. 하지만 가장 좋은 건 손절할 상황에 빠지지 않는 겁니다. 마법 같은 이야기지만 확실하게 손절할 확률을 줄일 수 있는 방법이 있습니다. 그것은 바로 '잘 아는' 종목을 매매하는 것이죠.

**살 거 없으면 안 사는 정신이 중요합니다.**

"자기가 원하는 공이 왔을 때 휘두르자."

워런 버핏이 한 말 중에 가장 공감하는 말입니다. 그러지 못하고 조급해하다 '똥볼'을 치기 시작하면 삼진아웃은 늘고 계좌는 녹아 버리죠.

보통 이렇게 조급해지는 경우는 시장이 뜨거울 때입니다. 바닥을 기던 시장이 갑자기 오르기 시작하거나, 어떤 테마주들이 섹터 별로 막 상승하기 시작하면 급한 마음에 아무거나 무턱대고 사는 경우가 많아요.

가령 바이오주가 갑자기 오르기 시작하면 개미 투자자들은 뭐라도 사야 하는 거 아닌가 하면서 주변에 물어보고 나름대로 판단해 매수에 나섭니다. 하지만 이렇게 남들이 사는 걸 보면서 등 떠밀려 사는 건 결과가 좋을 리 없습니다. 대부분 물리거나 손절하는 것으로 마감되죠.

사기 전에 3단계를 거쳐 생각해보셔야 해요.

1단계. 지금 바이오주가 왜 올라가는 거지?

이 첫 번째 질문에 대해서 스스로 답을 내리지 못한다면 바이오 주를 따라 사서는 안 됩니다. 이유를 모르면서 매수를 하는 것은

그냥 무지성 매수에 불과합니다

2단계. 1단계에 대한 답을 알아내십시오.

이날 바이오주가 강했던 이유는 전일 미국 시장에서 바이오주가 전체적으로 아주 강해서였습니다. 임상 성공 및 기술 수출 등 이슈가 겹치면서 다음 날 한국 시장에도 영향을 미친 거죠. 미국 시장은 우리 시각으로는 새벽에 열리다 보니 이렇게 영향을 받는 경우가 많습니다. 이런 이유를 알았다면 다음 단계로 갑니다.

3단계. 내일 미국 바이오가 또 강할까?

오늘 한국 바이오가 오른 이유가 미국 바이오장 상승 때문이라면, 내일 미국 바이오 시장이 강할지에 대해서도 답을 할 수 있어야 합니다. 강할 거라고 답을 낸다면 오늘 바이오를 사도 되는 거고, 모르겠다면 안 사면 되는 겁니다.

물론 이렇게 했음에도 손실이 나거나 큰 재미를 못 보거나 할 수 있습니다. 이때는 왜 그런지 이유를 찾고, 반성하고, 복기해야 합니다. 이렇게 꾸준히 반복하면 실력이 늘지 않을 수 없습니다. 어느 순간 손절하는 일이 크게 줄어들고 주식으로 돈을 잃는 게 돈을 버는 것보다 어렵게 됩니다.

**이유를 알고 사는 것.**
**이것이 바로 투자의 본질입니다.**

이렇게 쌓은 지식으로, 등락의 시그널을 발견하고, 매수 전략을 결정하고, 행동에 나서고, 마지막에 복기(반성)하는 것이 한 사이클이고, 이 과정을 반복하는 것이 투자의 메커니즘입니다.

하지만 사람들은 빨리 벌기만을 바라면서 저에게 말합니다.

"유목민 님은 처음부터 빨리 벌었잖아요?"

네, 저는 처음부터 빨리 벌었죠. 대신 저는 회전률이 29.9만%에 달할 정도로 엄청나게 사고팔고 했습니다. 끊임없이 공부했고 끊임없이 매매했습니다. 하루에 2~3시간 자면서 노력했죠. 다른 방법이 있던 게 아닙니다.


## 대박 정보를
## 입수했을 때


정보주는 너무 매력적입니다. 인수, 합병, 투자, 임상실험, LO(라이센스 아웃) 등등. 그러나 그게 여러분의 귀에 들어올 때쯤이면 이미 돌고 돌아서 왔다고 생각하시는 게 맞습니다. 이 책을 읽고 있는 직장인들은 심하게 말해서 쓰레기통 수준의 정보망을 가지고 있을 겁니다. 거기에 혹하다가는 물량받이가 되기 십상이고요.

그러나 귀에 들어온 정보를 어찌합니다. 마음은 벌써 요동치기 시작했는데 말이죠. 그래서 이럴 때 사야 할지 말아야 할지 결정하는 데 도움이 될 팁을 짧게나마 알려드리려 합니다.

초보자들은 '정보'를 들으면 심장박동이 빨라지고, 어서 사야겠다는 생각밖에 들지 않습니다. 어느새 관심 종목 등록과 매수 버튼에 마우스 커서가 올라갑니다. 하지만 고수들은 정보를 들으면 일단 '역정보'일 거라 가정하고 차트부터 봅니다.

먼저 심호흡하세요. 아무리 가슴 떨리는 정보라고 해도 절대로 내일 당장 올라가지 않습니다. 그러니 급하게 생각하지 마세요. 만일 아무에게도 퍼지지 않은 A급 정보라면, 당연히 최소 몇 주에서 대개 몇 달 후에 실현될 일이기 때문에 주가가 당장 올라갈 리 없습니다. 그러니 서두를 이유가 없습니다.

천천히 차트부터 보세요.

차트가 호재를 품었을 경우, 절대 하락 추세가 나오지 않습니다. 상승 추세 혹은 바닥 횡보 상태에서 호재가 나옵니다. 만일 정보를 들은 시점에 차트를 보니 바닥 대비 30% 이상 오른 상황이라면 건들지도 마세요.

예를 들어, 이제 보여드릴 차트들은 절대 건드려서는 안 될 차트입니다. 그리고 저런 차트에서 역정보가 많이 옵니다.

먼저 신원종합개발입니다. 각종 호재 역정보가 많이 들어온 종목인데요. 역시 작은 공시 이후 급락했습니다. 이런 차트에서 올라갈 확률은 제로에 수렴합니다.

다음은 최근 옐로모바일에게 500억을 투자받는다는 공시가 난 후 장대음봉이 나온 동양네트웍스입니다. 신원종합개발과 아주 유사한 그림으로 전개 중임을 볼 수 있습니다.

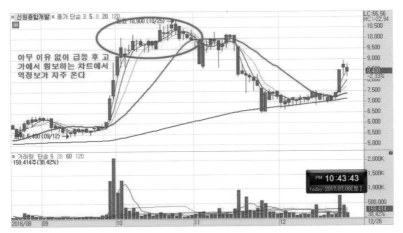

신원종합개발, 역정보가 퍼진 차트

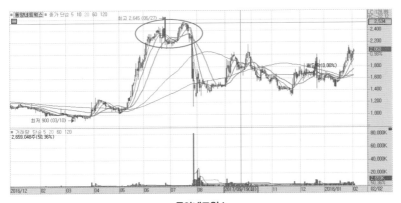

동양네트웍스

하지만, 초보 투자자는 저렇게 고가놀이 하는 중에 정보를 받는다면 절대로 매매해서는 안 됩니다.

그다음은 삼본정밀전자입니다. 이미 바닥 대비 무려 80%가 오른 시점에서 블루사이드라는 회사가 수백 억 3자 배정 유증을 하

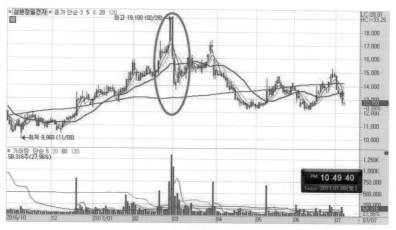

삼본정밀전자

면서 인수하겠다는 호재를 낸 회사입니다. 해당 공시가 나오자마자 주가는 급락했고, 최근까지 납입을 연기하고 있습니다.

여기서 살펴본 것처럼, 정보를 받은 다음에는 반드시 차트를 확인하고, 이미 고가에서 놀고 있는 경우 절대 매수해서는 안 됩니다.

수급도 꼭 체크하세요. 거래량이 없는 관심 소외주일 경우 호재 공시가 나와도 큰 반응을 얻지 못할 수 있습니다.

계속 정보, 정보 하고 있지만, 기업의 중요 미공개 정보가 여러분의 귀에 들어올 확률은 제로에 수렴합니다(자본시장법에 위배되고요). 문제는, 고급 정보가 올 리 없지만, 팔랑귀를 가진 분들은 거기에 낚여서 꼭 사고 만다는 거죠. 정말 큰 손실을 보게 됩니다. 그래서 당부 또 당부하는 겁니다. 사기 전에 반드시 차트와 수급을 체크하시라고요.

주식 아홉 번 먹어도 한 번에 다 잃는다는 얘기는 모두 정보주로 흥망하는 사람들 얘기입니다. 조심하세요! 여러분 귀에 들어온 미공개 정보는 이미 대한민국 웬만한 주식하는 사람들이 다 아는 정보라는 것, 설마가 아니라 정말입니다. 다시 한번 외쳐봅시다.

모두가 다 아는 호재는 뭐다? 악재다!

◇ **정보주 매수 전 반드시**

1) 차트를 확인하고

2) 수급이 있는지 체크하고

3) 그러고 나서 정보의 팩트를 확인한다

# 시간에 쫓기지 않는 매매 아이디어

## 자동 매매를 꿈꾸다
### — 나만의 텔레그램 알림 설정

누군가 메신저로 실시간 급변하는 종목을 알려주고, 내가 원하는 차트가 나타났을 때 바로 알람을 준다면 얼마나 편할까요? 상한가 종목이 나타나면 바로 2등주 3등주를 체크할 수도 있고, 내가 좋아하는 차트가 나타나면 바로 살 수도 있을 것이고요. 상상만 해도 참 즐겁습니다. 주식이 정말 편해질 것 같아요. 매일 귀찮게 차트를 검색하지 않고 자동 검색으로 누가 대신 알려주는 것만으로도 엄청난 시간 절약을 할 수 있을 것 같지요.

그런데 이미 그것이 가능해진 시대라는 것을 알고 계신가요?

텔레그램이라는 세계 최고의 보안 메신저와 키움증권, 대신증권, 이베스트증권이 공개한 API로 이런 꿈같은 일이 가능해졌습니다. 저는 이미 직접 이 같은 프로그램을 만들어 사용하고 있습니다. 시간 없는 직장인들에게는 천군만마와 같은 프로그램이 될 것입니다.

자, 제 텔레그램 화면을 보여드립니다.

저는 제가 설정한 조건에 맞는 종목이 나오면 실시간으로 텔레그램으로 알람이 오도록 설정했습니다.

'상한가 근접. 테마 추적 종목 편입'은 전일 대비 20% 이상 상승한 종목을 체크하는 것으로, 그날의 강력한 테마가 될 가능성이 높은 것을 미리 캐치하기 위함입니다. '7, 8일선 종목 편입'은 8일 이

저자의 텔레그램 캡처(2017년 6월 21일)

에이치엘비(2017년 6월 21일)

평선에 맞는 종목이 나오면 알려주는 것이고요.

저 알람 중에서 에이치엘비를 봅시다.

텔레그램 알림이 온 시점인 오후 3시경에 8일선 부근(14,350원)에서 샀다면 충분한 수익을 주는 거죠.

이렇게 텔레그램 연동을 하면 매우 효율적이면서 정확한 직장인 매매를 경험할 수 있게 됩니다. 문제는 어떻게 이러한 프로그램을 만들 수 있는가입니다. 지금 제가 쓰고 있는 프로그램은 당연히 제가 만들었으니 대한민국에 사용자는 저밖에 없습니다. 이 프로그램을 상용화하지 못하는 이유는, 제가 전문 업자도 아니다 보니 프로그램의 오류나 업데이트를 자신할 수 없기 때문입니다.

만드는 방법은 인터넷에서 '주식 자동매매 API' 혹은 '주식 텔레그램 API' 등을 검색하면 이미 많은 연구가 있습니다. 저와 비슷한 생각을 하고 있는 사람이 많아서겠지요. 직접 공부하면서 만들어 보길 추천드립니다.

텔레그램이 뭔지 모르는 분들도 계시겠네요. 주식을 하는 분이라면 누구나 알 법한 메신저입니다. 주식을 안 하는 분이라도 카카오톡의 감청 사건이 있었던 당시 '텔레그램으로 이민한다'는 말이 나돌았던 걸 기억하실 겁니다. 텔레그램은 물리적으로 휴대폰을 넘겨주지 않는 한 해킹이나 감청이 불가능한 메신저입니다. 카카오톡처럼 PC버전으로도 사용할 수 있고요.

그리고 API란 Application Programming Interface의 약자로 운영체제와 응용프로그램 사이의 통신에서 사용되는 언어나 메시지의 '약속'을 말합니다. 간단히 말해 카카오톡이나 텔레그램, 네이트온 등이 모두 응용프로그램인데요. API를 공개했다는 얘기는 프로그램을 이용자들이 각자 취향에 맞게 새롭게 프로그래밍해서 개변조를 하도록 허용했다는 뜻입니다.

저는 이 공개 API를 활용해 증권사에서 제공하는 강력한 조건검색과 텔레그램을 결합해서 지금의 알람 프로그램을 만들었습니다. 다음은 그 구동 화면입니다. 주말에 캡처한 터라 종목 검색에 퍼센티지 등은 나오지 않네요. 특허가 가능하다면, 특허 내서 상용화하고 싶은 마음이 굴뚝 같습니다.

제 텔레그램 프로그램을 보여드리는 이유는 이 책이 독자 여러분께 하나의 작은 아이디어를 드림으로써 누군가 저보다 더 훌륭한 프로그램을 만들지도 모른다는 생각 때문입니다. 저는 정신없

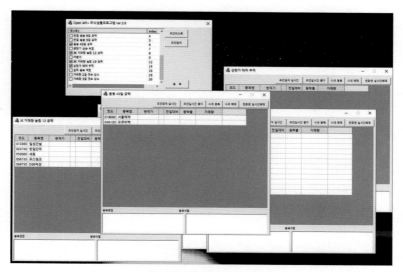

**직접 만든 텔레그램 프로그램**

이 바쁜 직장인이라 이것밖에 못 하지만, 다른 분은 정말 대단한 프로그램을 만들지도 모르지요.

저도 이 텔레그램 프로그램의 종착지로는 자동 매매를 꿈꾸고 있습니다. 현존하는 대부분의 자동 매매 프로그램을 사용해봤지만, 프로그램 전문가들이 만든 거지 주식 전문가가 만든 것이 아니더라고요. 주식 매매에 반드시 필요한 설정이 없고, 복잡하기만 했습니다. 진짜 프로 주식 투자자가 만드는 자동 매매 프로그램. 그것이 제가 궁극적으로 원하는 것입니다.

## 악재의 틈을 비집고 베팅하다
— 유증 매매와 감자 매매

며칠 동안 꾸준하게 매집하고 딱 하루 1분만 시간 내서 수익을 내는 매매 아이디어를 소개합니다. 고정관념을 깨는 매매법이기도 합니다. 보통은 큰 악재로 받아들이는 주주배정 유상증자, 무상감자 등에서 매수하는 전략이기 때문입니다.

사실 책 한 권으로 써도 모자랄 만큼 복잡하고 방대한 내용의 기술이라서요, 여기서는 간단하게만 소개하도록 하겠습니다.

### 유증 매매

유증 매매란? 한마디로 하자면, 권리락으로 생기는 표면적 손실을 신주인수권 매도로 복구하는 매매법입니다.

말이 엄청 어렵죠. 실제로도 어렵기 때문에, 직접 해보면서 깨달아야 하는 매매 방법이기도 합니다. 정말 큰 수익을 주는데 직접 해보지 않고서는 이해하기 힘들고, 이 매매법 설명만으로 책 100쪽은 할애할 수 있을 만큼 전문 영역이기도 합니다. 그렇기 때문에 이 장에서는 예시를 통해 전체적인 틀만 파악하시고, 나중에 직접 한번 해보시기 바랍니다.

보통 시장에서 주주배정 유상증자를 발표하면 주가가 거의 하한가에 가깝게 하락합니다. 이때 매수하는 겁니다. 유상증자란 결국 회사에 돈이 필요하다는 것이고, 그 돈을 얻기 위해 주주들에게 손벌린다는 뜻이죠. 유상증자로 주식 수가 많아지니 자연히 가치도 희석되고요.

하지만, 이런 악재는 기존 주주들에게나 적용되지 신규 매수자에게는 적용되지 않습니다. 오히려 주식을 아주 싸게 살 수 있는 기회입니다. 무엇보다 권리락 당일에는 대부분 주가가 올라가고, 권리락을 맞은 경우에도 신주인수권을 매도하면 큰 수익으로 돌아옵니다.

권리락이 뭔지, 신주인수권이 뭔지 얼떨떨하실 거예요. 쉽게 말해 권리락은 유증으로 주식 수가 늘어나는 만큼 기존 주식 가격을 낮추는 것입니다. 기존 주주들은 신주를 싸게 살 권리를 얻는 대신, 권리락을 맞습니다(전날의 종가를 기준으로 하향됩니다). 기존 주주와 새로운 주주의 형평성을 위한 조치인 것이죠. 권리락 이후 들어온 신규 주주들은 나중에 기존 주주들이 신주를 싸게 샀을 때 상대적 손실을 보잖아요. 그걸 상쇄하는 거죠.

신주인수권을 줄 사람들을 확정해야겠죠? 그게 신주배정 기준일이고, 그 하루 전에 권리락이 발생합니다. 권리락 발생 전날까지는 주식을 들고 있어야 신주인수권을 받을 수 있습니다. 증자에 참여하고 싶지 않다면 신주인수권은 팔면 됩니다. 저는 '수익 줄 때 튀어라' 주의이기 때문에, 그냥 파는 편입니다.

실전 매매로 살펴보겠습니다.

제가 이미 진행한 종목으로 살펴보지요. 세종텔레콤입니다. 주주배정 유상증자를 발표하고 주가가 약 -30% 하락했고(초록색 박

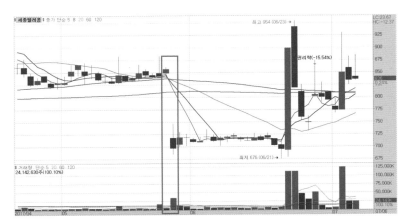

세종텔레콤, 유상증자와 권리락 양일의 등락

스), 6월 28일 권리락 당일에 큰 폭으로 주가가 상승하고 다시 떨어진 것을 확인할 수 있습니다. 이날 정확히 15% 상승했다가 떨어졌습니다. 저는 이날 팔았고요.

만약 6월 27일 종가(750원)에 세종텔레콤을 산 사람이라면, 6월 28일 0시에 권리락으로 인해 손실 −15.54%인 상태가 된 것을 확인하게 됩니다.

28일 당일 매매 일지를 봅시다. 세종텔레콤으로 약 662만 원 (−5.98%) 손절한 것으로 '보입니다.' 바로 이 부분이 유증 매매의 매력입니다.

하지만 세종텔레콤의 공시를 보면, 이번 유증으로 1주당 0.94주를 배정한다고 합니다. 즉 1주를 가지고 있으면 거의 1주를 줍니다. 그리고 1주당 가격은 612원. 무려 현 주가 대비 약 30% 할인된 가격으로 살 수 있는 권리를 얻는 것입니다.

**당일 매매 일지_세종텔레콤(2017년 6월 28일)**

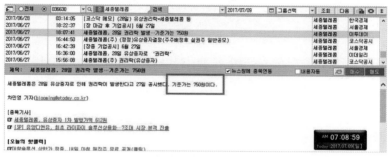

**세종텔레콤, 6월 27일 공시**

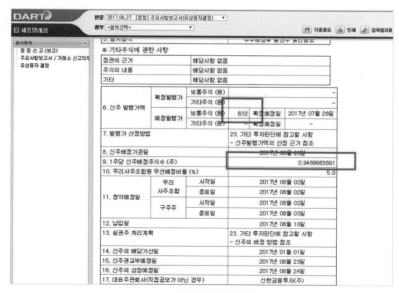

**세종텔레콤, 신주 배정 비율**

기존 주식도 28일 장 시작 시점에는 -15% 손실 상태지만, 향후에 복구될 가능성이 높습니다. 그렇기 때문에 27일 권리락을 맞고 28일 장 시작될 때는 -15%이지만, 저가 매수세가 일어서 올라갈 때, 28일 최고점인 +15% 상태에서 팔 경우, 유증 권리는 그대로 가져가면서 권리락 손실도 없는 상태가 됩니다.

제 경우에는 권리락 당일 매도해 약 -6% 손실을 봤지만, 향후 유증으로 15% 이상 수익이 예상됩니다. 숫자로 나타난 손실은, 손실로 보일 뿐 진짜 손실이 아닙니다. 향후에 보전이 되는 손실인거죠. 보통 이런 대박 유증으로 적어도 5% 많으면 15~30%까지 수익이 납니다.

유증 매매의 장점은 명확하게 공시로 날짜가 나온다는 것입니다. 매수는 권리락 기준일에 맞춰서 천천히 살 수 있고, 매도도 딱 권리락 당일에 한 번만 하면 됩니다. 그리고 권리락을 맞았기 때문에 받은 신주인수권은 별도로 매매해도 되고, 유증 대금을 납입해서 신주를 받아도 됩니다. 옵션이 참 많은 매매법이지요.

잘 이해가 안 되실 겁니다. 충분히 이해하게끔 쓰려면 정말 100쪽은 족히 넘겨야 할 겁니다. 일단 이런 매매법이 있다 정도로만 알아두세요.

## 감자 매매

감자는 상장사에 있어 가장 안 좋은 악재 중 하나입니다. 자본금 부족으로 상장폐지를 면하기 위해 쓰는 방법이기도 하죠. 하지만 이러한 감자도 호재로 작용할 때가 있습니다. 바로, 감자가 모든 악재의 마지막으로 나올 때입니다.

확실한 기업 분석을 거친 다음, 모든 악재가 나오고 최종적으로 하는 감자라고 판단될 경우에는 일시 거래정지 마지막 날 매수를 통해 포트를 확보하는 게 좋습니다.

감자 매매 역시 자세히 설명하면 매우 길어집니다. 사례를 살펴보는 것으로 대신하겠습니다. 다음 차트는 셀루메드입니다. 바닥권 감자 이후 약 3배 상승을 확인할 수 있습니다.

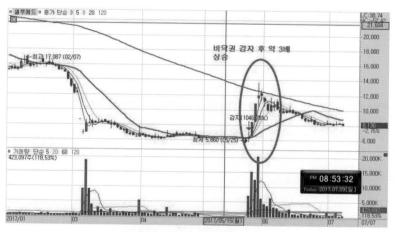

셀루메드, 바닥권에서 감자 후 약 3배 상승

다음 차트는 큐브스입니다. 역시 바닥권 감자 후 약 30% 상승을 확인할 수 있습니다.

감자는 위험합니다. 그러나 대부분 감자는 회사의 '마지막' 악재

큐브스, 바닥권에서 감자 후 약 30% 상승

일 가능성이 큽니다. 원래 끼가 있던 종목이 실적 악화 + 주주배정 유상증자까지 하고 마지막에 감자를 합니다. 그러므로 1) 차트가 바닥인 상태, 2) 나올 악재는 다 나온 상태, 3) 감사보고서 이슈가 없는 달(2~3월 제외)에 해야 합니다.


## 시즌성 매매 아이디어˚
— 연말에 만나는 유니콘

시장이 폭망하지 않는 한 연말에 매수해 다음 해에 안정적으로 수익을 거두는 방법이 하나 있습니다. 차트 저점에서 분할 매수만 잘 해두면 연 수익으로 최소 30%에서 50% 이상은 버는 방법입니다.

바로 다음 해 상장할 또는 상장 예정인 유니콘들을 찾아 관련주를 정리하는 것입니다.

보통 주식시장에 신규주가 상장할 때는 관련주들이 수혜주로 편입돼 주가가 크게 오르는 경우가 많습니다.

대표적인 경우가 2020년 10월 상장한 빅히트 엔터테인먼트(현 하이브)죠. 방탄소년단(BTS)을 가지고 있는 빅히트는 시장 초미의 관심사였습니다. 유니콘으로 일찌감치 낙점받은 게 컸죠. 빅히트에 투자를 한 스틱인베스트먼트의 주주사였던 디피씨는 빅히트의 상장이 다가옴에 따라 주가가 3월 3000원대에서 9월 2만 1900원까지 상승합니다.

마찬가지로 빅히트에 지분을 투자한 SV인베스트먼트도 3월 1500원대에서 10월 8500원대까지 상승합니다.

핑크퐁의 '상어 가족'으로 유명한 스마트스터디 역시 유력한 유니콘 후보였습니다. 스마트스터디의 2대 주주인 삼성출판사는 스마트스터디의 상장에 대한 기대감만으로도 주가가 2021년 2월 2만 원대에서 같은 해 4월 5만 9000원까지 상승하는 힘을 보여줬죠.

2021년 1분기 가장 뜨거웠던 쿠팡의 뉴욕 증시 상장 역시 마찬가지입니다. 쿠팡의 국내 물류를 맡고 있는 동방의 경우 주가가 2020년 3월 1300원대에서 2021년 2월 1만 3000원대까지 10배 정도 상승했습니다.

---

• 이 내용은 졸저 『나의 투자는 새벽 4시에 시작된다』에서 가져와 소개합니다.

2021년 하반기 가장 뜨거웠던 카카오뱅크는 어땠을까요? 카카오뱅크의 주주사였던 예스24는 주가가 2020년 6월 3000원대에서 2021년 8월 2만 원대까지 상승했습니다.

이처럼 다음 해 상장하는 유니콘급 회사를 예측해두고 적어도 그와 관련된 종목 몇 개만 잘 알아두면 안전마진은 확보할 수 있습니다. 단, 유니콘급 이상이어야 합니다. 유니콘급이 아니고서는 시장의 관심이 모이질 않습니다.

찾는 방법이요? 네이버, 구글 등 검색 포털에서 검색하면 됩니다. 하하, 참 쉽죠? '유니콘 대어 2022년' 등의 키워드를 검색하면 관련 정보가 주르륵 뜹니다. 이런 기사는 11월 말부터 이듬해 1월 초에 나와요. 그때부터 정리해도 되고 매일 공부하다가 관련 내용이 보일 때마다 하나씩 정리해도 좋습니다.

중요한 건 이런 관점을 가지고 시장을 봐야 기회도 잡힌다는 거죠. 자신이 어떤 걸 보고 있더라도 주식과 연결하는 사고방식을 길러보세요.

# 유목민의
# 주식 투자 3원칙

모든 섭리는 간단하게 설명된다는 것이 제 생각입니다. 어떤 일이건 논리건 사건이건 3단계 내로 간단히 설명하지 못하면, 그것은 사실 모르는 것이라고 생각합니다. 저는 주식 투자를 함에 있어서도 3원칙을 가지고 있습니다. 처음부터 이렇게 세운 것은 아니고요, 하다 보니 이렇게 매매를 하고 있더라고요.

저의 주식 투자 3원칙은 다음과 같습니다.

1) 매수 전 3원칙
2) 매수 후 3원칙
3) 유목민

1, 2번이야 그렇다 치고 3번째 '유목민'은 뭘까 궁금하시죠. 그래도 순서대로 보도록 합시다. 투자할 때 제가 어떤 사고 흐름을 거치는지 일목요연하게 보여드리고자 쓰는 부분이거든요.

# 매수 전 3원칙

매수 전 3원칙이란 종목 선정의 기준이라고 할 수 있습니다. 저는 이상의 세 가지 조건이 충족된 종목만 매매합니다.

1) 거래량
2) 차트
3) 재료

## 거래량은 천만 이상이 기준

먼저 거래량을 살펴보죠.

보통 초심자들은 거래량이 평균 얼마 이상이어야 하는지 궁금해합니다. 제 기준은 '천만'입니다. 물론 매일이 아니라 이슈가 생길 때, 즉 호재 뉴스나 공시가 났을 경우 거래량이 천만 건 이상 터지는 종목을 말합니다. '천만'이 의미하는 바는 사기에도 팔기에도 편한 상태, 빠른 매매가 가능한 상황입니다. 단타에게는 최적이죠.

**PART 4** 유목민의 투자 원칙

그러면 초심자들은 또 한 가지 질문을 던집니다.

'주당 가액 얼마가 기준인가요? 1000원짜리 주식 1000만 주 거래량이라면, 1만 원짜리 주식은 100만 주만 거래돼도 되지 않나요?'

이 '천만'의 법칙은 주당 가액을 가리지 않습니다.

가령, 아래 차트에서 텔콘은 주당 13000원이지만 거래량이 터질 때는 4500만 주까지 터집니다.

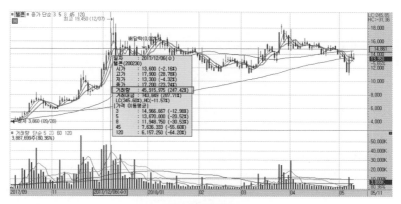

**텔콘, 거래량 폭증**

2018년 5월 액면분할\*한 삼성전자 역시 주당 5만 원이 넘지만 평소에도 1000만 주 이상 거래가 터지고 있죠. 액면분할 당일인 5월 4일에는 거의 4000만 주가 터졌습니다.

---

* 납입 자본금의 증감 없이 기존 발행 주식을 일정 비율로 분할해 주식 총수를 늘리는 것.

삼성전자, 거래량

'천만'이 뜻하는 바는 결국 시장의 중심주라는 이야기입니다. 모두의 이목을 끄는 상황이고요. 이런 종목에서 놀아야 수익도 수익이지만, 손절할 때도 큰 손실 없이 할 수 있습니다.

## 차트, 살 만한 자리만 본다

다음은 차트입니다.

앞에서 지지와 저항, 그리고 이동평균선과 그 변주에 관해 말씀드린 것들이 적용됩니다.

자, 어떤 차트가 좋은 차트일까요?

저는 '살 만한 자리'가 나온 차트를 좋은 차트로 여깁니다.

그렇다면 살 만한 자리란 어떤 모양일까요?

사실 앞에서 다 이야기했습니다.

◇주가 상승의 전조

1) 거래량 폭등 후 거래량 급감(25% 이하)

2) 그리고 음봉

거래량 감소 음봉. 저는 이걸 줄여서 '거감음봉'이라고 부릅니다. 차트에 관해서 시시콜콜 무언가 더 있을 거라고 생각하지 마세요. 단순함을 잃고 복잡함을 찾는 순간부터 말리기 시작합니다.

제가 차트에서 보는 것은 매우 심플합니다.

- '전날' 거래량이 감소했는가

- 그러면서 음봉이었는가

- 현재 주가는 바닥권인가

- 바닥권이면서도 단기 고점은 아닌가

- 단기 이동평균선이 위에 자리 잡고 있지는 않은가(역추세인가)

- 지지를 잘 받고 있는가

- 저항선은 어디인가

- 눌림목*이라면 3일-8일선인가 5일-20일선인가

---

• 상승 추세에 있던 주가가 조정을 받으면서 일시적으로 하락 추세로 접어들었다가 다시 상승을 이어가는 경우라고 볼 수 있다. 눌림목은 주가가 급등한 후 주식을 낮은 가격에서 매수한 투자자들이 차익을 실현하고자 매물을 쏟아내면서 주로 발생한다. (출처: 두산백과)

언뜻 보면 많은 것을 살피는 것 같지만, 사실은 한 가지만 보고 있습니다. 살 만한 자리인가.

왜 수량을 못 실을까요? 확신이 부족하기 때문이라고 말씀드렸지요. 차트에서 우리가 얻어야 할 것은, 확신을 더하는 팩트 하나 추가에 지나지 않습니다. 차트는 후행지표에 불과합니다.

물론 차트로 벌 수 있습니다. 확실합니다. 하지만 그것은 수익률 1~3% 미만의 찰나의 싸움이죠. 절대로 차트만으로 500만 원에서 시작해서 10억에 오를 수 없습니다. 아니라고 외치고 싶은 고수들이 있겠죠. 하지만 양심에 손을 얹고 생각해보세요. 정말 차트 매매만으로 지금의 부富를 얻었나? 수많은 사람이 차트만으로 가능하다고 포장합니다. 왜? 그게 더 자신을 신격화하기 때문이죠. 차트는 단지 거들 뿐. 결과적으로 수급과 재료가 결정합니다. 이게 아니라면 단주 매매(10주 미만의 소규모로 주문을 내는 것)를 통한 주가 부양이 아닌가를 의심해봐야 합니다.

우리가 차트에서 볼 것은 딱 한 가지입니다. 지금이 살 만한 자리인지를 보는 겁니다. 찰나의 판단이 필요할 때, 즉 관심 종목에서 뉴스가 뜨거나 공시가 떴을 때, 현재 차트가 살 만한 자리인지 살피고 그렇다면 바로 베팅 들어가는 겁니다. 고가권이라든가 역추세가 너무 강하다든가 하면 아예 사지 않거나, 혹은 적은 수량으로 베팅하는 감각을 기르는 겁니다.

네이처셀을 보시죠. 제가 이 글을 쓰는 시점인 2018년 5월 11일, 19퍼센트에 달하는 양봉을 뽑아냈습니다. 이날 시초가는 마이너스

였습니다. 여러분이 이날 네이처셀을 산다고 가정해봅시다. 차트의 한쪽을 지워서 5월 10일로 돌아가보는 겁니다.

자, 네이처셀의 5월 10일 차트(아래)를 보니 120선 지지 공방을 하는 중이고, 거감음봉 상태입니다. 일단 '살 만한 상황'임을 알 수 있죠. 그리고 이 자리에서 재료가 나오자 11일 급등합니다.

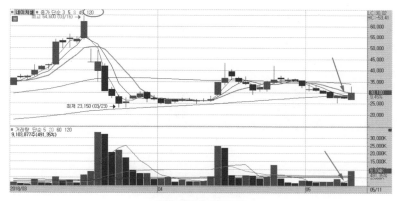

네이처셀(5월 11일 기준)

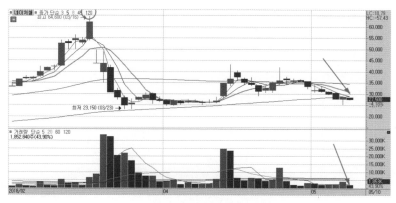

네이처셀(5월 10일 기준)

10일 차트에서 우리가 확인할 것은 1) 거감음봉, 2) 120일선 지지입니다만, 이 차트엔 숨은 정보가 더 있습니다. 다음 그림에서 자세히 살펴보지요.

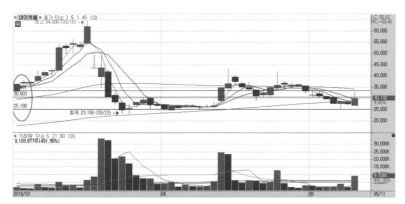

**네이처셀, 지지선과 저항선 확인**

먼저 지지선입니다. 25,180원선에서 강하게 지지하고 있죠. 만일 물릴 경우, 저 선을 지지선으로 생각하고 손절 라인을 정할 수 있습니다.

다음은 저항선입니다. 30,603원선이 가장 먼저 만날 저항선입니다. 실제로 분봉을 보면 이 라인에서 공방이 심했습니다. 바닥에서 매수한 사람이라면 1차 매도 라인을 이 부근으로 잡아야 한다는 얘기입니다. 다음은 33,401원 저항선입니다.

실제로 5월 11일에도 이 라인을 뚫지 못했습니다. 여길 못 뚫는 걸 확인하고 전량 매도하는 게 맞았습니다.

마지막으로, 숨은 정보가 더 있습니다. 8일선(노란색)의 가격이 30,000원에 닿았습니다. 첫 저항선은 30,603원이었죠. 즉, 이날은 3만 원, 3만 600원, 3만 3000원의 저항선 싸움이었던 겁니다.

지지와 저항이 눈에 들어오시나요. 차트에서 우선 볼 것은 살 만한 자리인가이고, 일단 샀으면 다음에 볼 것은 이 녀석의 지지와 저항이 어디인지입니다. 매도 라인을 잡아야 하니까요.

여기까지 공부하면 초심자들이 이런 질문을 참 많이 합니다.

"거래량은 감소했는데 양봉이면 어떻게 하나요?"

"조정인지 시세 분출 후 하락인지 어떻게 구별할 수 있나요?"

"거래량은 계속 줄어드는데 양봉이 계속 나오면 어떡하나요?"

주입식 교육에 익숙한 사람들에게서 나올 법한 질문들입니다. '살 만한 자리'에 대한 감각을 익히라고 하면, 대뜸 공식을 원하거든요. 외워서 적용하려는 것이죠. 하지만 말씀드렸다시피, 주식은 과학이 아닙니다. 결과 재현성이 없기 때문이죠. 따라서 실력 향상을 통한 '대응'이 가장 중요하다고 한 것이고요. 그러나 초보 개미들은 주식이 과학이라고 착각하길 좋아합니다. 여기까지 읽고도 앞의 질문이 입가에 맴돈다면, 진지하게 고민해보셔야 합니다. '나는 고정관념을 배워서 주식을 하려는 게 아닐까?' '나는 여전히 필패할 매매를 하려는 게 아닐까?' 하고 말이죠.

〈슬램덩크〉라는 만화에 이런 대사가 나옵니다. 농구 왕초짜 강백호가 슛의 기본기를 배울 때였죠.

"왼손은 거들 뿐."

주식에서 차트는 왼손입니다. 내가 특정 상황에서 베팅할 수 있게 거들어주는 존재이지 절대로 주인공이 될 수 없습니다.

## 재료는 마지막에 보는 것

'재료'라는 것은 제목이나 주제만 보고서도 매수를 결정지을 수 있는 강력한 소재를 의미합니다.

재료에 대해 이야기하면 다음과 같은 질문이 꼭 들어옵니다.

"같은 재료라도 결과가 다른 경우가 많던데요."

"재료의 크기를 가늠할 수가 없어요."

첫 번째 질문에는, 재료에 우선하는 원칙 1) 거래량, 2) 차트에 따라 결과는 달라진다고 답합니다.

두 번째 질문에는, 경험 부족 탓이라고 답합니다.

물론 재료의 크기를 고민할 필요 없이, 항상 큰 매수세를 불러오는 재료도 있습니다. 1) 삼성전자, 2) 중국, 3) 제3자 유증, 4) M&A. 이상의 네 가지 재료는 어떻게 연결되더라도 상당히 큰 매수세를 불러오더라고요.

여기서 잠깐. 제가 분명히 매수 전 3원칙은 1) 거래량, 2) 차트, 3) 재료라고 말씀드렸습니다. 설명도 순서대로 드렸지요. 그런데 제가 아무리 반복해서 말해도 꼭 재료를 가장 우선시하는 사람이 부지기수입니다. 그런 사람들은 주식에서 절대 결코 네버 성공 못 하는 사람들입니다.

정보나 재료에 휘둘리지 말라고 했는데도 초심자는 언제나 달콤한 재료 찾기에 여념이 없습니다. 그러나 거래량, 그리고 차트를 보는 눈을 기르지 못하고서는 확신의 크기도 그만큼 커지지 않기 때문에 베팅 실력이 늘 수 없습니다. 첫째, 거래량. 둘째, 차트. 셋째, 재료. 이 순서입니다. 명심하시기 바랍니다.

## 매수 전 3원칙의 실전 적용

매수 전 3원칙인 '거래량, 차트, 재료'를 어떻게 적용하는지 실전 매매로 살펴보지요. 네이처셀의 2018년 5월 11일 차트를 가지고 이야기해보죠. 이 종목을 고른 다른 이유는 없습니다. 가장 최근 매매여서 골랐습니다.

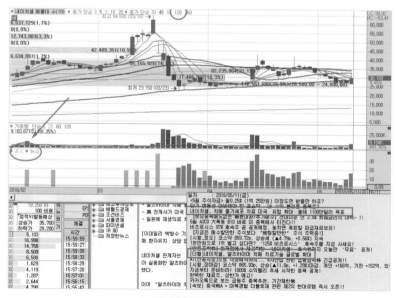

네이처셀(2018년 5월 11일)

5월 11일 네이처셀 관련 뉴스를 보면 표시한 바와 같이 "알츠하이머 치매 치료 기술 글로벌 확대" 소식이 전해졌습니다. 앞서 3월 네이처셀이 급락했던 이유는 우리나라에서 조인트스템이라는 약이 반려 처분됐기 때문입니다. 네이처셀의 줄기세포 치료 전반에 대해 식약처에서 반려했고, 네이처셀은 일본에서 해당 약의 개발을 진행한다고 식약처와 날을 세우는 상황이죠.

주식을 안 하는 사람은 이 대목에서 정부가 잘했니 못했니 하겠지만, 주식하는 사람은 그런 거 신경 쓸 시간이 어딨겠습니까. 내 지갑을 불려주는 건 뭘까 생각하기 바빠야 합니다.

국내 식약처에서 반려한 사안을 두고 글로벌에서 잘 된다는 얘기는 충분히 기대감을 불러일으킬 만한 뉴스입니다. 글로벌에서 임상이나 실험 결과를 두고 국내에서도 다시 판정이 바뀔 수 있다는 일말의 희망을 불러일으키기 때문입니다. 무엇보다 네이처셀은 어떤 뉴스가 나오면 주가가 정말 많이 오르는 종목입니다.

앞에서 살펴봤듯이, 네이처셀은 1) 거래량, 2) 차트는 완벽한 상황이었습니다. 살 만한 상황이라는 것이죠. 여기에 호재 뉴스까지 나왔으니 3) 재료까지 완벽해진 것입니다. 그렇다면 수량을 실어도 되겠지요?

저는 이날 거의 20억을 사서 당일 매도했습니다. 잠깐의 매매였지만 4200만 원의 수익을 거뒀고요. 물론 더 버텼다면 서너 배 수익을 거뒀겠지만, 수량이 많았던 만큼 1차 저항선에서 수익 실현을 했습니다. 이후 주가는 33,000원 근방까지 갔습니다만, 저는 언

| 종목명 | 신용구분 | 당일매수 | | | 당일매도 | | | 수수료 | 제세금 | 정산금액 | 당일매매손익 | 매매수익률 | 당일실현손익 | 실현수익률 |
|---|---|---|---|---|---|---|---|---|---|---|---|---|---|---|
| | | 가격 | 수량 | 매입금액 | 가격 | 수량 | 매도금액 | | | | | | | |
| 한일사료 | 현금 | 0 | 0 | 0 | 2,622 | 19,830 | 51,996,580 | 2,569 | 155,988 | 51,838,023 | -158,557 | | 1,270,724 | 2.5 |
| 대원전선 | 현금 | 2,074 | 93,000 | 192,891,620 | 2,145 | 93,000 | 199,495,525 | 19,381 | 598,398 | 5,986,126 | 5,986,126 | 3.42 | 5,986,077 | 3.0 |
| 네이처셀 | 현금 | 29,192 | 64,148 | 1,872,629,900 | 29,947 | 64,148 | 1,921,046,000 | 187,371 | 5,763,20 | 42,465,691 | 42,465,691 | 2.59 | 42,465,558 | 2 |

상단:

| 계좌번호 | | 진 | 비밀번호 | ******* | 매매일자 | 2018-05-11 | ☑ 제비용 포함 | | 거래내역 | 조회(F8) | 다른 |
|---|---|---|---|---|---|---|---|---|---|---|---|
| 매도금액 | 2,338,291,910 | | 수수료+제세금 | 7,246,064 | | 당일매매손익 | | 49,056,741 | | 당일실현손익 | 53,145,5 |
| 매수금액 | 2,347,350,480 | | 정산금액 | -16,304,654 | | 매매수익률 | | 9.38 % | | | |

당일 매매 일지 — 네이처셀(2018년 5월 11일)

제나 수익을 주면 튑니다. "절대 욕심내지 않는다." 이게 제 롱런의 비결이라고 생각합니다.

　네이처셀 사례에서 매수 전 3원칙이 모두 갖춰진 종목의 강력함을 가늠할 수 있었습니다. 반면 다음 살펴볼 메타랩스는 3순위인 재료를 우선시했을 때 어떻게 되는지 알 수 있는 좋은 사례입니다.

　메타랩스는 18년 5월 9일 장 종료 즈음, 300억 원의 제3자 유증 소식과 함께 바이오 사업 신규 진출이라는 대형 호재가 나왔습니

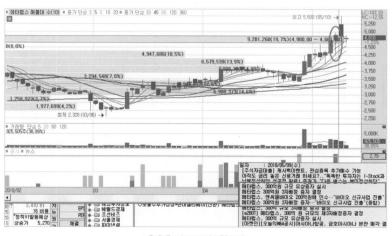

메타랩스(2018년 5월 9일)

다. 1) 거래량, 2) 차트를 안 보는 사람이라면 무조건 살 수밖에 없는 소식이죠.

하지만 차트를 보시면, 바닥에서 이미 100%, 2배 상승한 상태입니다. 그리고 최근에는 상승폭이 더 심화했습니다. 즉, 이미 정보가 샌 지 한참 됐다는 얘기입니다. 이런 차트에서는 사면 물량받이밖에 되지 않습니다. 실제로 공시가 난 직후 -9%까지 빠진 다음 종가는 +3%로 마감했습니다.

이처럼 재료에만 매달리는 사람은 절대로 안정적인 수익을 거둘 수 없습니다. 반드시 거래량과 차트를 먼저 숙지해야 훌륭한 재료도 살릴 수 있음을 명심하세요. 좋은 재료나 테마임에도 이상하게 내 종목만 안 간다고 생각하는 사람, 손 들어보세요.

1) 거래량, 2) 차트, 3) 재료 순서로 다시 한번 그 종목을 살펴보세요. 여전히 좋게 보이시나요?

## 매수 후 3원칙

매수 후 3원칙은 바꿔 말하면 매도의 3원칙이란 말이 됩니다. 매수한 후에는 무슨 일이 남지요? 오로지 매도입니다.

제가 생각하는 매수 후 3원칙은 다음과 같습니다.

1) 수익 줄 때 튄다

2) 손절 기준은 목숨처럼 지킨다

3) 간절히 기도한다

## 수익 줄 때 미련 없이 판다

주식 명언 중에 이런 게 있어요.

"매수는 기술, 매도는 예술."

즉, 매수는 각종 이론이나 경험으로 누구나 같은 라인을 만들어 낼 수 있지만, 매도만큼은 각자의 역량에 달려 있다는 소리입니다. 그럼에도 많은 초심자가 이렇게 말해요.

"언제 매도해야 하나요?"

"매도 타이밍을 못 잡겠어요."

이게 무슨 헛소리입니까.

수익이 100원이라도 났을 때 튀어야 합니다. 저는 지금도 월 수익률이 평균 20% 정도 되는데요. 500만 원을 시작으로 매월 20%씩 수익을 거두면, 36개월 즉 3년 후에는 얼마가 될까요. 35억 4000만 원입니다. 앞서 5월 11일 네이처셀 매매에서도 제 수익률을 보시면 2% 대입니다. 하지만 수익은 4000만 원이 넘었죠.

주식을 왜 하는지 생각해보세요. 좋은 종목 사려고? 아니요. 수익을 내기 위해서입니다. 수익을 내기 위해서는 어떻게 해야 하는가? 매도해야 합니다. 이 단순한 섭리를 무시하고, 깜도 안 되는 자신의 실력을 믿고서 더 큰 수익을 욕심내다가 자멸하는 겁니다.

그래서 저는 항상 방법을 묻는 초심자에게 이런 미션을 줍니다. "1% 수익일 때 무조건 튀어라."

아, 이 얼마나 쉽고 단순한가요. 그러나! 대부분 초심자가 이 과제를 정말 못 지키더라고요. 이 미션의 목적은 본인의 욕심을 컨트롤하는 방법을 익히는 것입니다. 더불어 수익에서 나오는 기쁨을 온몸으로 체감하고 긍정적인 경험을 몸에 아로새기라는 뜻이고요.

여러분에게도 미션을 드리겠습니다.

**"1% 수익일 때 무조건 튀십시오."**

지금 자신의 주식 인생에서 정말 미미하다 할 만한 작은 수준의 예수금에서조차 욕심을 컨트롤하지 못한다면, 주식을 과감히 접길 바랍니다. 욕심을 컨트롤하지 못하면 반드시 자멸합니다. 농담이 아니에요. 이 미션은 아주 사소하지만 앞으로 여러분 주식 인생에 내내 영향을 미칠 것입니다.

## 손절매는 목숨처럼

손절매 또한 매도의 하나입니다. 다만 수익의 매도가 아니라 손실의 매도라는 점이 차이죠. 손절에 관해서는 앞에서 설명한 바 있으니, 새로운 내용은 없습니다.

제 경우 일반적인 손절컷은 -5%입니다. 매수 후 -5%가 나온다면, 그건 뭔가 잘못됐거나 종목을 잘못 본 것입니다. 둘 중 어떤 상황이라도 이미 해당 주식은 쓰레기가 돼 냄새가 풀풀 나는 상황입니다. 당장 손절합니다.

여러분도 자신만의 손절컷을 어느 정도로 할지 꼭 미리 정해두셔야 합니다.

## 할 수 있는 최선을 다한 후에는

마지막으로, '기도 매매'입니다.

이 부분은 진담 반 농담 반처럼 하는 말입니다만, 없는 일도 아닙니다. 드물지만 보유 종목이 상한가를 간 상태인 데다 상한가 잔량이 너무 많아서 다음 날 추가 수익을 기대할 수 있을 때는 좀처럼 매도하기가 쉽지 않습니다. 그럴 때 저는 간절하게 기도를 합니다.

"내일도 제발 상한가 가게 해주세요."

제가 할 일은 모두 다 한 상태이고, 나머지는 하느님께 맡긴다는 마음에서 기도 매매라고 이름 붙였습니다.

## 마지막 원칙
## '유목민'

유목민의 주식 투자 3원칙의 마지막은 바로 '유목민'입니다.

그게 뭐냐고요? 주식할 때는 누구보다 나 자신을 믿는다는 뜻입니다. 그러므로 나중에 여러분이 스스로 확신할 만큼 실력을 키운다면, 여러분 이름이 그 자리에 들어가겠죠.

세상에 전문가는 저 강가의 돌멩이만큼 많습니다. 그런데 그런 전문가들 말은 듣기에만 좋을 뿐 정작 내 계좌는 쪼그라들기만 합니다. 잠깐 벌면 뭐하나요, 도로아미타불이 되고 마는데.

내 계좌를 불려주는 건 오로지 나 자신의 실력입니다. 자신의 실력을 의심해서는 절대로 돈을 벌 수 없습니다. 찔끔찔끔 벌 수야 있겠지만 확실히 물량을 실을 수가 없으니 말이죠. 그렇다고 없는 실력을 그냥 신뢰할 수는 없겠죠. 자신에게 확신이 들 때까지 공부하고 또 공부하세요. 주식은 분명 당신의 인생을 바꿔줄 수 있지만, 공부할 때에만 그렇습니다.

# 없던 시절 이야기

제 과거사 한번 들어보실래요?

7080세대라면 모두 무시무시한 경험으로 기억하죠, IMF 외환위기. 이때 저희 집은 풍비박산이 났습니다. 지방에서 자영업을 하던 부모님은 IMF의 계속되는 여파를 견디려 카드 돌려 막기, 계, 무리한 대출을 이어가다가 결국 파산하고 맙니다. 당시 저는 대학교 4학년, 동생은 삼수생, 여동생은 대학교 1학년이었죠.

우리 삼남매는 모두 국가고시를 준비하고 있었습니다. 저와 막내는 사법시험, 둘째는 공인회계사(CPA) 시험. 어려운 환경 속에서도 부모님은 붕어빵 장사를 하고, 중국집에서 사반이나 면장을 하고, 작은 분식집을 운영하면서 우리를 지원해주셨습니다. 하지만 학원 중심의 시험 시스템으로 짜인 고시 환경에서는 금력이 곧 합격률을 결정짓더라고요. 예전처럼 혼자 절에 들어가 공부하거나 고시원 총무로 지내면서 합격하는 고학생 얘기는 사라진 지 오래였습니다.

저는 평범한 편이었지만, 둘째는 어려서부터 영민했습니다. 천재 소리도 많이 들었죠. 고등학교 때도 수재만 들어간다는 특수반에 뽑혀, 서울대를 목표로 집중 교육도 받았더랬죠. 안타깝게도 수능 시험을 망치면서 형 따라 삼수를 한 뒤 결국 원하는 대학 대신 장학금을 지원해주는 대학으로 낮춰 갔습니다. 인생은 역시 뜻대로 되지 않습니다.

고시 공부를 거의 포기하려던 즈음, 당시 3학년이던 둘째가 찾아와 불쑥 돈 얘기를 꺼냈습니다.

"형, 내가 CPA를 본격적으로 준비하려고 하는데, 한 달에 돈이 50만 원 필요해. 도와줄 수 있을까?"

능력은 없었지만 도와야 했습니다. 그게 장남의 역할이라고 생각했어요.

"그래. 알았어. 당장 현금은 없으니, 이 신용카드로 매달 50만 원을 쓰면 형이 채워둘게."

당시 고시원 총무에 과외 알바를 하면서 돈을 벌고는 있었지만, 매달 학원비며 식권 18만 원, 고시원비 35만 원 내고 나면 빠듯했습니다. 동생이 50만 원을 쓰면 적자는 불 보듯 뻔했죠. 아버지의 파산을 보며 '나는 절대 카드 돌려 막기 안 하겠다'고 맹세했지만, 그 무서움을 알고 있음에도 결국 할 수밖에 없었습니다.

그리고 그해 여름, 둘째가 다시 찾아왔습니다.

"형. 나 1차 합격했어."

정말 대견했고 기뻤습니다.

"그런데 이번엔 월 100만 원이 필요해. 1차 보면서 학과 수업을 안 들었더니, 매달 50만 원씩 나오던 장학금이 안 나와서….”

월 100만 원. 지금이야 아무렇지 않지만, 당시에는 정말 엄청난 돈이었습니다. 승낙하면서도 입술이 떨렸습니다.

“그래, 이번에도 형이 메울 거니까 카드로 써.”

빚은 눈덩이처럼 불어갔습니다. 왜 카드 돌려 막기가 심각한지 몸으로 체험했죠. 매일같이 늘어가는 빚에 손이 부들부들 떨렸습니다. 500만 원, 1000만 원…. 리볼빙 서비스를 받고 현금 서비스로 빚을 갚았습니다. 300원짜리 캔커피도 1000원짜리 김밥 한 줄도 고민하며 사 먹었습니다.

그리고 날이 추워갈 때쯤, 둘째에게 전화가 왔습니다.

“형! 나 합격했어!!” 동차 합격이라니. 내 일처럼 눈물이 펑펑 흘렀습니다. 정말 기뻤고, 진심으로 축하해줬습니다. 그날 저녁 신림동 경양식집 ‘모르겐’에서 미트볼스파게티를 여동생과 셋이 먹으며 축하했죠. 그 자리에서 둘째에게 “한아. 축하한다. 이제 한시름 놓인다. 넌 셋째를 책임져라.” 그때부터 5년간 둘째는 막내에게 월 50만 원씩 용돈을 주며 고시 공부를 지원했습니다. 동생은 당시 대학교 3학년 휴학 상태였음에도 회계법인에 바로 채용돼 회계사 생활을 시작했고요.

그리고 제게는 빚이 남았습니다. 1500만 원. 차마 동생에게 갚아달라고 말할 수 없었습니다. 장남이니까. 부모님이 제게 애써주신 건 동생들을 잘 돌보라는 뜻이었을 테니까요.

그렇게 2개월이 흘렀습니다. 카드빚은 연체를 거듭했고, 여러 카드사로부터 하루 수십 통씩 전화가 왔습니다. "언제까지 입금하실 거죠?" "네. 죄송합니다. 언제까지 갚겠습니다." 네이버 카페 등에서는 절대로 전화를 피하지 말라고 하더라고요. 그러면 문제가 더 커진다며….

매일이 지옥이었어요. 대학교 수석 입학에 자신감 넘치던 제 모습은 이미 온데간데없었어요. 왜 사람이 돈 몇 백만 원에 자살하는지, 그 심정이 비로소 이해가 가더라고요. 그럼에도 자살할 용기는 없었습니다. 그래서 매일 잠들 때마다 기도했습니다.

"주님. 정말 죄송합니다. 하지만 더 살아갈 용기가 없습니다. 제발 내일 눈뜨지 않게 해주세요."

하지만 매일 아침이면 눈이 떠졌죠. 저주 같았습니다.

저희 가족은 매년 1월 1일이면 다 함께 정동진에 가서 해돋이를 보는 게 전통이었어요. 집이 파산하고는 집도 차도 없어서, 대신 부모님이 계신 왕십리 옥탑방으로 모였습니다.

정확한 연도는 기억조차 흐릿합니다. 다만 1월 1일 아침이 정말 비참했다는 것만 기억합니다. 그 날도 어김없이 아침에 눈이 떠졌습니다. 휴일이라 카드사 독촉 전화가 없는 건 다행이었죠. 주섬주섬 깨끗한 옷을 찾아 입고 인터넷에서 산 배송료 무료에 1만 5000원짜리 한과 선물세트를 들고 나섰습니다. 군데군데 곰팡이가 피고, 겨울엔 춥고 여름엔 더운 부모님의 옥탑방. 그저 비바람을 피할 수 있는 것만으로 만족해야 했습니다.

제가 도착하고 곧 둘째도 왔습니다. 깨끗한 양복에 양손에는 소고기와 과일 선물세트를 무겁게 들고 왔더군요. 자랑스러운 동생이지만, 저 자신이 정말 초라하게 느껴졌습니다. 부모님께 세배하고 〈무한도전〉 설 특집을 본 후, 둘째는 명절이라고 막내에게 신발을 사주겠다며 명동으로 쇼핑을 나갔습니다.

그날 밤 둘째가 신림동으로 찾아왔습니다.

"형. 왜 말 안 했어? 나만 나쁜 놈 되잖아."

그날 제 심정을 숨길 수 없었나 봅니다. 명동에서 둘째가 막내에게 "형 왜 그래? 무슨 일 있어? 얼굴이 왜 그렇게 어두워?"라고 물었고, 막내는 그동안 있었던 일을 소상히 전했습니다.

저희 집 남매 셋은 원체 비밀이 없어요. 개인적인 고민까지 다 털어놓으며 지냈습니다. 모이면 웃음꽃이 떠나질 않죠. 원룸에 셋이 몇 년을 같이 살기도 했을 정도니까요. 방귀를 뀌면 환기가 안 되는 반지하라 서로 욕하고, 살겠다고 작은 창틈으로 코를 내밀고 숨쉬고… 하하하.

둘째가 합격해 독립한 이후로 일부러 제 얘기를 안 한 것도 있고, 막내에게 사회생활 처음 시작하는 둘째 오빠에게 부담 주지 말라고 입막음한 것도 있었습니다.

아무튼 막내에게 형의 사정을 전해 들은 둘째는 그날 밤 늦게 신림동에 왔고, 우리는 긴 이야기를 나눴습니다. "형, 이 종이에 어디어디 빚이 있는지 다 적어줘." 모두 합치니 1500만 원 정도가 나왔습니다.

둘째는 "빌려주는 거니까 나중에 꼭 갚아. 그러니까 받아"라면서

회계사 합격하면 발급되는 마이너스 통장에서 바로 계좌이체를 해 줬습니다.

그렇게 제 인생이 리셋되었습니다.

다시 공부할 용기가 생겼고, 뭐라도 사회생활을 할 용기도 생겼습니다. 이후 어떤 어려움이 닥쳐도, 그 두 달간 매일 빚 독촉에 시달려 죽음까지 꿈꿨던 날만 생각하면, 소름 끼치도록 정신이 퍼뜩 듭니다. 지금도 하루 서너 시간만 자면서 주식 공부를 하는 원동력이 되기도 하고요.

경제적 자유를 얻은 후 가장 즐거운 것은 음식점에 가서 가장 저렴한 세트 메뉴를 찾는 대신 먹고 싶은 것만 골라 먹는 사치입니다. 또 옷 가게 가서 몰래 가격표를 흘깃하거나 가격을 묻지 않아도 되는 거요. 그냥 맘에 들면 "이거 주세요" 합니다. 캬.

용돈을 받기만 하던 내가 이제는 어머니께 용돈을 드립니다. 처음으로 월세가 아닌 아파트 전세를 얻어드렸고요. 어머니, 그리고 아들을 볼 때마다 아버지 생각이 납니다.

아버지는 사업이 모두 망하자, 그래도 우리 뒷바라지 하신다고 중국집에서 사반(접시 닦는 사람)을 거쳐 면장(면을 뽑는 사람)을 하시다가, 폐암에 걸려 10개월 시한부 선고를 받으시고 9개월째에 돌아가셨습니다.

사람이 죽기 직전에는 아이처럼 돌아간다고 하잖아요. 돌아가시기 한 달 전쯤 아버지가 늘상 하던 말씀이 생각납니다.

"우리 집 언제 사?"

"우리 차 언제 사?"

"손자 언제 데리고 와?"

지금도 너무 죄송한 게, 아버지 살아생전에는 셋 다 결혼을 못했고, 그러니 당연히 아이도 없었어요. 집도 차도 없었죠.

그런데, 아버지가 돌아가시고 나서 신기하게 하나씩 하나씩 이뤄졌습니다. 둘째가 먼저 결혼했고, 그다음 해에는 제가, 또 그다음 해에는 막내가 결혼했습니다. 그리고 제가 먼저 아이를 갖고, 차례로 둘째, 막내가 아이를 가졌죠. 또 아이와 함께 셋 다 차를 갖게 되더군요. 그리고 지금은 셋 다 아파트에 살고 있습니다.

저는 확신해요. 돌아가신 아버지가 생전에 못해주신 게 맘에 걸려서, 저세상에서 도와주고 계시다고요. 그래서 저도 명절이며 기일이며 아버지를 모신 추모공원에 가서 기도하고 이렇게 어리광을 부립니다.

"아빠. 덕분에 주식이 정말 잘 됩니다. 그래도 아직 엄마 더 잘 모시려면 부족해요. 이번에도 잘 되도록 기도 많이 해주세요. 상한가 10번 나오면 인생이 바뀔 것 같습니다." 동생들은 "아 쫌~~!" 아우성을 치며 그런 기도 하지 말라고 하지만, 저는 믿습니다.

이건 제가 크리스천인 것과 별개예요. 저는 조상님 은덕은 분명히 있다고 믿습니다. 그래서 저는 매매하며 기도를 자주 합니다.

# 출발선에 선
# 사람들을 위한 당부

이제 투자의 출발선에 선 분들에게 꼭 당부하고 싶은 이야기가 있습니다. 그동안 제가 갖은 희노애락을 겪으면서 얻은 투자에 임하는 태도랄까요.

**첫째. 몰방하지 마세요.**

여러분. 주식하면서 가장 힘들 때는 언제일까요?

아마 대부분 '손실이 심할 때'라고 말할 겁니다. 가지고 있는 주식이 -10%, -30%, -50% 상태가 되면 정말 괴롭죠. 하지만, 자산 1% 비중으로 사둔 주식이 -10%, -30%, -50%일 때도 그렇게 괴로울까요?

주식이 떨어질 때 심각하게 괴롭다면, 그건 포트폴리오 구성에 실패했기 때문입니다.

비중 10%짜리라면 아무리 떨어져도 신경이 쓰이고 짜증이 날 뿐 힘들고 괴롭지는 않습니다. 언제든지 물 타서 빠져나올 수도 있고, 손절하더라도 내 자산에 결정적 손해가 되진 않거든요.

항상 포트폴리오 구성에 신경 쓰세요. '몰방'할 수 있는 주식은 1년에 한두 번도 오지 않습니다. 차트 + 수급 + 호재가 모두 갖춰진 주식을 내가 잡을 확률은 1%가 되지 않습니다. 백 번 투자해야 한 번 오는 것도 쉽지 않다는 말입니다.

이런 말 많이 들어보셨잖아요, "계란을 한 바구니에 담지 마라."

물론 저는 계란을 한 바구니에 담을 때도 있습니다. 승부를 볼 때가 있는 거죠. 하지만 승부를 보더라도 절대 비중 50% 이상은 싣지 않습니다. 고수들도 비중 조절에 늘 신경 쓰는데, 개미 여러분이 신경 안 쓰는 경우가 많아요. 꼭 신경 쓰세요. 특히 차트로 들어가는 종목이라면 비중 20%를 넘기지 않아야 합니다.

**둘째, 투자는 예능입니다.**

언제나 즐겁게 매매하세요.
연습은 지옥같이, 실전은 재미있게.
함께 매매할 기운 밝은 사람이 있다면 금상첨화입니다.

**셋째, 3년 후에도 주식시장은 열려 있습니다.**

주식시장은 늘 열려 있습니다. 충분히 공부하고 연습하고 3년 후부터 본격적으로 해도 늦지 않아요. 아마도 이 말을 하려고 책을 썼는지도 모르겠네요. 여러분은 언제 올지 모르는 1%의 '인생주'를 놓치지 않기 위해서 주식을 하는 겁니다.

살다 보면 자의든 타의든 우연이든 정말 대단한 기회를 잡게 됩니다. 그게 부동산이 될 수도 있고, 주식이 될 수도 있고, 결혼이 될 수도 있고요. 우리는 그 기회를 놓치고 나서야 그게 기회였다는 걸 깨닫는 경우가 많아요.

주식에 있어서는 가능한 총알을 모두 쏟아부을 만한 거대한 찬스를 잡는 것이 바로 그 기회겠죠. 하지만 여러분이 주식을 아예 안 하거나, 하더라도 초보 수준이라면, 그 큰 기회에서 수익을 얼마 거두지 못할 거예요. 주식은 자기 확신만큼 베팅할 수 있거든요.

여러분이 지금부터라도 주식에 대해 감각을 키우고 마인드를 잘 쌓아둔다면, 3년 후일지 당장 1년 후일지 모를 그때, 정말 엄청난 재산 증식의 기회를 잡을 겁니다.

그 기회를 놓치지 않기 위해서는 지금 당장 눈앞의 수익에 급급할 것이 아니라, 충분히 공부가 된 다음에 본격적으로 시작해도 늦지 않습니다.

엄청난 기회가 왔을 때 본인의 판단으로 베팅할 수 있는 그 순간을 위해 지금 노력한다고 생각하세요.

**넷째, 쉬는 것도 주식입니다.**


주식이 안 될 때는 그냥 쉬세요. 쉬는 동안에는 재산 손실이 멈춥니다.

이 글을 쓰는 2017년 7월은 삼성전자가 애플의 분기 이익을 뛰어넘고 세계 1위 회사가 된다는 뉴스가 쏟아지고 있습니다. 이와 함께 코스피는 2400 공방을 벌이고 있고요.

하지만 개인 투자자의 시름은 깊어가고 있죠. 코스피 2400 공방을 벌이면서 시중의 자금이 대형주 중심으로 돌아가고, 지난 2016년 말부터 대선 정국에 돌입하며 6개월 이상 대선 인맥 테마와 정책 테마가 기승을 부리면서 뉴스와 공시는 힘이 떨어졌습니다. 그만큼 소형주들은 힘들어진 상황이 된 거고, 개미 투자자들도 힘들어졌습니다.

이럴 때는 쉬세요. 그냥 생업에 집중하면서, 주식은 공부만 하는 게 좋아요. 다시 테마는 돌아올 것이고, 뉴스와 공시가 힘을 받는 때가 올 것입니다. 현재 가장 어두운 시기를 지나고 있는 대중국 주들인 자동차, 화장품 관련주들도 언젠간 고개를 치켜들 것이고요.

주식이 안 될 때는 그걸 돌파하려고 들지 마세요. 어려운 것이 있으면 넘고 가라고 하지만, 주식은 열정이 아닙니다. 냉정이에요. 주식은 마인드 싸움입니다. 대응의 영역이고요.

살아남는 주주가 되길 바랍니다.

PART 5

# 주린이도
# 차트를 읽고 싶다!

### 차트가 거들어주는
### 단타 관점 업그레이드

역사와 차트는 반복됩니다.
차트는 매매에서 5%의 영향력에 불과하지만,
이 5%가 100%의 확신으로 이어질 수 있습니다.

『나의 월급 독립 프로젝트』는 2015~17년 동안의 이야기입니다. 개정판을 준비하는 지금은 2022년이고요. 5년이 넘는 세월이 흘렀네요. 지금의 저는 직장도 투자 스타일도 자산도 크게 달라졌습니다. 차트를 보는 시각도 달라졌죠.

책을 내고 난 후, 차트에 관한 질문을 참 많이 받았습니다. 기술적 분석에 대해서는 최소화했었는데, 아무래도 아쉬움을 남긴 것 같습니다. 그래서 이 지면을 빌려 2022년의 유목민과 함께 차트를 읽으며 투자 관점을 업그레이드하는 시간을 가져보려 합니다.

하지만 앞에서 강조했듯, 차트는 거들 뿐입니다. 투자는 지식을 쌓는 데서 출발합니다. 그날의 상한가 및 천만주 종목을 정리하고 내일 시장에 영향을 미칠 이슈를 미리 정리하는 작업을 반복하라고 말씀드렸죠. 지식을 쌓아가는 과정에서 핵심적인 영역입니다.

물론 절대적이지 않지만 차트도 빼놓을 수 없습니다. 역사와 차트는 반복되거든요. 차트는 매매에 있어서 5%의 영역이라고 생각해요. 하지만 이 5%가 더해져 50%, 70%, 100%의 확신으로 이어질 수 있지요.

차트에 대한 생각은 모두 다를 수밖에 없습니다. 정답이 없거든요. 하지만 기본적인 '관점'은 있습니다. 여기서는 차트를 함께 보면서 한 단계 나아가기 위한 관점을 알려드리는 데 초점을 맞추었습니다.

읽다 보면 특별한 차트 '기법'은 허구임을 알게 됩니다. 다만 상승, 하락, 상한가, 하한가 등 차트의 모양을 만들어내는 숨은 재료를 찾는 것이 매매의 기초가 된다는 걸 깨닫게 될 겁니다. 결국 '차트 읽는 법'을 알려준다기보다 '종목 읽는 법'을 차트와 함께 공부한다 정도로 생각해주세요.

**일러두기**

* 해당 파트에서 소개한 차트와 자료는 <유목민의 시그널리포트>에서 차읽남이 '나도 차트를 읽고 싶다'로 연재하는 교육용 콘텐츠에서 가져왔습니다.
* 원본의 작성 날짜를 표기해두었으니, 해당 날짜 이후 실제 종목의 주가 움직임을 확인하며 읽어보면 더 재밌습니다.
* 각 예시 차트는 해당일 종가 기준입니다. 새벽이 아닌 오후 3시 30분 기준입니다.

# 차트'만' 읽어서는 안 된다

## 우림피티에스

2022년 6월 10일 금요일 작성

주식 매매에 정답은 없습니다. 단타라고 하는 것도 어떤 사람에게
는 스켈핑으로 비춰지기도 하지만 어떤 분에게는 스윙이나 장투로
해석되기도 합니다. 저에게 단타는 종가 베팅 후 다음 날 혹은 며
칠 내로 매도하는 쪽에 가깝습니다. 그렇기 때문에 단타에서는 모
든 관점을 '비중 조절과 종가 베팅'을 위한 것으로 맞춥니다. 이런
관점에서는 단타형 기업 분석을 '부채비율, 유보율, 주주현황, 재무
제표'로 한정하게 됩니다. 이 네 가지에 관해서는 앞에서 다루어서
여기서는 짧게만 적습니다.

1) 부채비율은 200% 미만이면 우량기업으로 봅니다.
2) 유보율은 기업의 안정성을 측정하기 위해 부채비율과 함께 자주 활용

합니다. 높으면 좋죠.

3) 주주현황을 통해 유통 주식 수를 체크합니다. 시총이 아무리 커도 유통 주식 수가 적으면 가벼운 주식으로 평가될 수 있습니다.

4) 재무제표는 매출액과 영업이익 증감 여부, 적자 혹은 흑자 여부를 확인합니다. 테마주들은 대부분이 적자인 경우가 많습니다. 적자 폭이 큰 회사들은 장중 매매 위주로 하고, 종가 베팅은 자제하는 게 좋습니다.

이렇게 볼 때의 핵심은 최대한 심플하게 직관적으로 파악하는 것입니다. 깊게 들어갈수록 생각이 많아져서 차트 매매에 방해가 됩니다. 자기 투자 스타일이 단타인지, 스윙인지, 장투인지, 인베스트인지 확실히 해야겠죠?

\* \* \*

우림피티에스라는 기업을 살펴보겠습니다. 삼성의 본격 M&A 추진 가능성이 거론되며 며칠 전 상한가를 기록한 종목이라서 선정해보았습니다.

우림피티에스는 산업용 감속기를 생산하는 기업입니다. 로봇, 풍력, 농기계, 그린뉴딜 테마도 많이 엮여 있죠. 테마가 많은 것은 재료로 큰 시세를 줄 가능성이 높겠죠? 이런 종목은 더 자세하게 알아두면 좋습니다.

기사를 검색해볼까요. 주요 기사를 최신순으로 정리했습니다.

[특징주] 우림피티에스, 삼성 대형 M&A진행 중⋯ 로봇 반도체 M&A 가능

삼성전자가 최근 인수·합병 관련 조직의 전열을 가다듬으며 본격적인 대형 M&A가 가시화될 가능성이 높다는 소식에 우림피티에스가 강세. 우림피티에스는 최근 정부 국책과제로 로봇 정밀감속기의 국산화 개발에 나섰고 삼성중공업 등과 감속기 개발, 공급에 나서고 있다.

(파이낸셜뉴스, 2022.06.02.)

[특징주] '농슬라' 우림피티에스, 주가 10% 근접⋯4연속 상승세

지난해 아쉬운 실적에도 선방한 트랜스미션 사업의 주요 고객사가 '농기계의 테슬라'로 불리는 미국 기업 '존 디어'로 알려져 '농기계' 관련주에 거론된다.

(내외경제TV, 2022.05.03.)

[특징주] 우림피티에스, 로봇 핵심부품 정밀감속기 국산화 개발⋯
삼성중공업과 협력

우림피티에스는 이미 삼성중공업과 국책과제 공동개발에 나선 바 있어 이번 삼성 로봇 신성장 동력 진출에서 수혜가 예상된다는 분석이 나온다.

(파이낸셜뉴스, 2022.01.04.)

'삼성' 'M&A' '로봇' 관련주로 꼽을 수 있네요. 우림피티에스 외에도 휴림로봇, 해성티피씨 등이 나옵니다.

먼저 우림피티에스의 유통 주식 수를 확인합니다. 총 주식 수가 1350만 주인데 대주주 53.85%, 자사주 매입 2.10%를 제외하면 유통 주식 수가 574만 주(44%)로 적은 편입니다.

| IFRS(연결) | 2019/12 | 2020/12 | 2021/12 | 2022/03 | 전년동기 | 전년동기(%) |
|---|---|---|---|---|---|---|
| 매출액 | 555 | 601 | 605 | 136 | 125 | 8.8 |
| 매출원가 | 485 | 518 | 515 | 114 | 114 | -0.1 |
| 매출총이익 | 70 | 83 | 90 | 22 | 11 | 101.8 |
| 판매비와관리비 | 83 | 75 | 70 | 19 | 17 | 12.7 |
| 영업이익 | -13 | 8 | 20 | 3 | -6 | 흑자전환 |

| IFRS(연결) | 2018/12 | 2019/12 | 2020/12 | 2021/12 | 2022/03 |
|---|---|---|---|---|---|
| 안정성비율 | | | | | |
| 유동비율 | 490.0 | 446.6 | 403.3 | 466.5 | 388.1 |
| 당좌비율 | 349.5 | 304.4 | 244.1 | 322.3 | 260.6 |
| 부채비율 | 10.4 | 13.2 | 13.5 | 13.0 | 16.6 |
| 유보율 | 1,231.3 | 1,207.5 | 1,094.9 | 1,136.5 | 1,126.5 |
| 순차입금비율 | | | | | |
| 이자보상배율 | 62.0 | | 26.4 | 71.9 | |
| 자기자본비율 | 90.6 | 88.4 | 88.2 | 88.5 | 85.8 |

우림피티에스의 재무제표 확인

재무제표를 보면, 현재 기준으로 매출이 매년 조금씩 증가하고, 영업이익은 적자에서 판매관리비를 줄여 흑자 전환을 했습니다. 또 이를 현상 유지하고 있네요. 좋은 기업입니다.

여기까지 보고 나면 '부채 비율 16%, 종가 베팅 하기에 안전한 회사군. 유보율 1126%라니 회사에 여윳돈도 많구나' 하고 판단할 수 있습니다.

우림피티에스(6월 10일)

차트를 볼까요?

횡보한 구간의 상한가 흐름 먼저 보시죠. 2022년 1월 4일 상한
가가 나오고(초록색 박스, 앞에서 기사를 검색했을 때 이날 삼성중공업과
의 로봇 부품 협력이 부각되었죠), 다음 날인 5일에는 고가 기준 10%
미만으로 상승하는데 거래량은 약 620만으로 유통 주식 수 이하
거래대금(332억) 발생 정도로 그쳤습니다. 이후 추가 반등 없이 하
락했고 오래 횡보하고 있었습니다.

그러다 6월 2일 바닥권에서 6개월가량 횡보한 구간을 뚫고 상한
가가 나오면서 52주 신고가˚를 만들었습니다(파란색 박스). 다음 날인

---

● 　주가가 과거에 없었던 최고 가격을 기록한 경우, 그 가격을 신고가라 한다. 보통 52주 신고
　가를 보는데, 연중 신고가와 기간이 거의 같다.

6월 3일에도 고가 기준 28%나 상승했는데요. 거래량은 약 2500만 으로, 이 회사의 유통 주식 수를 거래대금으로 환산하면 500억 정 도인데 그의 4배인 2444억이 발생했습니다.

그런데 이번 상한가 부근에서는 이전과 다른 움직임을 보여줍니 다.

- 상한가 다음날 고가 기준 28% 급등
- 유통 주식 수 이상의 큰 거래대금
- 신고가 = 매물대 없음

특정 가격대에서 거래가 많이 일어난 후 가격이 하락하면 그 가 격에 많은 분들이 '물려' 있겠죠? 그 부분을 매물대라고 합니다. 한 마디로 물려 있는 사람이 많은 구간인 거죠. 그래서 횡보 후 다시 그 가격대로 가면 물린 사람들 물량을 다 소화해야 상승 가능합니 다. 하지만 신고가의 경우 아직 그 가격대에서 물린 사람이 없기 때문에 주가 상승이 쉽게 일어납니다.

확대한 차트를 보시죠. 6월 8일 윗꼬리를 길게 달고 음봉을 만들 었습니다. 일봉만 보면 세력이 일부 수익 실현하고 나갔구나 생각 할 수 있겠지만, 3분봉의 모습을 보면 상승시키려다가 하락했음을 알 수 있습니다. 6월 3일만큼 거래량이 많았다면 6월 8일에도 급 등했을 수 있으나, 거래량이 적었기 때문에 물량 테스트라고 생각 됩니다.

우림피티에스, 6월 8일 3분봉 차트

우림피티에스. 차트 확대(6월 10일)

여기서 물량 테스트란 그 가격의 매물대에 물린 사람들이 얼마나 매도를 하려고 대기하고 있는지를 보는 것입니다. 팔려는 사람

PART 5 주린이도 차트를 읽고 싶다!

들이 많으면 가격이 쉽게 오르지 않기 때문에 하루 이틀 해당 매물 대를 공략하면서 물린 사람들을 좀 줄이는 거죠.

6월 9일 일봉이 음봉으로 내려오면 차트상 좋은 모습인데, 5일 선 이탈한 갭 하락°으로 시작하면서 짧은 양봉이 나와서 아쉽지만 그래도 '다시 상승할 거야'라며 개인 투자자들을 현혹하고 있습니다. 반등을 하려면 거래금액이 크게 실려야 하는데 거래금액이 적게 터지니 짧은 양봉이 나올 수밖에 없습니다.

그리고 다음 날인 6월 10일(금) -8% 하락한 상황입니다. 오늘은 코스피 지수도 하락했고, 미국 시장도 폭락했습니다. 6월 2일 상한 가 종가(8220원) 부근이 강력한 지지선(핑크색 가로선)이 될 테지만,

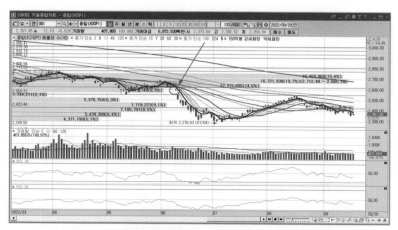

코스피 종합주가지수. 6월 10일(화살표) 즈음 지수가 재차 하락하기 시작했다.

---

• 전일 종가보다 금일 시가가 '갭(간격)'을 두고 더 떨어져서 출발하는 것.

일시적으로 깰 수도 있습니다. 시장이 안 좋을 때는 최대한 보수적으로 매매해야 합니다. 최대한 여유 있게 저점 공략한 후 화요일 반등을 노리는 것이 좋아 보입니다.

삼성전자 이재용 부회장이 유럽 출장 중에 대형 M&A를 할 수 있다는 기대감에 관련 회사들이 급등하는 상황입니다. 우림피티에스도 그중 하나이고요. 6월 10일에는 가온칩스가 상승했고 다음 주에도 관련 회사들이 상승할 것이라 보여집니다. 로봇 관련해서 다른 회사로 정해지는 것이 아니라면, 테마가 살아 있으므로 우림피티에스도 충분히 상승할 수 있을 것입니다.

## 어떻게 되었을까요?

앞에서 언급했던 것처럼 14일 화요일에 -3% 시작 후 +8%로 급등했고, 목요일에 14% 급등 후 음봉, 그리고 금요일에 다시 상한가

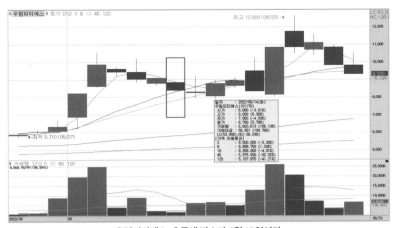

우림피티에스, 초록색 박스가 6월 10일이다.

를 기록하고, 그다음 주 월요일에는 고가 16% 추가 상승을 기록합니다.

어떤가요. 차트를 보자고 했지만, 그저 차트만 보는 것이 아니지요. 차트의 그림을 설명해주는 것은 어떤 공식이 아니라 다양한 맥락이고 지식이라는 것을 아시겠나요? 이런 지식이 쌓이면 주식 시장에서 돈을 버는 것보다 잃는 게 어려워질 것입니다.

# 신규주의 등락은
# 다르게 흘러간다

## 지투파워

2022년 6월 9일 목요일 작성

지투파워는 2022년 4월 5일 상장한 신규 상장주입니다. 초기 공모가 16,400원의 2배인 32,800원에 시초가를 형성했지만 상한가에는 안착하지 못했습니다. 시쳇말로 '따상'*은 실패한 거죠. 하지만 '따블'만으로도 이 종목은 충분히 힘이 있다고 판단할 수 있습니다.

상장 이후에는 줄곧 내리막길을 걸었습니다. 공모가 근처인 16,650원까지 내려왔다가 짧은 횡보를 보이며 바닥을 확인한 후 5월 20일 상한가가 나오면서 반등하는 모습을 보였습니다.

---

● 신규 상장 종목이 첫 거래일에 시초가가 공모가 대비 2배로 출발하고 상한가까지 올라 마감하는 것을 일컫는 주식 시장 속어.

왜 상한가가 나왔을까요?

지투파워가 속한 테마의 성격은 '원전 관련주'입니다. 원전 테마는 2021년에 한전산업, 한전기술이 이끌었고, 2022년은 한신기계, 우진이 견인하고 있습니다. 그러다 지난 5월 20일 조 바이든 미 대통령의 방한과 함께 한·미 원전 협력 소식이 나오면서 후발주자로 지투파워가 상승한 것입니다.

상한가 다음 날도 비슷한 뉴스로 상승을 이어갔고, 고가권에서 공방(상승과 하락)을 지속했습니다.

이 종목은 최대주주의 지분율이 40% 이상이라 유통 주식 수가 적습니다. 겨우 217만 주 정도죠. 이런 저유통주를 '품절주'라고 부릅니다. 사고 싶어도 유통 주식이 부족해서 살 수가 없어서죠. 이런 품절주가 원전이라는 강한 테마를 가지고 있으니 쉽게 상한가를 기록하게 된 거죠.

6월 9일 현재는 저점에서 반등한 상승분을 절반 정도 뱉고 내려온 상태입니다. 통상 고가권에서 공방을 벌이는 기간이 일주일 이

[특징주] 지투파워, 한·미 해외 원전시장 진출 협력 기대감에 '상한가'
이날 주가 강세는 한·미정상회담을 앞두고 원전 관련주에 매수세가 몰린 영향으로 풀이된다. 지투파워는 원자력 발전설비 필수 인증요건인 Q클래스급 품질기준의 22.9kV의 수배전반을 올 하반기 내 시험 완료하고 제품 출시를 준비하고 있다.

(머니S, 2022.05.20.)

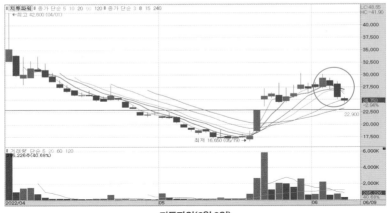

**지투파워(6월 9일)**

상 지속되면, 상승보다 하락에 중점을 두는 편이 좋습니다.

중요한 건 하락 후 반등 라인을 확인하는 것이겠죠? 현재 5일선 (빨간색) 이탈 후 3음봉이 나왔네요(동그라미). 고가권 공방 후 첫 하락을 기록 중이고 거래량은 감소하고 있습니다. 어디서 반등할까요?

첫 상한가 종가 부근에 강력한 지지대(핑크색 가로선)가 형성되어 있어, 현재로서는 거기가 기술적 반등 자리로 보여집니다.

그런데 말입니다, 신규주는 조금 다르게 봐야 합니다.

눌림목의 강력한 지지대가 있으면 일반 종목의 경우에는 지지되는 경우가 많지만, 신규주는 깨고 하락하는 경우가 많습니다. 반대로, 약하게 상승할 것 같지만 일반 종목보다 강하게 상승하는 편입니다.

## 어떻게 되었을까요?

두 달이 지난 8월에 다시 체크해보았습니다. 지투파워는 6월 13일(월)에 횡보를 깨고 하락(-8%)하고 다음 날부터 상승해(빨간색 동그라미) 바로 상한가를 기록합니다. 이후에는 '품절주' 문제를 해소하기 위해 7월 말 회사 측에서 무상증자를 단행했고요. 그 이후로도 주가는 3배 이상 오르게 됩니다. 앞에서 확인한 첫 상한가보다(초록색 동그라미) 5배 이상 뛴 거죠. (지투파워는 7월에 1 대 4 무상증자를 한 상태라 HTS에서 주가는 4분의 1 정도로 보인다는 점 참고하세요.)

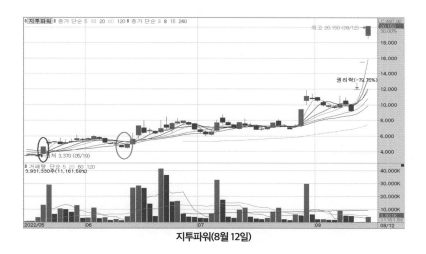

지투파워(8월 12일)

이렇게 신규주는 한번 상승세를 탔다 하면 아주 거센 힘을 보여줍니다. 신규주 매매할 때 다음을 참고하세요.

## ◇ 신규주 특징

- 기존 주식은 바닥에서 첫 상한가 후 고가놀이(상승 후 횡보하는 모습)를 하다가 더 올라가는 경우가 많습니다(눌림목의 지지대가 있으면 지지가 되는 경우가 많다는 의미입니다).

- 신규주는 첫 상한가 후 고가를 지키지 못하고 무너지는 경우가 많습니다(신규주는 눌림목의 지지대에서 깨지는 경우가 많다는 뜻입니다).

- 그러나 신규주는 무너진 후 지지를 받으면 기존 주식보다 훨씬 강하게 상승합니다.

# 공모 흥행 실패한 신규주가
# 급등한 까닭

## 청담글로벌

2022년 6월 16일 목요일 작성

공모주나 신규주 투자에 대한 관심이 전에 비해 높아졌죠? 여기서는 신규 상장주의 움직임에 관해서 좀 더 공부해봅시다.

청담글로벌은 양질의 기술과 좋은 스토리를 가진 뷰티 & 라이프스타일 브랜드 회사를 발굴하여 글로벌 시장에 소개합니다. 또한 발굴한 브랜드가 성공적으로 안착할 수 있도록 컨설팅, 마케팅, 유통을 일원화한 솔루션을 제공하는 이커머스 기업입니다.

6월 3일 공모가 6000원에 상장했고 시초가가 8.33% 오른 상태(6500원)로 출발했습니다.

공모주에 대한 정보는 아이피오스탁(IPOSTOCK)에 들어가서 공모 정보 항목에서 '공모가격' '청약경쟁률' '주관 증권사' 등을 간단하게 보시면 됩니다.

공모주 투자자라면 '수요예측' 부분을 잘 살펴야 합니다. 수요예측은 공모주 청약을 정식으로 받기 전에 기관 투자가들로부터 얼마에, 얼마나 살 건지를 사전에 조사하는 것입니다. 이 과정을 통해 적정 가격을 결정합니다.

청담글로벌은 기관경쟁률이 24.79 대 1로 저조했습니다. 희망 공모가격 밴드(8400~9600원)보다 낮은 6000원에 공모가가 확정되었죠. 최종 일반 청약 경쟁률 또한 42.14 대 1로 흥행에 실패했습니다.

청약 흥행에 실패한 청담글로벌이 신규 상장하고 나면 어떤 움직임을 보여줄까요.

여기서 잠깐, 신규주 투자 전 체크리스트는 다음과 같습니다.

1) 희망 공모가 대비 확정 공모가 확인
2) 청약 경쟁률 확인(흥행 성공인가 실패인가)
3) 주관 증권사 거래원 통해 청약 참여자 물량 확인

기관 공모 참여자들이 상장사의 희망 가격에 비해 낮은 입찰 가격을 제안할 경우 공모가가 낮아지게 됩니다. 이는 곧 인기가 없다는 방증이죠. 이런 경우 실제 상장 후에도 주가는 재미가 없습니다. (22년 8월 22일 상장한 쏘카도 공모에서 흥행 실패하고 주가가 계속 내리막길이죠.)

기관 공모 참여로 공모가가 정해지면, 그다음은 개인 투자자도

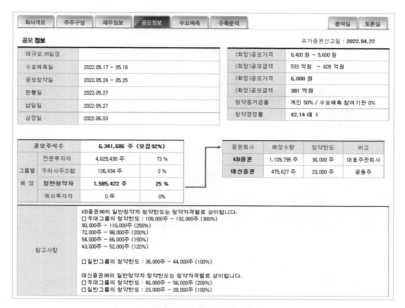

**청담글로벌 공모 정보(출처: 아이피오스탁)**

참여할 수 있는 '청약'이 열립니다. 선행 단계(공모가 산정)에서 인기를 못 얻으면 보통 청약도 시들해집니다. 개인 투자자들도 남이 관심 갖지 않는 상품에 매력을 못 느끼는 거죠.

개인들은 주관 증권사를 통해 청약을 할 수 있는데요. 개인 투자자들은 대부분 시세 차익을 노리고 상장 당일 매도하는 편입니다. 청약 물량을 확인하고, HTS 등에서 '거래원' 메뉴를 통해 해당 주관 증권사를 통해 나오는 물량을 계산하는 겁니다.

청담글로벌은 청약 흥행 실패로 6월 3일 상장 당일에는 큰 상승이 없었습니다. 그러다 둘째 날인 6월 7일 상한가가 나왔습니다.

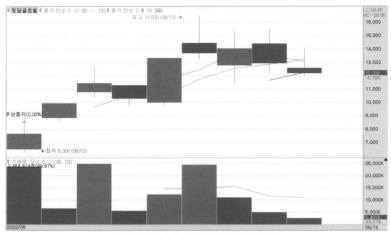

청담글로벌, 상장 3일 만에 60% 상승했다.

왜일까요? 이날 '6월 18일 청담글로벌의 최대 거래처인 중국 징동 닷컴의 창립일 행사가 열릴 예정이다'라는 기사가 떴는데, 이것 때문일까 생각할 수 있어요. 하지만 그것보다는 전체 시장 지수가 하락 추세라 매수세가 신규주로 유입된 까닭이 큽니다. 상장 3일 만에 60% 이상 상승하여 강한 종목으로 변했네요.

넷째 날인 6월 9일 처음 하락했는데(-14%까지) 거래량은 급감했습니다. 급등한 이후 '첫' 눌림목 구간으로, 매수 포인트로 볼 수 있습니다. 거래량이 많고 하락폭이 크면 상승한 물량이 빠져나간 것으로 의심해봐야 하지만, 거래량이 줄어들면서 하락폭이 큰 것은 인위적으로 눌렸다고 볼 수 있기 때문입니다. 그렇기 때문에 다시 급반등할 거라 볼 수 있습니다.

포인트를 짚어볼까요.

* 일반적으로 대량 거래량 + 장대 음봉은 매도 사인이지만,

  거래량 급감 + 장대 음봉은 과대 낙폭 자리로 볼 수 있다.

* 시장이 하락하는데도 어떤 신규주가 급등할 경우, 아무 상관없는데도

  신규주라는 이유로 함께 상승하고 하락하는 경우가 자주 발생한다.

종목 선정 시 상승 요인을 구분할 수 있어야 합니다. 기업의 가치 혹은 실적 개선 등과 같은 펀더멘탈로 주가가 상승하는 경우는 스윙 투자가 맞습니다. 투자자들 심리에 의해 주가가 상승하는 경우는 단기 기술적 반등 구간이 나오기 마련이므로 단기 매매로 종목을 선정합니다. 따라서 주식을 볼 때 자신만의 판단력을 길러야 하고, 이때 근거로서 흘러간 주가 흐름을 살펴보면 답을 찾아나갈 수 있습니다.

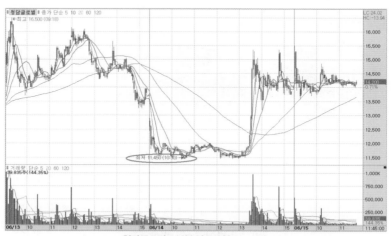

청담글로벌, 3분봉 차트(6월 13~14일)

최고가를 찍은 6월 13일은 일봉 차트로 보면 긴 위꼬리를 단 음
봉입니다. '고점에서 매도하고 나갔네'라고 볼 수 있지만, 3분봉 차
트로 보면 조금 다른 그림이 보입니다.

13일 오전 급등 후 오후에 다시 급등하였다가 다음 날인 6월 14
일 오후에도 다시 상승한 모습을 볼 수 있습니다. 아직 고점에서
매수한 물량 소화가 덜 이루어졌다, 즉 고점에서 산 큰손들이 아직
나가지 않았고 그들이 더 올려서 팔 것이므로, 단기 매매에 적합하
다고 판단했습니다.

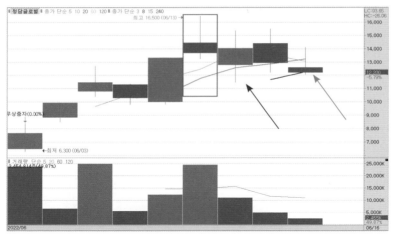

청담글로벌, 일봉차트 확대

일봉 차트를 다시 보면 초록색 박스의 첫 눌림목(6월 13일) 이후
6월 14일 5일선을 깨면서(초록색 화살표) 처음 8일선(으로 유추할 수
있는 지점)을 지지합니다. 이때가 1차 매매 타이밍이죠. 그리고 6월

16일은 두 번째로 8일선을 지지하는(빨간색 화살표) 지점입니다. 처음 8일선을 지지한 14일보다는 힘이 약하겠지만 반등할 것입니다. 앞의 3분봉 차트에서 확인한 6월 14일의 박스권 하단인 11450원대를 지지선으로 볼 수 있습니다.

## 어떻게 되었을까요?

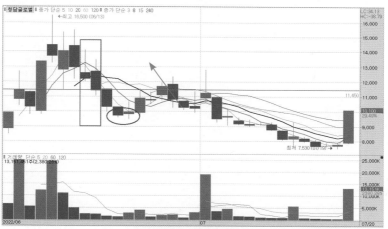

**청담글로벌 일봉 차트**

초록색 박스가 6월 16일입니다. 17일에는 10%까지 상승했다가 6월 14일의 지지선(핑크색 가로선)을 지키지 못하고 하락하죠. 물려 있던 분들에게는 이 자리가 손절 라인이 되겠습니다.

그런데 여기서 잠깐, 앞서 지투파워 차트에서 무엇을 배웠죠?

**신규주는 눌림목에서 기존 종목보다 잘 깨지고,**

**깨진 다음 횡보 지지를 확인하면 더 강하게 오른다.**

이 차트에서도 마찬가지로, 눌림목에서 깨진 후 횡보 지지를 확인하고(초록색 동그라미) 큰 상승을 주었습니다(화살표).

더불어, 어떤 신규주가 급등할 경우 아무 상관이 없는데도 비슷한 시기에 상장했다는 이유만으로 같이 급등하는 경우가 잦다는 사실을 알아두세요. 따라서 신규주는 상장할 때마다 관심 종목으로 같이 묶어두면 좋습니다.

# 무상증자가 일으키는 착시 현상

## 노터스

2022년 6월 13일 월요일 작성

무상증자 테마를 타고 급상승해 화제가 된 종목에 대해 살펴볼까요?

노터스는 비임상 CRO, 바이오 컨설팅, 반려동물 사업을 영위하는 회사이며, 2021년 12월 HLB에 인수되었습니다. 여기서 가장 눈에 띄는 건 HLB입니다. HLB는 '피닉진'이라고 불리는 진양곤 회장의 회사죠.•

노터스는 5월 31일 무려 1 대 8의 무상증자를 합니다. 한 주당 8

---

• 에이치엘비(현 HLB)는 2019년 6월 임상 실패로 주가가 크게 떨어졌습니다. 임상 문제로 주가가 폭락할 때 거의 모든 바이오 상장사들은 입을 다물지만, 진양곤 HLB 회장은 언제나 직접 회사 공식 유튜브에 나서서 진화했고, 실제로 주가는 회복세를 보였습니다. 이에 투자자들이 진양곤 회장을 불사조(피닉스)로 부르기 시작했죠.

주를 신규 발행하는 건데요. 무상증자 이전의 총 주식 수는 약 780
만 주였는데, 1 대 8 무상증자를 하여 7025만 주가 되었고, 유통
주식 수는 5549만 주(78.99%)가 됐습니다. 원래 주식 수가 적었는
데 엄청 많아졌구나 생각하시면 됩니다.

통상 1 대 1 무상증자를 많이 하는데, 2배 3배도 아니고 8배를
한다고 공시를 해서 4000원대 주식이 1만 원을 뚫고 상승했습니다.

무상증자를 하면 착시 효과로 인해 주가가 오르는 경우가 많습
니다. 노터스 외에도 최근 무상증자 테마로 상승한 종목으로 태웅
로직스, 모트렉스가 있습니다.

우선 최근 뉴스를 검색해봅시다.

**노터스, 8배 무상증자 권리락 효과에 '상한가'**　　　(머니S, 2022.05.31.)

**노터스, 자본금 38배 규모 자본잉여금…역대 최대 무상증자로 재평가**

노터스는 기존 1주당 신주 8주를 배정하는 역대 최대 규모 무
상증자를 단행한다. 신주 교부 주주 확정일(권리락일)은 오는
31일이며, 신주 상장 예정일은 6월 22일이다. 무상증자를 위한
재원은 회사가 보유하고 있는 자본잉여금을 활용한다. 노터스
관계자는 "올해 1분기 기준으로 자본금의 38배가 넘는 303억
원 규모의 자본잉여금을 보유하고 있다"며 "대규모 무상증자가
가능하다"고 말했다.

(아시아경제, 2022.05.09.)

[특징주] 노터스, 파미노젠 대마 '헴프', 식약처 승인 '상승'

최근 정부가 산업용(의료용) 대마 대규모 재배 단지 조성을 검토한다는 소식에 노터스의 계열사인 파미노젠이 식약처로부터 '헴프' 연구를 위한 원료물질 취급 승인을 받았던 사실이 다시 부각되며 노터스가 상승세를 보이고 있다.

(프라임경제, 2022.03.29.)

| IFRS(연결) | 2019/12 | 2020/12 | 2021/12 | 2022/03 | 전년동기 | 전년동기(%) |
|---|---|---|---|---|---|---|
| 배출액 | 460 | 585 | 644 | 179 | 146 | 22.5 |
| 매출원가 | | | | | | |
| 매출총이익 | 460 | 585 | 644 | 179 | 146 | 22.5 |
| 판매비와관리비 | 393 | 497 | 546 | 158 | 120 | 31.1 |
| 영업이익 | 67 | 88 | 98 | 22 | 26 | -17.1 |
| 영업이익(발표기준) | 67 | 88 | 98 | 22 | 26 | -17.1 |
| 금융수익 | 8 | 27 | 13 | 3 | 0 | 1806.9 |
| 금융원가 | 9 | 3 | 15 | 9 | 9 | 2.8 |
| 기타수익 | 1 | 1 | 40 | 1 | 9 | -89.4 |
| 기타비용 | 13 | 18 | 18 | 0 | 0 | 63.4 |
| 종속기업,공동지배기업및관계기업관련손익 | | -1 | -5 | -3 | -1 | 적자지속 |
| 세전계속사업이익 | 54 | 95 | 113 | 13 | 25 | -47.6 |
| 법인세비용 | 8 | 9 | 9 | 3 | 4 | -39.6 |
| 계속영업이익 | 46 | 86 | 103 | 11 | 21 | -49.3 |
| 중단영업이익 | | | | | | |
| 당기순이익 | 46 | 86 | 103 | 11 | 21 | -49.3 |
| 지배주주순이익 | 42 | 83 | 98 | 9 | 21 | -54.4 |
| 비지배주주순이익 | 4 | 3 | 5 | 1 | 0 | 337.5 |

| IFRS(연결) | 2018/12 | 2019/12 | 2020/12 | 2021/12 | 2022/03 |
|---|---|---|---|---|---|
| 안정성비율 | | | | | |
| 유동비율 | 159.1 | 241.8 | 185.8 | 178.6 | 260.7 |
| 당좌비율 | 149.0 | 232.7 | 170.6 | 161.0 | 254.1 |
| 부채비율 | 103.4 | 43.0 | 34.9 | 43.4 | 148.7 |
| 유보율 | 3,252.5 | 5,621.4 | 7,066.4 | 8,180.8 | 8,867.9 |
| 순차입금비율 | 18.1 | | | 6.5 | |
| 이자보상배율 | 9.9 | 10.3 | 43.7 | 53.2 | 2.4 |
| 자기자본비율 | 49.2 | 69.9 | 74.1 | 69.7 | 40.2 |

노터스 재무제표

재무제표를 보면 매출액이 꾸준히 증가하고 있습니다. 매출액 대비 영업이익도 15% 수준으로 아주 높고, 당기순이익도 지속적으로 증가합니다. 엄청 알짜 회사군요.

이런 종목은 하락장에서 주가가 떨어질 경우 모아가면 좋습니다. 단점이라면, 평소 거래량이 적어서 모아가기 어렵고, 이슈를 받기 전까지는 주가 움직임이 적습니다.

게다가 진양곤 회장이 이끄는 HLB그룹 주가 흐름을 아는 사람이라면 '노터스도 언젠가는 급등할 수 있겠네'라고 생각할 수 있습니다. 처음 부각된 것도 2021년 12월 27일 HLB에 인수되면서였고요. 그래서 인수 후 하락할 때 스윙으로 매매하기 좋아 보인다고 한 적도 있습니다.

부채비율도 2021년 기준 굉장히 낮은 편이고, 유보율도 2021년 기준 8180%네요. 유보율에 따라서 무상증자 비율이 정해지는데 노터스는 엄청나게 높아 1대 8 무상증자를 한 것입니다. 무상증자 한 종목들을 찾아보시면 대부분 유보율이 높을 겁니다.

'무상증자는 호재니까 주가는 무조건 오를 거야'라는 생각은 버려야 합니다. 무상증자 회사가 적자 회사인지 흑자 회사인지 파악해야 합니다. 적자 회사가 간혹 주가를 부양하기 위해 무상증자를 하는 경우가 있습니다. 이런 경우 공시하는 날만 상승하고 오히려 하락하는 경우가 많습니다. 적자 회사가 무상증자하면 유보율이 낮아지고, 적자가 지속되면 부채비율이 높아지기 때문입니다.

게다가 최근 하락장에서 주가를 띄우려 무상증자로 착시를 일으키는 기업이 많아졌습니다. 2022년 상반기 무상증자를 발표한 코스닥 기업의 약 3분의 1이 지난해 영업이익 기준으로 적자를 낸 기업이라는 조사도 있고요.

차트를 볼까요.

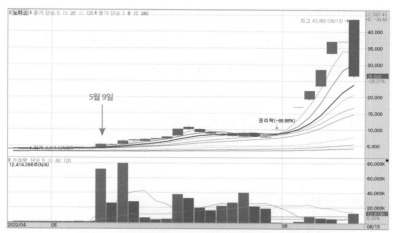

노터스, 6월 13일 기준 일봉. 권리락 이후 6연속 상한가를 찍었다.

노터스, 6월 13일 기준 3분봉 차트

무상증자 공시 직후에는 대부분 급등합니다. 하지만 무증 물량이 나오면 대부분 급전직하합니다. 노터스 역시 5월 9일 공시와 함께 거래량이 폭발하며 급등했습니다만, 무증 물량이 상장된 후에는 급락합니다.

권리락(5월 31일) 이후 수정 주가가 적용되어 급등했는데(6연속 상한가) 얼마나 상승할지는 세력들 마음일 것입니다. 상승할 때 따라가는 것보다는 급등 후 급락할 때 노려야 합니다. 금일(13일)도 18%까지 상승시키고 하한가 근처까지 내려갔죠. 한 방에 5일선 이탈하고 8일선 근처까지 과대 낙폭을 보였기에 관심을 가질 만합니다. 금일 종가 부근이 매수 포인트입니다.

## 어떻게 되었을까요?

노터스는 앞의 글을 쓴 다음 날인 14일 화요일에 저가 −16%, 고가

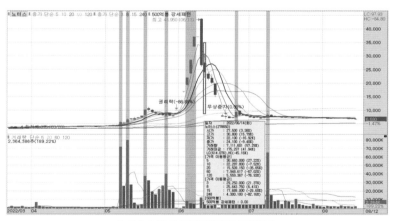

노터스, 조정 후 큰 폭의 반등을 보여준다.

+15%를 기록합니다. 완벽한 반등 라인이었죠.

이처럼 빠져도 10%, 올라도 10%를 보여주는 화끈한 종목을 '남자의 종목'이라고 부릅니다. 그만큼 강심장을 가지고 매매해야 하는 종목을 뜻합니다. 엄청난 변동성을 보이는 무상증자 종목 역시 남자의 종목입니다. 보시다시피 오를 때 크게 오르죠? 그리고 빠질 때도 엄청나게 빠집니다.

일반적으로 급등 종목인 경우 조정 후 반등이 매우 잘 나오는 편입니다. 단, 무상증자로 인한 상승 후 하락할 때는 반등이 잘 나오지 않습니다. 노터스와 같이 이례적으로 상승이 큰 종목들의 경우에만 반등을 노려볼 수 있는 거죠.

무상증자를 '테마'로 접근할 때는 분위기를 잘 봐야 합니다. '테마'이기 때문에 언제나 급등하는 게 아니라, 무상증자하는 다른 종목들이 시세를 보일 때 함께 올라갑니다. 어쩔 때는 무증을 해도 조금도 움직이지 않을 때도 있습니다.

## 무상증자 매매, 상장 예정일 D-2 피하라

신주의 상장 예정일 D-2일부터 무상증자를 받은 개인 투자자도 공매도\*가 가능합니다. 싸게 받은 무상증자 물량이 출하된다면 주가는 당연히 하락하겠죠? 조금이라도 높은 가격에 팔려고 할 테니

---

- 해당 주식을 보유하지 않은 상태에서 주식을 빌려 매도 주문을 내는 투자 전략. '권리입고 예정 주문'을 활용합니다.

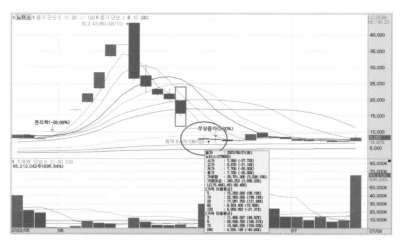

노터스, 무상증자 공시 후 크게 올랐다가 상장 즈음 크게 하락한다.

까요. 따라서 단기 매매는 상장 예정일 D-2일 이전에 마무리해야
합니다.

노터스 같은 경우, 신주 상장 예정일이 6월 22일이고, D-2일은
6월 20일(월)입니다. 무상증자를 받은 사람들은 모두 공매도를 하
려고 할 겁니다. 이때는 손에 들고 계시면 안 됩니다.

즉, 6월 17일에는 전부 매도해야 합니다.

차트를 보시면 초록색 박스가 6월 17일(금)입니다. 다음 거래
일인 6월 20일(월)부터 이틀간 '쩜하'(-30%)와 갭 하락 후 하한가
(-30%)를 찍었습니다(쩜하는 차트에 점으로 찍힐 정도로 개장 직후 바로
하한가로 직행하는 것을 말합니다).

공매도 일정을 몰랐던 개인 투자자들은 단 이틀 만에 자산이 절
반으로 줄어드는 가슴 철렁한 경험을 했을 것입니다.

# 바이오 종목은
# '기대감'이 좌우한다

## 박셀바이오

2022년 8월 26일 금요일 작성

이번에는 급등이 아니라 급락한 종목을 살펴보겠습니다. 바이오 종목이라 조금 달리 볼 점이 있거든요.

박셀바이오입니다. 8월 24일 신약 연구 개발 조기 종료 공시를 냈고, 시간외* 하한가를 찍었습니다.

박셀바이오는 항암면역치료제를 연구 및 개발하는 회사로, 항암면역시스템에서 최상의 효과를 발휘할 수 있는 대표적인 구성 요소들로 파이프라인**을 구축하고 있습니다. Vax-NK 함암치료 플

---

* 주식 시장의 정규 매매 시간 외에도 주식을 매매할 수 있다. '시간 외 종가 매매', '시간 외 대량 매매', '시간 외 바스켓 매매' 등이 있다.
** 기업에서 연구개발 중인 신약 개발 프로젝트를 의미한다. 특히 제약 업계에서는 다양한 제품군을 지속적으로 수혈해줄 수 있는 신약 개발 즉, 파이프라인 구축이 중요하다.

랫폼과 Vax-DC 항암면역치료 플랫폼, CAR-T 치료제와 CAR-NK 치료제인 Vax-CAR 항암면역치료제 플랫폼 등 다양한 면역세포를 활용한 항암면역치료 플랫폼을 보유하고 있습니다.

최근 뉴스를 살펴보겠습니다.

**박셀바이오, 다발성골수종 대상 Vax-DC 플랫폼 임상 조기 종료**

공시에 따르면 박셀바이오는 "최근 타사들의 더욱 진보된 신약 병용요법이 개발돼 당사 임상 진행 결과보다 더 우수한 연구 결과가 발표되며 발매 허가를 얻고 있는 상황이다"고 밝혔다. 이어 "당사는 현재 기준 연구 개발 타당성과 투자 대비 사업성에 대한 판단하에 Vax-DC 플랫폼 연구 개발을 조기 종료하는 것으로 결정한다"고 덧붙였다. 한편 이날 박셀바이오 주가는 0.46% 하락한 8만 7000원에 장을 마쳤다. 장 마감 후 시간외 매매에서 10% 하락한 7만 8300원을 기록했다.

(편포인트뉴스, 2022.08.24.)

**[특징주] 박셀바이오, 간암 치료제 Vax-NK 임상 순항 소식에 오름세**

이날 주가 상승은 최근 박셀바이오가 개발하고 있는 진행성 간암 세포치료제 임상 연구가 속도를 내고 있다는 소식 때문인 것으로 보인다. 박셀바이오는 임상 2a상이 종료되면 조건부 허가 신청, 기술 수출 등을 동시에 추진할 예정이다. 최근 간암 환자를 대상으로 한 Vax-NK 임상에서 완전 반응률이 36.4%를

박셀바이오가 간암 면역세포치료제에 대한 예비연구 결과를 국
제학술대회에서 발표한다고 하자 그 기대감에 한 달 사이 주식이
3배 가까이 올랐습니다. 그러던 중 박셀바이오가 공시를 발표했고,
한 매체가 이에 대한 의혹을 제기하면서 주가가 급락합니다.

## 바이오주의 특징

제약 바이오 업계는 '기대감'과 '희망'이 주가를 결정합니다. 신약
개발시 임상시험을 거쳐서 식약처 허가 혹은 미국 FDA 허가를 받
고 이후 제조 판매까지 이어지는 시간이 엄청 오래 걸리기 때문입
니다.

따라서 임상 진행 혹은 결과에 따라 주가의 급등락이 심합니다.
당연히 임상 실패나 부정적 종료는 악재이고, 임상 성공의 경우에
는 일단 호재로 작용합니다.

임상 1상은 재료로서 약한 게 사실이지만 '코로나19' 테마 또는
'면역항암제' 테마 등 바이오 테마가 불 때는 임상 1상 성공만으로
도 매우 강한 움직임을 보여줍니다.

한국 식약처 임상 통과는 미국 FDA 통과에 비해 매우 약하거나

움직임이 없습니다. 단, 코로나19 때와 같이 전 세계적 이슈일 때는 한국 식약처는 물론 유럽 CE 통과에도 강한 시세를 뿜어줍니다. 시황에 따라 다르다는 이야기겠죠.

특히 국내에서는 임상 성공보다 앞으로의 '성공'에 대한 기대감을 실어주는 임상시험계획 신청(IND Application)에 대한 승인, 즉 임상시험을 시작해도 좋다는 허가를 받는 것이 가장 강하게 주가를 상승시킵니다. 실제로 임상 3상 성공의 경우 이후 기대할 것은 제품화밖에 없기 때문에 '재료 소멸'로 취급됩니다.

하지만 이는 어디까지나 '한국' 이야기입니다. 미국에서는 임상시험 시행 승인보다는 임상 성공이 조금 더 낮게 취급되지만, 가장 중요한 건 재무입니다. 물론 미국에도 테마주가 있습니다. 하지만 바이오 회사 역시 임상 성공 후 시장성 + 진짜 매출과 영업이익이 더 중요한 가치 판단 요소가 됩니다.

어쨌든 바이오 상장사는 파이프라인이 많은 회사일수록 이슈를 많이 받게 되겠죠. 박셀바이오는 파이프라인을 많이 보유하고 있어 임상 결과에 따라서 주가의 급등락이 클 것입니다.

**신약 개발 진행 단계**

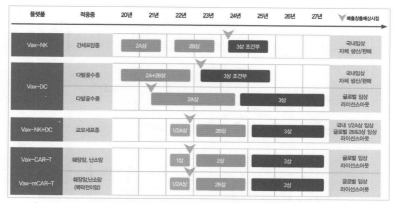

| 플랫폼 | 적응증 | 20년 | 21년 | 22년 | 23년 | 24년 | 25년 | 26년 | 27년 | 매출창출예상시점 |
|---|---|---|---|---|---|---|---|---|---|---|
| Vax-NK | 간세포암종 | | 2A상 | | 2B상 | | 3상 조건부 | | | 국내임상 자체 생산/판매 |
| Vax-DC | 다발골수종 | | 2A+2B상 | | | 3상 조건부 | | | | 국내임상 자체 생산/판매 |
| | 다발골수종 | | | 2A상 | | | 3상 | | | 글로벌 임상 라이선스아웃 |
| Vax-NK+DC | 교모세포종 | | | 1/2A상 | 2B상 | | 3상 | | | 국내 1/2A상 임상 글로벌 2B&3상 임상 라이선스아웃 |
| Vax-CAR-T | 췌장암, 난소암 | | | 1상 | 2상 | | 3상 | | | 글로벌 임상 라이선스아웃 |
| Vax-mCAR-T | 췌장암,난소암 (복막전이암) | | | 1/2A상 | 2B상 | | 3상 | | | 글로벌 임상 라이선스아웃 |

박셀바이오의 파이프라인. 많을 수록 기대감도 커진다.(출처: 박셀바이오 IR자료)

＊ 국내 바이오 업계는 '기대감'과 '희망'이 주가를 결정한다.

＊ 임상 '성공'보다 FDA나 식약처의 임상 '허가'가 더 강력한 재료가 된다.

2020년은 바이오주가 급등하는 시기였죠. 박셀바이오는 2020
년 9월 상장 이후 간암 치료제, 면역세포치료로 이슈가 되어 주가

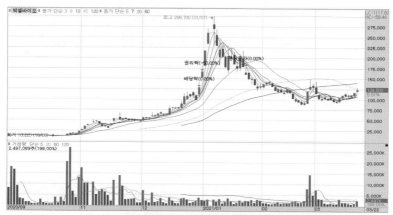

박셀바이오. 상장 이후 30배까지 급등했다가 하락했다.

박셀바이오, 횡보하다 7월부터 급등한다.

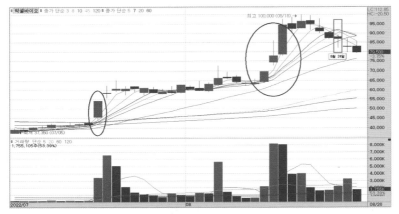

박셀바이오(8월 26일)

가 30배까지 급등했습니다. 이후 계속 하락했으나, 2022년 7월 간
암치료제(Vax-NK) 임상 순항 소식에 바닥권에서 상한가가 나왔고,
8월 미국 BMS의 CAR-T 임상시험 결과가 긍정적으로 나오자 췌
장암치료제(CAR-T) 기업으로 부각되며 급등했습니다(초록색 동그
라미).

그러다 8월 24일 혈액암치료제(Vax-DC) 개발 중단(임상 2상)을 선언하자 시간외 하한가를 기록하고 하락하는 모습을 보이고 있습니다(빨간색 박스).

8월 26일은 갭 하락으로 출발했지만 오전에 5% 가까이 반등을 주었는데, 임상 종료에 대한 부정적인 뉴스가 또 나오면서 오후 장에 다시 하락했습니다. (바이오주는 보통 저금리일 때 갈 곳이 없는 돈이 몰려 주가 흐름이 좋은데, 최근 금리가 오르면서 투자 심리가 안 좋아진 것 같습니다.)

3분봉 차트 흐름을 보시죠.

8월 12일과 16일 상승했던 거래량만큼 하락 시 빠진 흔적이 없어 보입니다. 그리고 8월 26일 현재 8월 12일에 상승한 지점(핑크색 가로선 ①)까지 하락했지만, 거래량이 감소하면서 하락했습니다. 차트상, 아직 20일선이 아래에 있고, 바닥권 박스권 돌파 상단 자

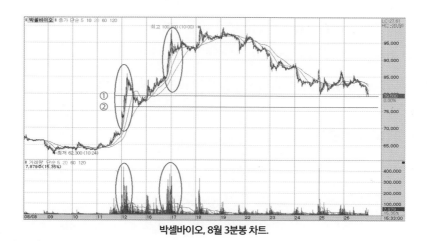

박셀바이오, 8월 3분봉 차트.

리(핑크색 가로선 ②)의 지지는 강할 것으로 보입니다.

임상 종료 악재로 하락하긴 했지만, 박셀바이오의 주력 파이프라인은 Vak-NK입니다. 이에 대한 호재로 주가가 급등했었고, 지금은 비주력 파이프라인의 임상 종료 소식으로 하락했음에 주목할 필요가 있습니다.

회사 측에서는 공시 논란에 관해 이렇게 해명했습니다. "시장의 추세와 변화에 맞춰 효율적인 파이프라인을 구성하기 위해 종료되었고 선택과 집중을 통해 내실 있는 회사로 발돋움하고자 한다."

불필요한 비용을 줄이고 유효 인력은 성공 가능성이 높은 곳으로 돌리겠다는 전략을 주주들에게 알린 행위인 만큼 부정적으로 보지만은 않습니다. 앞으로도 이런 이슈가 있을 때 해당 파이프라인이 그동안 주가에 반영되고 있었는지, 기대감이 어느 정도였는지 공부하고 판단해봅시다.

**그럼에도 이런 급등주는 '썩어도 준치'입니다.**

**메인 파이프라인이 살아 있는 한 계속 시세를 줍니다.**

**그리고 바이오주는 저금리에서 갈 곳 없는 돈이 잘 몰립니다.**

## 하락폭에 따른 반등 자리

한 달 후 박셀바이오를 다시 보았더니, 계단식 하락이 뚜렷하네요.

주가는 떨어지면 오르게 마련입니다.

눌림목 매매의 팁을 드리자면, 하락 시 '변동폭'을 봐야 합니다.

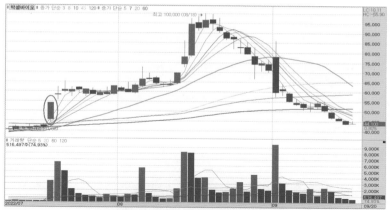

박셀바이오, 계단식 하락으로 바닥권에 접근했다.

하락 시 변동폭이 크면 기술적 반등이 나옵니다. 큰 폭으로 하락한 종목은 반등도 크게 나오기 때문에 기술적 반등을 노릴 수 있고, 적은 폭으로 계단식으로 하락한 종목은 기술적 반등을 노리고 접근하기보다는 바닥을 잡을 때까지 기다려야 합니다.

◇**눌림목 매매 팁**

**1) 과대 낙폭이 나온 종목은 기술적 반등이 크게 나오므로 이를 노린다.**

**2) 적은 폭으로 계단식 하락한 종목은 기술적 반등보다 바닥권을 노린다.**

박셀바이오는 계단식으로 하락하여 바닥권으로 접근한 종목입니다. 일봉차트에서 20일선(연두색)을 깨고 중간 반등 없이 계단식으로, 처음 상승을 시작했던 지점(동그라미)까지 하락했죠. 일봉 상 60일선 반등도 없이 120일선(파란색) 밑으로 단기간에 -40%

이상 하락했습니다. 따라서 바닥이 잡히면 반등이 강하게 나올 것 같아 보입니다. 3분봉상에서도 처음 상승했던 지점까지 하락하니 반발 매수세가 들어오는 모습이 보입니다.

참고로, 20일선 위에서 매매할 때는 손절 라인을 잡고 진입해야 합니다. 특히 3일선 매매는 변동폭이 크기 때문에 지지선을 못 지키면 추가 매수보다 손절로 대응해야 합니다.

3일선 밑으로 내려올수록 변동폭이 작긴 하지만 여전히 20일선 위에서 매매할 경우, 지지선을 못 지키거나 매수가 대비 -5% 가까이 내려온다면 추가 매수보다는 손절로 대응합니다. 수익 실현은 5% 근처에서 분할 매도, 저항을 못 뚫거나 약하다고 생각하면 전량 매도합니다.

정리해보겠습니다.


* 20일선 위에서 매매할 때는 손절 라인을 잡고 진입한다.

* 3일선 매매는 변동폭이 크다.

  → 지지선 이탈시 물타기보다 손절이 낫다.

* 8, 15, 20일선 아래로 내려갈수록 변동폭 작지만

  → 지지선 이탈시 손절이 낫다.

나의
월급 독립
프로젝트

1년 전쯤 아내에게 이런 말을 했습니다.

"여보, 나는 월급 독립은 한 것 같은데, 돈에서는 독립하지 못한 것 같아요."

'돈 300만 원만 있으면 창문 있는 원룸에서 살 수 있을 텐데…' 라며 아쉬워하던 고시생 때에 비하면 여유가 생겼습니다. 아파트를 사서 이사했고, 월급뿐 아니라 월급쟁이 노릇에서도 독립해서 시작한 사업 역시 순항 중입니다.

하지만 돈에 관해서는 더 얽매였던 것 같습니다. 처음에는 300만 원이 꿈이었지만, 직장 생활을 시작한 다음에는 5000만 원이 간절했죠. 5000만 원으로 주식도 하고, 행복할 거라고 막연히 생각했어요. 그러다 결혼을 앞두고는 서울 변두리 아파트 전세금이 목표였다가, 서서히 대출 없이 서울 시내 아파트가 갖고 싶어지더라고요. 어느새 목표는 10억. 아이가 생기고는 교육을 생각하니 20억 정도는 필요하겠다 싶어졌죠. 20억이면 정말 더는 바랄 게 없을 줄 알았는데, 금세 30억 욕심이 생기더군요.

주식을 하면 돈이 벌리는 것을 알고 있으니, 하루라도 매매를 하지 않으면 뭔가 불안했어요. 돈의 노예가 된 것 같다는 생각을 자주 했었습니다. 그래서 많은 투자자가 편하게 월세를 받는 건물주의 삶을 꿈꾸나 보다 싶기도 했죠.

저도 한때는 건물주가 꿈이었습니다.

그런데 전에 다니던 회사에서 퇴사를 며칠 남긴 어느 날, 대표님이 불러 이런저런 이야기를 나누다가 하신 말씀이 있어요.

"이 팀장. 주식으로 한 달에 얼마 벌어?"

"2017년부터는 월 1억 원 정도 벌고 있습니다."

"이 팀장. 목표가 뭐야?"

"건물주요."

"건물주는 왜 되려고?"

"건물주 되면 주식 그만하려고요. 주식 너무 힘들어요."

"건물주 되려면 얼마가 필요해?"

"60억 정도 있으면 월세 2000만 원은 들어올 테니 주식을 안 해도 될 것 같습니다."

"이 팀장. 그건 앞뒤가 안 맞아."

"???"

"60억짜리 빌딩으로 임대업을 하면 만실일 경우 2000만 원 월세지, 실제로 공실이며 감가상각비, 관리비 등을 고려하면 월 1000만원 정도 수익이 가능할 거야."

"아, 그렇군요…."

"그런데 지금 이 팀장은 한 달에 1억을 벌고 있다면서. 건물로 치면 600억짜리 건물을 가지고 있는 거라고. 벌써 600억 건물을 가지고 있는 사람이, 왜 10분의 1밖에 안 되는 60억짜리 건물을 목표로 하지?"

뒤통수를 한 대 맞은 것 같았죠.

"그리고 600억짜리 건물을 가지고 있다고 쳐봐. 정말 행복할까? 매일 공실 걱정에, 임차인들하고 소송이라도 벌어져 봐. 거기에 건물 수리는? 매일 골치 아플걸? 주식이 아무리 힘들다고 해도, 600억짜리 건물 관리보다 힘들 것 같아?"

또 뒤통수를 맞은 것 같더군요.

그러면서 대표님은 이 얘기를 해주셨어요.

"이 팀장. 돈에 목표를 두지 마. 돈을 꿈으로 하지 말고 더 큰 걸 찾아봐."

건물주 욕심은 이때 버린 것 같아요. 세상을 보는 관점도 한층 달라졌습니다. 무엇보다 마음이 편해졌어요. 처음에는 월급 독립을 이룰 만큼 큰돈을 버는 게 유일한 목표였지만, 이제는 돈으로부터 독립해 더 큰 꿈을 꾸고 이루어가는 게 궁극의 목표가 아닐까 생각하게 되었습니다.

물론 그 도약의 실마리를 제공해준 것이 저에겐 주식이었죠. 단타로 3년 만에 월급에서 독립할 수 있었던 것이 제 인생에 커다란 변곡점을 가져다주었고, 이후 더 많은 가능성을 탐색할 수 있었습니다.

지금은 어느덧 2019년 3월입니다. 그사이 저는 주식도 열심히 했지만, 새로운 투자처를 찾았습니다. 주식뿐 아니라 부동산, 보험, 세무, 해외 투자 등 경제 전반을 쉽게 공부할 수 있게 도와주는 경제 플랫폼 스타트업 '사이다경제'에 투자했고, 최대주주가 됐습니다. 이 스타트업은 아주 큰 성장을 하고 있습니다. 그리고 로보어드바이저와 인공지능 뉴스를 만들어내는 인공지능 엔진 스타트업 '퓰리처스'의 공동 설립자로 참여했습니다. 회사도 다시 다닙니다. 4차 산업과 밀접한 사업을 하는 상장사에 IR과 신사업, 투자를 담당하는 임원으로 입사했고요. VR게임 개발을 하는 비상장사에도 투자하고 관여하고 있습니다.

이 회사들에서 저는 연봉이 없거나, 최저임금 절반에도 못 미치는 금액으로 계약했습니다(임원은 최저임금법 제한을 안 받거든요. 대신 지분을 가지고 있습니다). 이제야 정말 월급에서 독립했다는 실감이 듭니다. 제가 하고 싶은 일을 월급과 상관없이 할 수 있으니까요.

2018년 4분기에는 처음으로 온 가족과 여행도 다녀왔습니다. 어머님과, 장인, 장모님까지 모시고 유럽에 갔죠. 거의 전 일정을 렌터카와 에어비앤비로 지냈습니다. 어르신들과 한 달, 그리고 이후

두 달은 아내와 아들과 함께 여행했습니다. 여기서 진정한 행복을 찾았어요. 좀 이상하죠?

곰곰이 생각해보면 어머니와 24시간 내내 함께한 것은 아주 어릴 적 말고는 없었던 것 같아요. 유치원만 가도 엄마와 떨어지게 되고, 대학을 간 이후로는 1년에 일주일도 같이 있기 힘들죠. 사회생활을 한 뒤로는 더 그렇고요.

처음으로 양가 어르신과 24시간 내내 한 달을 붙어 있게 된 거죠. 듣기 싫어도 피할 길 없는 어른들의 이야기와 대화를 들으며 그분들의 인생과 자식과 손주를 생각하는 마음이 생생하게 다가왔어요. 행복을 마음 깊이 깨닫게 되더군요.

아내, 아들과 오롯이 함께한 시간도 제 행복을 돌아보게 했습니다. 저는 원래 가정적인 편이라고 생각했지만, 이번 여행으로 더 많은 시간을 가정에 쏟아야 한다는 생각을 하게 되었습니다. 왜 주식을 하고 돈을 벌려고 했는지 잊고 있던 것은 아닌지 모르겠어요. 행복은 추구하는 게 아니라 발견하는 거라고 하잖아요. 그 말이 무슨 뜻인지 알게 된 여행이었고, 이건 제 평생 가장 중요한 발견 같습니다.

주식에서 한걸음 떨어져 나와 여행하며 얻은 또 하나의 큰 깨달음은 아이러니하게도 주식에 관한 것이었어요. 저는 처음엔 누구나 다 저처럼 주식을 할 수 있을 거라고 생각했고, 저처럼 해야 한다고 생각했습니다. 하지만 그런 생각이 많이 달라졌습니다.

솔직히 제가 성공했다고 생각해본 적은 없습니다. 그렇다고 제가 과거에 고시에서 계속 떨어지고 빚 독촉에 시달렸을 때 스스로를 실패자로 여겼냐면, 그렇지도 않습니다. 인생이 그런 거잖아요. 우리 모두는 예행연습 없는 각자의 실전을 살고 있잖아요. 각자의 속도, 각자의 목표, 각자의 방법, 각자의 길이 있는 것 같습니다.

그럼에도 여전히 이 책을 세상에 내놓고 제 경험과 노하우를 나누고자 하는 것은, 무엇이 되었든 여러분의 것을 모색하고, 발견하고, 준비하고, 뛰어드시라는 말씀을 드리고 싶어서입니다. 여러분만의 월급 독립 프로젝트를 시작하시길 바랍니다.

지금 굉장히 힘든 상황에 놓인 분도 있을 거예요. 스스로를 이미 실패했다거나 희망이 없다고 생각하는 분들도 있겠죠. 자, 조금 멀리 훗날의 자신을 떠올려보세요. 계속 같은 자리에 있을까요? 그럴 수 있겠죠. 그러면 이번엔 조금 과거를 돌아보세요. 혹시 또 같은 자리인가요?

앨버트 아인슈타인이 말했잖아요. "어제와 똑같이 살아가면서 다른 내일을 기대한다는 것은 정신병 초기 증세이다"라고요.

생각하세요. 그리고 바꾸세요. 시간과 사람과 장소를. 당신의 행복을 발견하고 당장 바꿔나가세요. 지금부터 시작하면 됩니다.

행복을 발견하는 투자자가 되길 바랍니다.

2019년 3월
유목민

# 나의 월급 독립 프로젝트
## 리마스터 에디션

**초판 1쇄 발행** 2019년 04월 22일
**개정증보판 1쇄 발행** 2022년 10월 28일
**개정증보판 9쇄 발행** 2024년  3월  4일

**지은이** 유목민

**발행인** 이봉주  **단행본사업본부장** 신동해
**책임편집** 김경림  **편집** 박주연
**디자인** 김은정  **마케터** 최혜진 백미숙
**홍보** 반여진 허지호 정지연 송임선  **제작** 정석훈

**브랜드** 리더스북  **주소** 경기도 파주시 회동길 20
**문의전화** 031-956-7429(편집)  031-956-7129(마케팅)
**홈페이지** www.wjbooks.co.kr
**인스타그램** www.instagram.com/woongjin_readers
**페이스북** https://www.facebook.com/woongjinreaders
**블로그** blog.naver.com/wj_booking

**발행처** ㈜웅진씽크빅
**출판신고** 1980년 3월 29일 제406-2007-000046호

**출판권** © ㈜웅진씽크빅. 2022
ISBN 978-89-01-26550-6 (03320)

• 책값은 뒤표지에 있습니다.
• 잘못된 책은 구입하신 곳에서 바꾸어 드립니다.